U0113681

离乱弦歌

我们的
西南联大

·家国卷·

闻一多 等著

中国文史出版社
CHINA CULTURAL AND HISTORICAL PRESS

图书在版编目（CIP）数据

我们的西南联大 . 家国卷 / 闻一多等著 . -- 北京：
中国文史出版社，2022.3

（离乱弦歌）

ISBN 978-7-5205-3348-5

Ⅰ . ①我… Ⅱ . ①闻… Ⅲ . ①西南联合大学—纪念文
集 Ⅳ . ① G649.287.41-53

中国版本图书馆 CIP 数据核字（2021）第 229588 号

责任编辑：牛梦岳

出版发行：中国文史出版社

社　　址：北京市海淀区西八里庄路 69 号院　邮编：100142

电　　话：010-81136606　81136602　81136603（发行部）

传　　真：010-81136655

印　　装：廊坊市海涛印刷有限公司

经　　销：全国新华书店

开　　本：787 毫米 ×1092 毫米　1/16

印　　张：20

字　　数：240 千字

版　　次：2023 年 4 月第 1 版

印　　次：2023 年 4 月第 1 次印刷

定　　价：58.00 元

代序

国立西南联合大学简史

冯友兰

中华民国三十四年九月九日，我国家受日本之降于南京。上距二十六年[①]七月七日卢沟桥之变，为时八年；再上距二十年九月十八日沈阳之变，为时十四年；再上距清甲午之役，为时五十一年。举凡五十年间，日本所鲸吞蚕食于我国家者，至是悉备图籍献还。全胜之局，秦汉以来所未有也。

国立北京大学、国立清华大学原设北平，私立南开大学原设天津。自沈阳之变，我国家之威权逐渐南移，唯以文化力量与日本争持于平津，此三校实为其中坚。二十六年，平津失守，三校奉命迁于湖南，合组为国立长沙临时大学。以三校校长蒋梦麟、梅贻琦、张伯苓为常务委员，主持校务。设法、理、工学院于长沙，文学院于南岳，于十一月一日开始上课。迫京沪失守，武汉震动，临时大学又奉命迁云南。师生徒步经贵州，于二十七年四月二十六日抵昆明。旋奉命改名为国立西南联合大学，设理、工

---

① 指民国二十六年，即公元1937年，下同。

学院于昆明，文、法学院于蒙自，于五月四日开始上课。一学期后，文、法学院亦迁昆明。二十七年，增设师范学院。二十九年设分校于四川叙永，一学年后并于本校。昆明本为后方名城，自日军入安南，陷缅甸，乃成前方重镇。联合大学支持其间，先后毕业学生二千余人，从军旅者八百余人。

河山既复，日月重光，联合大学之战时使命既成，奉命于三十五年五月四日结束。原有三校即将返故居，复旧业。缅维八年支持之苦辛，与夫三校合作之协和，可纪念者，盖有四焉：

我国家以世界之古国，居东亚之天府，本应绍汉唐之遗烈，作并世之先进。将来建国完成，必于世界历史居独特之地位。盖并世列强，虽新而不古；希腊、罗马，有古而无今。唯我国家，旦古旦今，亦新亦旧，斯所谓"周虽旧邦，其命维新"者也。旷代之伟业，八年之抗战，已开其规模，立其基础。今日之胜利，于我国家有旋乾转坤之功，而联合大学之使命与抗战相终始，此其可纪念者一也。

文人相轻，自古而然；昔人所言，今有同慨。三校有不同之历史，各异之学风，八年之久，合作无间。同无妨异，异不害同；五色交辉，相得益彰；八音合奏，终和且平。此其可纪念者二也。

万物并育而不相害，道并行而不相悖，小德川流，大德敦化，此天地之所以为大。斯虽先民之恒言，实为民主之真谛。联合大学以其兼容并包之精神，转移社会一时之风气，内树学术自由之规模，外来"民主堡垒"之称号，违千夫之诺诺，作一士之谔谔。此其可纪念者三也。

稽之往史，我民族若不能立足于中原，偏安江表，称曰"南渡"。南渡之人，未有能北返者。晋人南渡，其例一也；宋人南渡，其例二也；明人南渡，其例三也。"风景不殊"，晋人之深悲；"还我河山"，宋人之虚愿。吾人为第四次之南渡，乃能于不十年间，收恢复之全功。庾信不哀江南，杜甫喜收蓟北。此其可纪念者四也。

联合大学初定校歌，其辞始叹南迁流离之苦辛，中颂师生不屈之壮志，终寄最后胜利之期望。校以今日之成功，历历不爽，若合符契。联合大学之终始，岂非一代之盛事，旷百世而难遇者哉！爰就歌辞，勒为碑铭，铭曰：

痛南渡，辞宫阙。驻衡湘，又离别。更长征，经峤嵲。望中原，遍洒血。抵绝徼，继讲说。诗书丧，犹有舌。尽笳吹，情弥切。千秋耻，终已雪。见仇寇，如烟灭。起朔北，迄南越。视金瓯，已无缺。大一统，无倾折。中兴业，继往烈。维三校，兄弟列。为一体，如胶结。同艰难，共欢悦。联合竟，使命彻。神京复，还燕碣。以此石，象坚节，纪嘉庆，告来哲。

目 录

第一辑　狼烟四起　三校播迁

第二辑　百折不挠　教育救国

第三辑　允文允武　携笔从戎

第四辑 联大风骨 精神永存

第一辑

狼烟四起　三校播迁

千里上课记

保兰冯

去年春天，我们长沙临时大学同学 250 人，教授 50 人左右，徒步离长沙向西直走到一千里外的昆明新校去，这可说是开了世界上课最长路程的新纪录。参加徒步长征者于 2 月 20 日出发，在恰恰 68 天之内走完了这路程，每天步行 15 里至 50 里，平均每日约走 24 里，最后于 4 月 28 日到达昆明。

临大系由国立清华大学、国立北京大学与私立南开大学三校于 1937 年秋季在长沙联合成立的，这时候日本空中的轰炸与烧夷弹的燃烧已将南开校舍化为平地，同时日人在北平的军事行动，亦使清华与北大无法在平开课。可是，临时大学的寿命却见得不长，巨大的日机，每从并不遥远的根据地出发，挟了死亡的武器，频来探访长沙。这足以打碎临大对于平宁和自由的希望，在此地求学是那么的紧张。

经过 1938 年的早春，情形变得格外严重，因为战事飞速地扩大到扬子江上游的地带来了。看样子学校的迁徙是急不可待，于是临大当局便决定主意，这一次一定要将学生撤至敌机不能飞达的内地去，他们就这样决定了迁至云南省，中国西南的后方门户。平静时候，云南省是并不多大重要的，但随着抗战局面的展开，它却成了政治上及军事上的冲要地带。在从前，1915年的革命，蔡锷领导起义，向北推进，终于推翻袁世凯的帝梦，在今日，中国国家的生存处于绝续存亡之秋，它将是培植青年以充实抗战干部和建设人才的地方了。

现在，另有一个光荣应归落到滇省，即是连同四川，该省行将成为最重要的文化与教育的中心，临大新址，就设于该省省城昆明，更名为西南联合大学，简称"联大"。

当临大决定将学校撤至内地以后，学校当局当前就逢到一个难题，那便是用什么方法移动这一千学生、一百教授和为数不少的办事人员以及学校的仪器设备。这个问题，鉴于湘滇间现在的运输情形，确是不容易解决的。

经过了一番商议，终于决定了绕道而走的办法。先从长沙搭车，取道广州到香港，再从香港走水路到海防，然后从海防再坐火车到昆明。

但两头乘火车，中间坐船，大半的行程必须在异国的土地上驱驰的。这种旅行办法，对于富有冒险精神的学生——他们想顺便在迁到新校的路上看看自己国家的内地情形——以及心向科学与抱有社会学见地的人，远不感到兴趣，而且也太平静了，对于青年的精神不相合适。

这种见地，大学当局颇表同情并且了解，就是湘省当局也是如此。所以，学生们要求徒步行走湘滇之间的一千里路程，两者当局均加裁可。

湘省主席张治中既全盘赞同这个提议，便指派一个退职的军官洪锡和上尉来领导我们经越华中这带疟疾传染且有几区是盗匪横行的区域。洪上尉那时在省政府当一名顾问，虽然已上了年纪，但特别适宜来领导这次长征，因为他不仅曾经当过兵，惯于跋涉，而且还极其熟悉这次长征所经历各地方的地理情形。至于这次长征学生的人员选择，是以一般的身体状态以及在大学里学业的成绩做标准的。所有参加的人都须经过彻底的体格检验，以确定能否抵挡得住种种苦难，这在如此艰辛的旅途上是可以预料而碰到的。下面一段日记的摘录足以显出参加者对于跋涉长途所表示的热诚！

> 当校中布告从长沙徒步出发长征昆明时，我决定参加……早晨（1938 年 1 月 13 日）我跑到学校里去，听说我的名字已经允许列入长征昆明的一群名单中，不禁大喜！

由大学里两个军事训练员襄助，洪上尉将着手参加长徒步行走的 310 个同学照着正规军队的格式组织起来，全团分成两大队，置于严格的军事纪律之下，甚至于全体一律都穿军队的制服，每一大队再分成三小队，每十五个学生组成一小队。全团人员由军事训练教官统带，归洪上尉指挥。这些统带人员组成一个司令部，另由教授职员和特选的学生所组织的特别委员在旁相助。司令部下分设两处，即有三个医生的医务处和有两个会计员的经理处。

教授职员所组织的特别委员会负责指导长征中所预定的教育和科学的工作。这些人之中有植物学家、动物学家、地质学家和物理学家，他们为学生做好"游览"计划，应如何进行田野间的观察，应如何采集学校标本。

在长途走行的同学中间，还有许多研究社会科学的，他们抱了研究沿途各地居民的社会状态的希望而参加长征，这种希望后来是实现了。到贵州，我们大为苗族所款待。在这里，我们对于苗民的表示明显的国家意识的程度，以及对于外间世界进行的大事，尤其是自己祖国与日本之间正在剧战这番事，并不完全茫然，非常惊异。在一个社交的集会上，苗民对于访问者给予正式的欢迎，并演唱山歌和跳民间舞盛待我们。我们无论在城镇或乡村过夜，都到处受人优渥的欢迎，官民双方都予我们以种种的帮助。

到实在无法步行否则将发生不可克服的困难的地段，我们方始坐帆船或其他原始的车辆。但全程六十几天，内中只有四天，我们才被迫求助于这种运输的工具。徒步者旅途轻快，行李每两个人打一包，装在跟着长征的两辆卡车上面，笨重的行装则早已同着学校的动产，经由广州—香港—海防的一路，在前头运去。

除了单薄的服装外，每人都加发一件军用棉袄，这一件衣服后来见得大有用处，尤其在出奇寒冷的夜晚。一出湖南常德西面，雪花的飞飘为四周田野添上了一点冬日之美的意味。长途中，有几天，大雨滂沱，我们冲向急雨中去，觉得很有趣味。

脚走得起了泡，医治占去了医务处的大半时间，虽然医生也一直忙着帮助徒步者之身体安健，但并无重病发生，就是伤风之类的轻病也极少。参加者一律种了牛痘，打了预防伤寒针，所以全途没有一人感染到那类传染的疾病。

一切对于匪徒的恐惧，结果证明绝无根据，因为一次也没碰到。要是依照往常走这条路的人遇盗脱身的传说判断起来，那么这次长征可算是平静无事的了。只有一次，司令部发出警告，其时中央军官学校学生正在我们的前面不远，统率人员恐怕匪徒一定就在附近，要垂涎军校学生的武器，前来抢劫，但我们一路前去，并无任何不幸的遭遇。

我们走三千里路，为时68天，一共用了18000元。旅途中，每人每天得四毛钱的膳费，两毛钱的零用。同学们把零用的津贴大半花费在购买小小的乡土纪念物和草鞋上面。

　　临大在西南联合大学这新名称之下，于去年5月初重复开课。因为昆明缺少地方，文法两院不得不迁设蒙自——离昆明朝西不远的一个大城。工院、农院、科学院则仍在昆明上课。这一学期学校只开了三个月课，到7月便放暑假了。从8月到11月，所有的同学全体派送军营，受军事训练。秋季始业到去年12月才开始。在临大，原有同学不过一千，现在注册人数已增至2100了。

从清华园到长沙临大

陈　达

一、告别清华园

民国二十六年 7 月 27 日午饭后，余照常往清华大学图书馆地下层个人书房工作。下午 4 时接内人电话，促即归家。余时方起草英文新书，名曰 *Emigrant Communities in South China*，正拟稿至第五章"妇女的社会地位"节，忽听电话，搁笔，匆匆回家。内人曰："西园今日下午有三辆汽车入城，二大一小，大半的邻居都搬入北平去了。听说今日的风声甚紧。"余曰："你们如觉得胆小，我们也不妨进城去。"说着收拾行李，置于两手提皮箱之内，预备雇小汽车，无应者。5 时半，有一熟车从北平返校，经西园门口，余等一跃登车。即余夫妇、旭人、旭都、旭清及傅妈，留赵妈在西园 35 号寓所看家。本晚宿北平骑河楼 39 号清华同学会宿舍。

28 日清晨 3 时惊醒，闻炮声，自北平西南角近郊传来。校工老槐来报信："听说敌人要放毒气，快用酸醋洗鼻孔。"余等睡梦半醒，听此言似乎将信将疑，亦未深究。天明即起床，进早点后，余步行至米市大街青年会，预备坐公共汽车返清华，继续撰述前书。但西直门已闭，公共汽车业已禁止通行。

28 日晨 5 时许，敌机炸北平西直门外西苑兵营，此兵营靠近颐和园，离燕京大学约 2 里，离清华西园约 2 里半。炸弹下来时，燕南园与清华西园住宅的玻璃窗俱震动。留在清华的同人们，照预定计划分别在图书馆、大礼堂及科学馆的地下室暂避，妇孺们受惊后有啼哭者。

北平天空可以看见敌机，北平市内随时可闻枪声与炮声。28日下午，有敌机一架低飞向西，过景山时用机枪扫射，但未伤人。

谣言甚多，人心惶惶。清华同学会内充满了由清华园搬来的同学们。游艺室与会客室变作临时寝室，饭桌和台球桌作为卧床。敌人的便衣队，偶尔入内打听动静。

余夫妇觉得同学会秩序渐乱，于 7 月 31 日迁入西长安街中央饭店。8 月 3 日，敌军整队开入北平市，自西长安街至东长安街，沿街布满骑兵步兵坦克车各种炮及机枪等。司令官以日语演说，余立在中央饭店二层楼看台，呆若木鸡，心中若有所思，若无所思。街上站满日本兵，演说者即在东交民巷出口的空地，余虽未能听清演语，但眼看敌人占领故都，自然心乱如麻，有哭笑不得的情景。

听说中央饭店是法人（天主教）的产业，系中国人营业，未有日籍房客。隔别长安饭店却有日人住客 20 余人，南河沿有一公寓，日籍房客约占四分之一。卢沟桥事变前两星期即是如此。

熊迪之夫人住于北京饭店（法人营业），即在中央饭店近旁。一日约余等同往清华园，乃西直门开放的第二日。燕京大学门口有日兵，搜检行人。清华园大门口有日军官来搜校警所用的来复枪，并搜同人等私有猎枪（包括鸟枪与来复枪）。余夫妇至西园寓所一看。因日军官不许运行李，未携物即返北平。

8 月 14 日迁东总布胡同草厂小门 9 号，因房东吸食鸦片，我们感觉不便，于 9 月 10 日迁大方家胡同芳嘉园火神庙 9 号，由同级友凌幼华兄之介绍，租得此宅。余等才由清华园搬运家具杂物至此。有人劝我们不必搬物，因秩序已乱，人心不宁，家具及家用物品卖价甚低，但运费甚高：人力车每辆自清华园至西直门5元，驴车每辆自15元至20元。旭都入育英中学初中一年级，校址在灯市口，每日早出晚归。旭人在燕京大学借读，入经济系二年级，住于燕大宿舍，入城时坐燕大公共汽车。旭人已在南开大学经济系修满一年，南开校舍被敌人炸毁，继之以焚烧。旭人所有书籍及行李衣服，存校者俱付一炬。

日复一日，昏沉地度过去。战事的消息，大半于我国不利。敌人攻下一大市后，辄在北平报纸上宣传，并强迫中学生及小学生结队庆祝敌人的胜利。余心中懊丧、忧惧、愤慨，终日无所动作。既不想做事，亦不能做事。觉得坐立不安，情绪万端而已。

二、《南洋华侨与闽粤社会》

《南洋华侨与闽粤社会》一书已于5月1日脱稿，其一部分连同目录，寄上海商务印书馆审查。6月初商务与余签订承印合同，并嘱将稿交北平京华书局排印。卢沟桥事变起后，时局不靖，生意冷淡，该局裁汰员工，将印刷事搁起，10月末，秩序渐复，余一日路过虎坊桥，往访经理张雄飞先生，蒙允即日排印，制纸版，余允加紧校对。是时余家已迁住火神庙九号，余继续起草英文稿本，于空闲校对中文稿，稿子随到随校，从无耽误，印书局方面，亦集中排印工人，加紧工作；全书323面，于13日内排完。余将稿中重要错误更正，文字亦略加润饰。关于精详的校对，托付老友吴文藻兄（燕大社会系教授）及老同事倪因心兄（清华社会系助教）。倪君是本研究得力助手之一，于本书内容知之最谛。余于11月10日离北平，前一日将全书排好的初稿阅读一遍。

11月9日因心兄来寓，襄助校对中文稿毕，把我的行李分送到东交民巷某洋行（那里面有书籍及稿件，不愿受日人检查者）及铁路局并买好火车票。晚饭后余夫妇到凌幼华兄住所告辞。明日余上火车时并未通知亲友，仅因心兄在火车上略谈辞去。车即开行。

余于宣统三年考入清华学校之后（当时称为游美预备学校），在清华肄业约 5 年。民国五年毕业，即赴美游学，民国十二年返国，即应清华之聘，任教社会学，乃于是年 9 月由杭携眷往北平，中间余虽数次暂离北平，但眷属却在北平常住。此次余个人离平，距家眷来时 14 年又 2 个月。

三、《南华迁民社区》

《南洋华侨与闽粤社会》一书脱稿后，余即继续撰著英文书，此书的内容与组织，并未完全与前书相似，后书即称《南华迁民社区》（*Emigrant Communities in South China*, Shanghai, Kelly and Walsh, 1939 New York, 1940），自民国二十六年 6 月 1 日起，余即忙里偷闲，在清华图书馆地下层个人书房起稿。按多年的习惯，余的夏季工作时间，为自晨 7 时至下午 6 时，中间须除午餐及餐后小睡，偶尔有运动如游泳之类。日日如此，虽遇星期日，亦工作不断。余撰此书时每隔十日钓鱼一次，每次约三小时，此外甚少其他消遣。7 月 27 日下午因卢沟桥情形紧张，携家入北平，停笔。8 月末，北平火神庙寓所租定，余亦心神渐安。某日往清华图书馆书房探望。稿在案头，笔在架上，正如四星期前余搁笔时情形。乃将全稿带回北平，自 9 月中旬起，继续拟稿。约因心兄及姚寿春君相助。因心组织及分析一部分的调查材料，姚君任打字员。余延长工作时间，每晚约加工作三小时，至 11 月 5 日，初稿完成。太平洋学会研究干事荷兰德先生（William Holland）时客北平已将一月，余将打好的稿件，按日陆续交给其书记。余 11 月 10 日离平时，英文全稿已交去，但有些部分尚未修改，有些材料尚未加入。

四、由北平到长沙

由北平至天津的火车，其快车平常须用二小时半，此次约行四小时半（11 月 10 日下午 4 时半开，8 时 20 分到），因兵车甚多，沿途停车。天津租界内人满为患，邻近乡村的殷富住户竞相迁来避难。旅馆、饭铺及娱乐场，生意特好。11 月 12 日下午 4 时，由津乘拖轮至塘沽上轮船，夜 12 时到。此短距离行李运费每件国币一元，比平时约高一倍余。太古盛京轮船客满，票价自津至申房舱四五元，比平时贵一倍半。13 日下午 4 时轮开，14 日晨 6 时半到烟台，下午 2 时到威海，15 日晨 6 时至青岛。青岛表面看不出紧张的情形，以往三星期内并无日本飞机闯入市空，市内中山路一带的日本商店，俱闭门，并贴有市政府日领馆共署名的封条。至青岛时余有六件行李托旅行社运至长沙。同人有在青岛起岸者，准备由陇海路往汉口转长沙。青岛生意平淡，人心不宁。我国驻军与警察，防卫颇严。轮船于 16 日晨 6 时驶出口外，见日本军舰二艘，停泊海中。是日下午 5 时 3 刻余站在甲板上，时此轮已入黑水洋，天雨，忽来一大浪，湿透余的帽袜鞋及西装大衣的一部分。在余旅行津申的经验中，以此次风浪为最大。

17 日下午 2 时船到达上海，码头上人山人海，有些是挑夫，但大部分是望眼欲穿来接船上客人的亲友。内弟姚菊珊，因得余津电来接。余于人群中挤出，失去钱囊一，并钞银 30 元。上岸后余至中国旅行社探听消息，据说明晚尚有一轮，开往南通州。余改变旅行计划，放弃由申乘轮至香港，由港坐飞机至长沙的办法。18 日晚即在该轮守候。上轮送行者有朱仲梁、向明思及姚菊珊。上海租界内人口拥挤，物价昂贵，每人每次限买米一元，肉每元可买一斤四两，青菜每斤价 960 文（每元 3000 文）。19 日清晨旅客尚蜂拥而来，是时轮上已无隙地。前夜在街上行走，见有若干处废垣断瓦，浦江东岸，有数处尚在燃烧中。新北京轮于 19 日晨

10 时开出。在恒丰、永安、大中华钞厂的房屋上，可见弹痕。日本邮船会社亦一部分被毁。轮过狼山、福山，见日本军舰及运输舰七八十艘。六小时后即与我方岸上陆军开火。19 日下午 5 时轮抵通州天生港，用拖轮搬行李，天黑时改用大号货船，满载千余人（是日到埠共 4 轮，约 7000 人），在小港中行 3 里。上岸雇汽车二，由同行者六人分乘之。到唐家闸，旅馆俱告客满，在乡人家住宿，有床，但需自备被褥，每人付一元五角，二人同床。第二日有小轮一艘，驶往镇江。余得信，晨 5 时起，见天生港边候轮人及难民，排列至 5 里以外，乃改变方针，同行者知怡和公司英职员有小汽船往口岸，并有装行李的二拖船同行。余等与船夫私约，每人付 10 元，在拖船内，借一席地，当私货运走。船未开时，船夫叮嘱大家，切勿露头，免被英籍主人责难或阻挠。船开后，我们偶尔伸首出船篷吸新鲜空气。小汽船在小河及运河驶行。河身有时与岸平，有时较低，不能见河面。岸旁即菜园豆麦田与桑地。远望帆船迎面来时，如航行在菜园及桑地中。20 日晚 8 时半到海安，宿于有斐旅馆。21 日晨 7 时 3 刻开船，距口岸尚有一半路程计 156 里，经泰州，于下午 6 时到口岸，即上太古黄浦轮，晚 8 时开。11 月 20 日晨 7 时半到镇江，余上岸买些食物，划子摆一渡每人收费二元五角。街上行人甚少，店铺闭门者十分之八。余问店伙"何故"，答曰"有警报"。自卢沟桥事变以来，余尚未听过警报。

上海开战以后，自口岸至汉口，上驶的轮船，仅余黄浦轮一艘，余等由小船驶上此轮，离开行时仅两小时。好在余只有手提皮箱两件，实系预备坐飞机的行李。船上舱位全无，同行者有一苏州人，认识一茶房，系在官舱供职者，急趋前认同乡。此人与余同睡一长椅，每人出 30 元。23 日下午 1 时黄浦轮离镇江，晚 7 时半到南京，由南京至汉口水路 16 站，每站 90 里。南京下水

50 里，在江面南岸有龙潭，是江面最狭处，宽约仅 250 码。听说政府预备在此地沉船封锁。江南岸近边即有绵延的山脉，但俱不甚高。

24 日晨 8 时到芜湖，为避免旅客上船，轮不开门，但上船者人数尚不少。男女旅客或攀绳或绕竹竿而下。芜湖的草橘一角可买四个，咸鸭蛋一角三个，夜 1 时到安庆，轮未开门。

25 日晨 8 时过小孤山，此地可遥望及大孤山，江面宽约 1 英里。晨 10 时到湖口，距九江仅 65 里，夜 2 时轮抵黄冈。

26 日晨 10 时到汉口，余与同行者三人寻旅馆，半小时内到六家询问，俱报人满。同日到埠的轮船，俱由上海或南京上驶，共载旅客及难民一万余人，据说近一星期来每日如此。余自购军用床一，即住于吴至信君的办公室中。

27 日余住汉口旅行社订车票往长沙，因军事的需要，火车仅足运兵及军用品，四日以来未卖客票。欧亚飞机亦于一个月后才有座位。发北平家中电一通，报平安，由天津清华同学会转交（后知家中未接此电）。

28 日在路上遇见刘驭万兄，告以政府有公务员专车往长沙，蒙介绍乘此车，余入车长办公车，见其内挤满车人，政府官员的家属、难民及行李，车内无立足之地。下午 2 时车开，全系铁篷车，无座位，余用手提皮箱当凳，但亦不敢长坐，因这是余前数年在巴黎买的纸皮箱。车行 21 小时（平常约 13 小时）到长沙，时为 29 日晨 11 时。当车抵蒲圻时，饥甚，在站买热馄饨一碗，方吃完六个，汽笛即长鸣，立刻跳上火车。

圣经学校离火车站不到半里，余因不认识路，下火车后，却步行 5 里到北门麻园岭清华办事处访潘仲昂兄，买物后到圣经学校（2 楼 29 号）自己卧室。行李甫安置妥帖，友好即约余沿车站散步，并述两日前敌机轰炸车站事，某君曰："当时敌机下弹两枚，我见黑物，慢慢自机身下坠。站边有一家正办喜事，新郎新娘俱被炸死。"车站未被炸，但近旁民房中弹者甚多。余见一坑，深约一丈，圆径逾二丈，是余第一次看见炸弹的破坏工作。圣经学校某友的寝室，窗中有玻璃两块被震下。

五、长沙临时大学

北京大学、南开与清华，奉教育部命令组临时大学，在长沙上课，以圣经学校为校址。余于 11 月 30 日到长沙，12 月 2 日起上课，授劳工及人口两门。余到校较晚，离开学已一月有余。有少数教师与学生，尚有后余而至者。书籍与科学设备俱感缺乏，但教师与学生精神焕发。以人数论，清华的教师最多，全校教职员的三分之二已到长沙，学生近 700 人。北大教职员到者一半，学生约 400 人，南开最少，有教职员十余人，学生约 100 人。

一般学生在校内公共食堂用餐，每人每月 9 元，荤素各菜比较丰富，胜于北平清华园的包饭。教师们或与学生同餐，或组饭团。每人每月用到 15 元，算是最多的了。

长沙多雨，因此菜类容易生长，菜园甚多，路旁篱笆内常见绿荫遍地，所栽植者系各项蔬菜。水果种类多而价廉，橘子多核而味甘。湘江鱼虾极富，鱼店及鱼摊售卖大小鱼类多种，往往是活的。我们用饭时，几乎每餐多有鲜鱼。

长沙的人力车夫，拉车时一步一步地踯躅而行，不慌不忙地走去，我们有时替他担忧，恐他永久不能到达目的地。慢行的车夫，于交通虽不利，于健康的维持却毫无问题了。

长沙有许多街名，饶有诗意，不知是何人命名的。例如"菜根香""又一村""百花深处""平地一声雷"，名雅而实不符。因市上马路甚少，街道大致狭隘，且多污秽。虽与民国十四年余初次到长沙时相比，有些街道业已加宽，但一般说来，尚欠平坦。

普通的街道用石板砌成。每石长约四尺宽二尺，用来横铺，这些是较好的街，如八角亭一带。冷静处与僻巷，或用碎石铺路，或是泥路。

本地人说，冬天雨少，因为不是雨季。但我们所得的印象是：三日倒有两日雨。温度并非太低，不过因有高度的湿气，使人感觉寒冷刺骨。余卧室中用炭缸一，缸用窑泥做成，圆径二尺，深三尺，缸的外周以蓝色油涂之，缸底先垫稻草灰，上烧木炭。热度颇高，但二氧化碳往往可以充满室内，如不开窗，容易使人窒息。友人中有因此患头痛或呕吐者。居民在雨天，常在室中，少外出，少见阳光，身体的发育，难免受着不良的影响。

出长沙城渡湘江可至岳麓山，湖南大学所在地，校址与旧岳麓书院相近。过小山二，到清华农业研究所，所址三面环山，一面是湘江，江离所约有三里。四屋已成，惜皆在山脚，不透风。疑在盛夏时，因水风吹不到，气候又潮湿，绝难居住。

岳麓山古迹，前人已有记述，兹不赘。有一事因与近年我国社会运动有关，略述于下：当共产党逼近长沙时，驻军在山旁布置战垒与岗位，其余迹的一部，今尚可见。

过长沙浏阳门时，心中有所感触：民国十一年长沙华实公司工人罢工，领袖黄爱、庞人铨被斩于浏阳门外。此次罢工，为我国工人们有组织的开端，目前国内工人纪念五一节时，有许多工会往往追述黄庞的惨事。

长沙的农夫和工人，甚少看见穿破衣服者，假如拿此来做区别贫富的标准之一，我们似乎可以说，湖南是比较富庶的省份。

前线战事仿佛于我国不利，伤兵到长沙者渐多。一日在湘雅医院后首坟地边遇一两手受伤之兵求余援助，余取钱袋中所有的毫洋尽与之。伤兵似尚嫌不够，自言自语以去。

张治中主席一日到大学演讲云："我个人有守土之责，坚决地要维持长沙。假如有人感觉生命危险，要想找一条安全之路，我将对他说：'最安全之路莫如跳入湘江！'"

警报常有，但因长沙时常阴雨，敌机未来。每遇警报，教师与学生避于圣经学校地下室。平人心骚乱，特别是雨天，一人困守卧室中，百无聊赖。有时忧现局，有时思家。一日余接北转来一电报（由美领事署转来），说内人盼望余到长沙后拍电回家。实际余到汉口时已电北平，此电发出后一月又六日，家人尚未接电，后知此电业已遗失。

余自青岛托旅行社运行李六件至长沙，已六星期尚未到，遂亲到汉口去查。是时火车不分等级，亦无饭车，车上并无茶房，旅客尽作三等客，余在长沙上车后，经27小时才到汉口。

前线逃出的难民，述敌人残暴有足记者：（1）无锡有日兵一名到某米店买米五斗，付日币一枚。店伙以示经理知为日币五分。经理往告日司令部。日军官曰："破坏皇军名誉，打军棍20下。"（2）南京有母女二人，逃入乡村，不得食已一日。女14岁，在路旁采菜，日兵三人遇见，拥之以去。母跪求，被刺死。

六、由长沙到昆明

学校当局觉得长沙不稳，决定迁昆明，与铁路局商包专车。余坐粤汉路通车以后第一次的二等专车，同行有眷属者约有10家及单身者30人，余等四人同房，内有马约翰先生、王化成先生。1月27日离长沙。粤汉路新通车，自长沙至广州，约需40小时。三等车亦有卧车，价廉而相当安适，二等车的设备胜于津浦路的蓝钢车，风景最佳处在湖南与广东边界，沿砰石乐山的一段约100公里，此处火车沿山及河而行。无高山，但山上俱有树，河水青绿，并弯曲，火车行时，车上的人看不到前面是河还是平地。砰石相传为太平天国石达开扎营之处，离站近处，有小山，地势崎岖。余等入内游玩，心境甚乐。

抵广州站，方值警报，匆忙中往爱群酒店。举首四望，见有许多高楼，多以篾篷围之。篾篷置于房的最高层，是否借此避轰炸？殊难索解。多处有高射炮，敌机飞过市空时，可闻炮声，有时可见火光。一日内常有警报几次，居民已渐惯常，警报解除后，商店照常营业。时值旧历年节，某夜，余等经过旧十三行街。余买得送灶用神及花纸，插于呢帽上，戴帽行街中，环观者甚众。有些少年跟我走。一本地人用广州语曰："此人莫非疯了吧！"

友人杨润玉和我同乘汽车往岭南大学，驱车过珠江桥。余上次到广州时，此桥尚未完成。惜岭南二友俱已迁往香港，不遇而归。余因《南洋华侨与闽粤社会》书中，关于食品名称尚须有补充的材料，故往访之。第二日又游中山大学新校址。校内已无教师及学生，因校舍近飞机场，敌机已来炸四次，但校舍未受重大损失。

广州人心虽现不安，但商业与金融尚照常。国币一元，兑换毫洋一元四角四分（钞银）。余到香港后住六国饭店，等汉口寄来的护照，才能买船票至海防。香港各事如平常，唯有人满之患，旅馆房价约高三分之一。港币一元可换国币一元零六分。西贡纸一元可换国币一元零三分。

余将书箱三件，寄存香港大学许地山兄处，在港第七日购得法国轮广东号二等船票一张，同行者约十余人。蒋梦麟先生因旅馆伙计误将行李送到太古轮广东号，到船开时，尚无行李。船将开时水上警察来查行李，其目的是查鸦片或军器。旅客为贪方便，有时给予酒钱免验。这些酒钱视同贿赂，华人与英人分润。查毕，英籍警察照例来问旅客："各事如意，没有人生气吗？"余对自己云："可惜没有人掏腰包，因我们的行李，可以尽量地让你们查验呢！"

广东轮甚小，过琼州海峡时风浪颇大，茶房多呕吐，约翰先生亦吐。在二等舱的朋友，只有徐锡良兄与余饮食如常。到海防时，法国海关职员，因我们是大学教师，对于检查行李很轻松地放过。天然客栈的跑外说："坐在人力车上，要把帽子拿在手里，防土人来抢走呵！"海防是一个海口，生意很清淡，客亦不多。广州人在此地经商者较多，连土人亦会说几句广州语。

滇越铁路称为世界名胜铁路之一，法属部分长 400 公里，云南部分长 465 公里。风景在自河口至开远中间。自河口往北，地势渐高，山岭层叠。自河口至昆明共有山洞 257 个，共长 15 英里。全线工程始于 1900 年，10 年后才完成。云南因有高原与平原，气候不一，各种果木与花草俱易滋生，据说欧洲全洲的树果与花草，云南都有。河口海拔约 200 米，昆明则为 1896 米，铁路所经的区域，从前可说是不毛之地，目前尚属人烟稀少。有些地方分明是夷人的居处，这由车站的定名，可以看出来的，例如腊哈底、糯珠、獭迷珠等。

滇越车上所见的汉文告示，足以代表 30 年前洋式的中文。当时的政府学校及商号，大都以重价物色通洋文的人才。识洋文者，亦仅恃粗通洋文，即能谋事，不必研究中文，因此一般的译文（西译中或中译西），非特文字欠清顺，有时连意义都十分难懂。滇越客车中的汉文告示，是法文的译文，有些文句不似汉文，摘录如下：

通告赶车客人，所有禁止各条如下：

（一）没有客票禁止上车，又禁止坐车高于票上所定等级，不能躐等。又他人业已指定之座位亦禁止争坐。

（二）禁止由他处上车或下车，除非由办公执事人上下之一面方可。

（三）禁止过由此车到彼车内，除非由一定的过道。禁止坐在上车之脚梯凳上，及脚伸出车子外头。禁止坐在不准客人坐之位，并禁止在所有格外用处之车格内坐。

（四）禁止上车或下车，如车未曾停止。

（五）禁止饮酒已醉之人赶车。

（六）禁止在车上呼吸鸦片烟。

（七）禁止上车若携带装有码子之军火枪械。

（八）禁止抛掷在铁路上玻璃瓶子及各样能阻碍铁路上行走公司人之物件均禁止抛掷。

凡客人坐车若公司人员询问必须呈票与查验。又凡关系客车并车站安妥及巡警之事客人等应当以公司人员之命令为遵从（滇越铁路法国公司告白）。

北大在长沙

杨振声

　　战争当是文化的转捩点，它毁灭了旧的，同时也就给了一种创新的机会。这只看你能不能利用那机会；机会稍纵即逝，而创新又常是一件艰辛的工作。

　　在七七事变以后，北大、清华、南开三大学，离开了晴空丽日的北方与平津的优越环境，赤手空拳地跑到卑湿的长沙去办临时大学。这是一个剧变，一个试验，试验他们能不能适应新环境与创造新纪录。

　　合北大、清华、南开三校在长沙设立临时大学，七七事变后，此议即酝酿于南京，二十六年8月间在南京成立临时大学筹备委员会。除三校校长为当然委员外，每校各加一人，北大为胡适，清华为顾毓琇，南开为何廉。此外有傅斯年、皮宗石（当时湖南大学校长）、朱经农（当时湖南教育厅厅长）为委员。又以教育部部长王世杰为主任委员，教育部次长周炳琳为主任秘书。我是事变后8月26日到的南京。因为周炳琳先生当时不得脱身去长沙，我与清华、北大都有渊源，南开也多朋友，才把我代替了他。于是我以筹备委员的资格于9月初与梅月涵先生到了长沙，我们也是最初负筹备责任的人。

二十六年 9 月 13 日筹委会在长沙举行第一次会议，许多委员仍未能到会。9 月 20 日左右蒋梦麟先生与三校同人陆续到达。筹备的工作渐渐开展。9 月 28 日开始启用国立长沙临时大学关防。校务也由三校校长及主任秘书所组织之常务委员会负责。

当时最巧的是长沙圣经书院停办，我们就租借了那整个的学校，教室、宿舍、家具俱全，还有一个大礼堂的地下室，就是我们临时的防空洞。

我们都各得其所地恢复了学生生活，住在每人一间小房的学生宿舍里，天冷后大家还围着长沙特有的小火缸煮茶谈天。到时围住大饭桌吃包饭，大家都欣赏长沙的肥青菜、嫩豆腐，四角一个的大角鱼、一毛多一斤的肥猪肉。

大家自动地要求吃苦，要求缩减。于是在一次常委会中，决议薪水打七折支给。又公推蒋梦麟先生兼总务长，梅贻琦先生兼教务长，张伯苓先生兼建设长。后来蒋先生成天算账，累出胃病来，才让旁人帮他的忙。

至于课程方面亦多整理。三校院系颇多，加以归并者：如历史社会学合为一系，哲学心理教育合为一系，地理气象亦合为一系。共设四院（文、理、工、法商）十七系。

最困难的是图书仪器的设备。图书方面适逢中央研究院史语所的书籍迁长沙，我们便把地下室借让他们藏书，同时便与之订立图书借用办法。北平图书馆也迁来长沙，我们便把办公室让出一间作他们的办公室，也与之订立图书合作办法。又于 10 月 18 日议决在邻近的孤儿院与涵德女中的空地上，建筑化学实验室及物理修械室。又买了几套中央研究院物理研究所造的仪器。这些简单的仪器却救了一时之急，其后至昆明联大时，也还在用。

10 月 18 日开始学生报到。到的学生多来自战区，生活无办法。即于 10 月 19 日常委会中议决：由学校经常费中节省 5000 元作为贷金，救济困苦学生。此后救济贷金，虽有种种名称，而长沙临大，实开其端。

先生学生到的渐渐多起来，长沙临时校址容纳不下，遂将文学院迁于南岳。

11月1日，二十六年度开始上课。虽比平时校历晚了一个多月，然在敌人不断的空袭中，学校到底开了课，大家这才松了一口气。

在那时大家很自然地看重国防问题。学校组织国防技艺服务委员会及介绍委员会。又注重军事训练，曾于12月10日布告学生，凡服务与国防有关机关者，得请保留学籍，并得由学校介绍。这也是后来西南联大学生参军的先声。至军事训练方面，曾经推定张伯苓先生为军训队队长兼学生战时后方服务队队长。此时学生宿舍方面，也完全用军事管理。女生则兼习看护。

这个在播迁中的临时大学，设备虽极简陋，大家却那么富有朝气。而生活愈简单，做事的效率便愈高，纠纷也愈少。我那时还常在想：这正是三校反省的机会了。重要不在留恋过去的光荣，而在如何创造一个崭新的将来。三校比较之下，各校的短长互见。既可取长补短；而人才集中，也为任何一校所不及。当时一位清华的朋友对我说："从来学校的人才没有这样盛，个人的朋友也没有这样多，我们为什么不可以永久合作呢？"这也可见三校的融洽无间了。

二十六年底，战事风声渐紧，至二十七年1月19日长沙临时大学始决议迁往昆明。一方面派人到昆明布置校舍，添置设备。一方面于1月24日办理第一学期考试。1月27日学生开始填写入滇志愿书。至2月10日，总计欲赴滇就学学生820人。此次学校再迁，大家不但不感颓丧，精神反更振作起来。

最值得大书特书的，是自长沙徒步至昆明的旅行团了。除女生及身体不适于长途旅行的男生外，学生愿意参加者共有 244 人。教员方面参加者也有黄钰生、李继侗、闻一多、曾昭抡、袁复礼诸先生。

2 月中一个早晨，阴沉的初春天气，两部大卡车，满载着 200多人的行李，先行出动。大队渐渐集中，我们在骄傲眼光中看着他们出发时的热情与勇敢。从此他们深入民间，亲身接触各地的风土民情，亲眼看见各地的民生疾苦，亲手采集各处的科学标本。他们在路上共行 1671 公里，为时 73 日。于 4 月 27 日到达昆明。我们在昆明拓东路又以骄傲的眼光去迎接他们。他们都晒得黑光光的，腿肚走粗了，脚皮磨厚了；同时人生的经验增加了，吃苦的本领加大了，精神也更饱满了。就这样他们步入了历史的新页。

同时，在他们到的 25 天前，二十七年 4 月 2 日长沙临时大学正式改为国立西南联合大学。

滇行记

郑天挺

1937年，我任北京大学秘书长、中文系教授，度过了最不寻常的一年。

这年春节，别人都在愉快地过节，而我家却出现了不幸：年三十晚上，爱妻忽然病痛卧床。正月初五入北平德国医院，因难产而动手术，初七（2月17日）即去世。由于我思想毫无准备，因此悲痛万分。妻子病逝不久，两小儿又患猩红热，天天打针吃药，弄得家中异常忧虑不安。

七七事变时，校长蒋梦麟、文学院长胡适等人都不在北平。不久，学校法学院长周炳琳、课业长樊际昌等其他负责人亦纷纷南下。于是北大的事情全由我负责。

七七事变之后，北平各大学负责人几乎每天都在北大开会，研究如何对付新的情况。北大几位老教授也时常奔走，为保护学校及师生们的安全而日夜操劳。

北平在日军的包围之下，情况十分危急。而北大留下的学生都是经济上极困难的。后经人建议，在校中学生款内每人发给20元，以使之离校。所以到7月28日北平沦陷时，北大校内已无学生。但是蒋梦麟校长等离北平后久无来信，对学校如何处理，大家都不清楚，只能临时应付。8 月某日，日本宪兵搜查北大办公室，发现了抗日宣传品。他们问是谁的办公室？我说是我的。他们看看我，似乎不大信。因为当时各处的负责人，早已逃散一空。

8 月 8 日下午，表姐夫力舒东大夫忽来我家，说是日本宪兵要抓我，要我速走。之后，他把我安置在西长安街他的尚志医院三楼病房，并对护士有所交代。但我感到，此次我的突然离去，会使大家为我的安全担心，况且次日上午还要与清华诸人商议要事。于是，次日一早，我瞒过护士悄然回家。在外奔波了一整天。

9 月中旬，我收到了胡适先生的信。他在信中劝我们留在北平教书。大家一时不知如何是好。但我已感到，这么大的学校，在这战乱岁月里，实在无法维持同人们的生活。到 10 月时，方知北大、清华、南开三校已在长沙组成长沙临时大学，假圣经学院上课。不久，学校派课业长樊际昌北上接各教授南下。后我托陈雪屏到天津与樊（二人同在心理系）会晤，催长沙迅速汇款。10 月底汇款到，我即与诸同人陆续南下。

11 月 17 日晨，天气寒冷。我离开了 5 个幼儿，只身与罗常培、魏建功等教授同车赴天津。到津后，大家住六国饭店，这是南下的交通站。当天下午钱稻荪从北平赶来，劝我不要走，说一走北大就要垮，要为北大设想。我正词拒绝，并与他辩论了很久。20 日，我们搭“湖北”轮南下，同行的有罗常培、罗庸、魏建功、陈雪屏、邱椿、赵乃抟、周作人、王烈等人。船过青岛，我们本想由胶济线转陇海到平汉路。及至下船访问山东大学，方知胶济线已断，只好乘船一直到香港上岸。到香港，因粤汉路被敌机轰炸，乃乘船至梧州，取道贵县、柳州转桂林，由公路入湘。12 月 14 日好容易经衡阳到了长沙，才知南京业已沦陷，学校又准备南迁。

当时长沙临大在南岳设有分校，罗、陈、魏等教授在南岳上课，我在长沙史学系讲隋唐五代史。长沙的天气与北方大不相同，虽已是 12 月中旬，但晴暄和暖，不似严冬。后阴雨十余日，然虽寒亦不似北方之劲风刺骨。

1938 年 1 月初，学校已内定迁往昆明，但因教育部意见未能统一，故而推迟。这时蒋梦麟校长劝我先往昆明，负责筹备。我为不能与诸人同行深觉不安。于是在 1 月下旬，为同人详询入滇路线及车价，并将所探询之情况，开列注意事项凡 16 则，包括路程票价、钞券、护照诸事。不料未过几天，教育部又让缓行，于是计划全部更改。

1 月 30 日为阴历三十。是日晚学校举行聚餐，到有教授 24 人。当时除蒋校长夫妇及江泽涵夫妇外，其他人家属均留北平。如果不是战乱纷离，除夕是不会有此盛会的。就我个人说，这也是第一次只身在外过年，更何况这一年中国事、家事遭受了多大的变故！

2 月中，学校师生决定南迁昆明。一些教授此前已乘车南下转香港赴滇，我也决定由公路转滇越路去昆明。临行前，老友张怡荪劝我到云南后，注意南诏史，我欣然同意。

我们一行十几人于 2 月 15 日晨乘汽车由长沙南下。周炳琳夫妇及子女、赵乃抟、魏建功等坐包车，我与章廷谦、姚从吾、张佛泉等坐公共汽车前往。经过半个月的奔波，于 3 月 1 日下午 5 时 30 分抵昆明。蒋校长夫妇及罗常培、陈雪屏等到站来接，当下在拓东路全蜀会馆住。

此时，学校已改称为西南联合大学。3 月初，由于学校校舍不足，蒋校长曾先往蒙自视察校舍。14 日蒋回昆明。次日下午即在四川旅行社开会，到有蒋校长、张伯苓、周炳琳、施嘉炀、吴有训、秦瓒及我。会上决定文法学院设蒙自，理工学院设昆明，由北大、清华、南开各派一人到蒙自筹设分校。清华派王明之，南开派了杨石先，北大派了我，我于是在 17 日至蒙自。筹备完竣，我就留在这里，在史学系教课。此外，还负责蒙自的北大办事处。

蒙自为滇南重镇。光绪十三年（1887）被辟为商埠，设有蒙自海关、法国银行、法国领事馆。清末时，法人修滇越铁路后，途经碧色寨而未经蒙自，其经济大受影响，商业一蹶不振。联大文法学院至蒙自时，法国领事馆、银行及各洋行均已关闭。由昆明至蒙自，快车近 5 小时先至开远，然后下车吃饭，再坐车 50 分钟始至碧色寨，然后再换碧个（旧）铁路车，凡半小时多始能抵蒙自。因此，一般说由昆明至蒙自需用一天时间。如车慢或行晚，甚至须在开远歇一夜，次日始得到。我在蒙自近半年时间，往返达十余次，甚感不便。

我于 3 月 17 日晚与沈肃文至蒙自，入县北门承恩门，至早街馆周宅（凡楼三层，后为女生宿舍）晤王明之、杨石先，知校舍筹备即就绪。当晚即住此处。

到蒙自主要的事即是尽速安排校舍，迎接师生到来，以便尽快上课。校舍工程经紧张修复后，又与当地李县长商议保安问题。因此地附近并不安宁。李答应增派保安队 40 名驻三元宫，距学校甚近，治安可无问题。4 月初，即开始迎接学生到来，先后共五批。与此同时，文法学院诸教授亦陆续到来。

我们大队师生来到蒙自，轰动了整个县城，该地商人遂乘机提价。原来在长沙时，学生包饭每月仅 5 元 5 角，且午餐晚餐可三荤二素。及至蒙自，商人却将学生包饭提至每月 9 元，且菜为一硬荤、二岔荤（肉加菜）、二素，而教师包饭每月 12 元。是时云南本地各局之三等办事员，月薪不过 12 元（滇币 120 元），而教职员一月之伙食费已与该地职员一月收入相等，这不仅增加师生负担，也觉得愧对当地父老，于是初议未谐。

当时的教授大多住在法国银行及歌胪士洋行。歌胪士为希腊人，原开有旅馆和洋行。临街系洋行，此时早已歇业。我第一次去该处时，尚记得室内的月份牌为 192× 年某月口，说明以后未再营业。洋行中尚存有大量洋酒待售，一些清华的教授见到，高兴极了，当即开怀畅饮。我原住法国银行 314 号，大部分教授来到后，又重新抽签。314 号为罗常培、陈雪屏抽得，我抽至歌胪士洋行 5 号房，邱大年住 4 号房，于 5 月 3 日迁入。此外住在歌胪士楼上的尚有闻一多、陈寅恪、刘叔雅、樊际昌、陈岱荪、邵循正、李卓敏、陈序经、丁佶等十几人。

寅恪先生系中外著名学者，长我 9 岁，是我们的师长。其父陈三立先生与先父相识。此前数年三立先生尚为我书写"史宧"之横幅，我郑重挂于屋中。抗战不久，因北平沦陷，先生乃忧愤绝食而死，终年 85 岁。寅恪先生到蒙自稍晚，未带家属。经常与我们一起散步，有时至军山，有时在住地附近。当时他身体尚好，我们还一起去过蒙自中学参观图书。临离开蒙自时，即 7 月 23 日，大家曾去该地之黑龙潭游玩，往返 15 里，历时数小时。

歌胪士洋行楼下则住男同学。后来我又搬至 4 号与邱大年住一屋。当时房屋紧张，两人一室均无怨言。我和闻一多是邻屋。他非常用功，除上课外从不出门。饭后大家都去散步，闻总不去。我劝他说，何妨一下楼呢？大家都笑了起来，于是成了闻的一个典故，也是一个雅号，即"何妨一下楼主人"。后来闻下了楼，也常和大家一起散步。记得一次与闻及罗常培相偕散步，途中又遇汤用彤、钱穆、贺麟、容肇祖等人，大家一起畅谈中国文化史问题，互相切磋，极快慰。战时的大学教师生活，虽然较前大不相同，但大家同住一室，同桌共饭，彼此关系更加融洽。记得当时我读《新唐书·吐蕃传》，疑发羌即西藏土名 Bod 对音，于是参阅诸书草成一文名《发羌释》。写完后随即就正于陈寅恪、罗常培、陈雪屏、魏建功、姚从吾、邵循正、邱大年诸公。罗将文章题目改为《发羌之地望与对音》，并补充一些材料；邵又据伊斯兰语正以译文；陈寅恪又为订正对音及佛经名称多处，并对文中意见表示赞许。这对战时只身飘零在外的我来说，真是一种极大的鼓舞和安慰，是平时极难得到的一种相互学习的机会。

蒙自城内集市很多，一般六日一大街（即集市），三日一小街。街期，苗人悉至，以物交易。一日与魏建功赶集，适逢大集。西门内外苗人甚众。见三妇女跣足着白色百褶裙，以白麻布三匹向布商易蓝布，未谐。我们乃与之攀谈，她们亦略懂汉语，最后以三元三角购买之。回后，熟习此地风俗之人，谓这些妇女系倮罗①人。但鸟居《苗族调查报告》中所述衣饰，则与今见略有不同。

我在蒙自仍在历史系讲授隋唐五代史。当时北大史学系教授仅姚从吾、钱穆及我三人。史学系师生集会，多选择在风景如画的菘岛举行。是年5月，史学系师生茶话会，纪念孟森先生。是日大雨，姚张伞走在前，钱戴笠继之后，择路而行，我亦张伞沿堤缓行。四顾无人，别饶野趣，犹如画图中人。除菘岛外，尚有军山，亦是诸人饭后散步之所在。其地较菘岛尤幽静，青岭四合，花柳绕堤。不意边陲有此曼妙山川。

当教学秩序正常后，我即向蒋校长提出辞去行政职务，蒋表示谅解。当时我曾请魏建功代刻杖铭二根，其一曰"指挥若定"，另一曰"用之则行，舍则藏"。罗常培见后，以"危而不持，颠而不扶"相讥，盖即指我坚辞不任行政事务而言。言颇切直。

是年7月，学期即结束，昆明校舍亦陆续建造，于是蒙自之文法学院决定迁回昆明，蒙自校舍让于航空学校。史学系亦决定，

---

① 倮罗，彝族的旧称。

暑假后我讲授明清史、清史研究、史传研究等课程，并召开史学系毕业同学欢送会。是月 22 日，农历为六月二十五，为云南之星回节，俗称火把节，居民燃火把游行，亦有以荷花、荷叶装烛，杂以火把游行田间或市街者。但晚饭后候之良久，仅见有持火把者，其余未见。是月底，学生考试完毕，师生乃陆续北上，回到昆明。

西南联大的八年，最可贵的是友爱和团结。教师之间、师生之间、三校之间均如此。在蒙自的半年，已有良好的开端。同学初到蒙自时，我每次都亲到车站迎接，悉心照料，协助搬运行李。其他教授亦如此。北大考虑干部时，也以能团结其他两校之教授为出发点，避免不必要之误会。我在蒙自时，孟森先生刚去世，我决心继孟老之后，钻研清史，完成其未竟之业。这时罗常培自昆明来信告诉我说，云大教授吴春晗闻我将完成孟老遗著，慨然愿以其所抄李朝实录中之中国史料 80 本相赠。不几天，我回昆明，与罗一起看望吴春晗，所谈甚快。联大教授之间、师生之间的友情，由此可见。无私、友爱、团结，这是西南联大的优良传统，这也是能造就众多人才，驰名于中外的主要原因。在抗战期间，一个爱国知识分子，不能亲赴前线参加战斗，只有积极从事科学研究，坚持谨严创造的精神，自学不倦，以期有所贡献于祖国。西南联大的师生，大部分不都是这样吗！

遗稿由郑克晟整理，发表时作了删节

长征日记
——由长沙到昆明

吴征镒

  1937 年 12 月 13 日南京沦陷，长沙成为后防重镇，开始闻到更多的火药气。当时还叫长沙临时大学的联大从此上课不能安稳，尤其在小东门车站被炸之后。于是学校当局便请准了教育部作迁滇之计。酝酿复酝酿，大约 1 月底便决定了。随着就有一些教授先行赴滇。有一大批同学从了军，或去战地服务，也有到西北去学习的。剩下要继续念书的分作两群，一群是女生和体格不合格或不愿步行的，概经粤汉路至广州，转香港、海防，由滇越路入滇。其余约有 200 余人则组织成为湘黔滇旅行团。团用军事管理，分二大队三中队，由黄子坚先生负责领导。湘省主席张治中先生特派黄师岳中将担任团长，三位教官以毛鸿先生为首辅之，担任三个中队长，小队长概由同学担任，团部尚有同学一小队，事务员 1 人，医官徐行敏等 3 人。同行教师共 11 人，为闻一多、许骏斋、李嘉言、李继侗、袁希渊、王钟山、曾昭抡、毛应斗、郭海峰、黄子坚先生和我，组织辅导团。

  大队于 1938 年 2 月 19 日出发，由五条民船装载，夜间启程下湘江入洞庭。我同郭君因押运行李汽车，23 日才起程直至益阳，一路行丘陵地中，松杉成林，又多油茶，这是湘中标准景色。过益阳 20 余里遇李（继侗）师，便开始加入步行，晚宿军山铺，头一天只走了 40 里。

24 日，行 50 里，宿太子庙。

次日入常德境，宿石门桥，全程 50 里。本日为全程中最感疲乏与脚痛的一天，很多同学脚上都磨了泡，三日来所见乡农均极纯朴，抗日情绪高涨，衣饰渐多古气，言语近于湖北。

26 日，行 30 里渡沅水至常德，见到防共碉堡，宿县立中学。

27 日，仍宿常德，市上见槟榔摊甚多，当是五溪蛮习俗的遗留。

28 日，大队同学因第二次注射伤寒预防针多起反应，乃于空袭警报声中雇船去桃源。余同李师、毛应斗先生于晨曦中步行，红梅初放，绿柳产芽，菜花蚕豆亦满田灿烂。路旁多杉皮小屋。约 50 里至桃源。附郭滨江，风景极美，人家多有阁楼翘起。因到得较晚，街上纹石便宜的多已为人购去。夜借宿桃源女中。

3 月 1 日，8 时出发。40 里至桃花源，有桃花观，观内有古桃花潭，潭水甚浅，潭后为秦人古洞，洞深丈余，前后透亮。这无疑问是假托的，中国人好古往往如此。又 30 里到郑家驿宿。

2 日，雨中行，如在米南宫水墨画中。沅水渐急，梯田渐多，利用水利灌溉磨木浆造纸的，常可以看到。

3 日，雨不止，过太平铺入沅陵境，杉林茶山渐盛。男女老幼皆以布包头。宿小村张山冲，阴雨地湿，人挤，宿营甚苦。

4 日，渐入深山，山回路转，路间见煤银铁诸矿，杉林甚多，且多较大者，村女装束古旧，但甚美观，时有长大脖子的。晚宿黄公坪一小村，本日行 80 里，疲甚。

5 日，昨夜云有匪万余渡河来犯，同学多半未睡。今日李师押车，余等迟行。过文昌坪时人家多闭户，从小路上坡后并闻枪声一响。夜宿凉水井，正街均为步行西去之军校学生千余人所占，余等宿山边小村，行李车来得很迟，恐匪惊动，禁用手电，黑路走细田埂 3 里多，来回扛行李，甚苦。

6 日，于连宵风雨中出发，20 里至沅陵，宿辰阳驿，见马伏波祠。

7 日，暴风雨后继之以雪，乃渡沅江游沅陵。橘柚甚多。妇女任劳苦，善负重，多以竹篮负物。疾行山路，男子不及。

8 日至 11 日，阻雪沅陵。中间曾舟游酉水，山城雪霁，景色绝佳。

12 日，大队乘公路局汽车出发晃县。余所乘车中途抛锚，修理甚久，雪地足冷异常，修好后勉强开至辰溪。辰溪在两江合流处。渡口极美。在此候公路局车甚久，晚抵芷江，借宿车站内。

13 日，车坏，候车至 11 时始启行，下午抵晃县，大队已先一晚抵此。晃县旧治毁于匪，新址移至溪口。有贵州街，为贵州飞地，实在是封建的乡土观念所造成的陋规。城跨江上，有两大旅舍亦为娼寮匪窟。禹王宫内尚有电影场正放映《荒江女侠》，内供他处不经见之巫神多尊，并有皇帝万岁牌。辰溪仍大雪，闻沅陵马底驿间雪深二尺。

14 日，闻团长车抛锚辰溪，我们便去耍旧城，晚有月色，游风林寺，内有小学校，实系私塾变相，小学生还念四书五经。

15 日，今日赶场，侗人甚多，晚在沙滩上举行营火会，闻先生为我们讲古神话。

16 日，袁先生等去参观汞矿，云系用土法炼朱砂。我们入山至神岗溪访侗家村落。

17 日，微雨中经酒店塘，由保安队护送出境，30 里至鲇鱼铺湘黔交界处。距长沙 635.5 公里，距贵阳 372 公里。沿途多平顶山，已入贵州之 Dissected Plateau，河流均为小溪急流。又 38 里抵玉屏，县内备极欢迎，全体宿县衙门内，并开联欢大会，曾昭抡先生向小学生演讲。县内产石竹，以制玉屏箫及竹杖，团内几人每人购一根，入黔后多荒山，草坡杂生毛栗，松林及柏林偶见。市上尚可见鸦片铺。

18日，50里至青溪，黔省最小县也。店门均有书字方灯一张。女子甚清秀。烟害颇深。

19日，由小道行90里至镇远，道路泥泞，行走维艰，有数病同学坐滑竿随行。溪边有自生桃、李、枇杷，南天竺尤多。枫林及常绿栎林亦甚常见。冒雨晚7时始抵宿两路口。

20日，余勇可贾，折途公路登盘山，天已晴朗，升12公里至海拔950米，盘山跨三穗镇远间，为黔东险要，公路盘折甚险；岭上遇闻先生等自三穗来，乃共折返两路口，又20里至镇远，宿府城县立第一女小。

21日，镇远背山临水，因为是湘黔孔道，所以屡遭兵灾。咸同苗乱之后，至今尚未恢复。今日有同学往访涌溪大土寨青苗。

22日，由镇远至施秉凡80里。道经文德关、镇雄关，形势甚为险扼，鹅翅工程亦甚奇特。午后由岔路游诸葛洞，颇为幽邃奇丽。遇赶场，青苗甚多。

23日，沿路景色单调，童山甚多，常有哨兵，遇马帮数次，都是往来于贵阳镇远之间的。30里至飞云岩，有飞云洞号称黔南第一洞天。黄平古苗杂处，青苗外尚有仡兜也称侗家。

24日，30里至重安，经观音山海拔1500米，为湘黔线最高点。重安为大镇，跨江上有铁索桥。有多种苗人杂处。又40里为云溪洞（大风洞），再10里为炉山，县境有苗人七种，占人口75%。晚因行李未到，宿火铺，被子均"多年冷似铁"，且上下左右不能兼顾。

25日，访苗寨，苗民生活极简朴勤劳，均自耕自织。村中妇女见我们来，多远避，足见以前汉官之鱼肉苗民。

26日，开汉苗联欢会，因时间匆促，仅到仡兜族长一人率四少女七少年，表演节目有苗民吹芦笙跳舞，同学唱歌。又引起李先生和徐医官的舞兴，跳了一曲华尔兹。曾先生同苗民喝酒，被灌大醉，黄团长也舞了手杖。

27日，天高气畅，过井子哨，闻枭鸣空谷，经臬阳桥渡河至羊老，为驿路大站，多江西人。又15里为甘巴哨新街，东南行为黔桂路。又15里抵宿马场坪。今日为场期，着花布短裙之西苗甚多。

28日，昨夜大雨，路极泥泞。过黄丝上江西坡，凡行70里入贵定。贵定濒清水江上流，南有云雾山，旧称苗岭主峰，为乌、沅、盘三江分水脊。

29日，20里为牟珠洞。洞口石笋一株，高二丈，径二尺余，距底三分之一高处有裂痕。传是吴三桂要锯下运滇，触神怒未果留下的遗迹。洞顶亦当时被雷震开一穴，洞底甚深，水如匹练而出。逾沿山堡后又有青山洞，颇深大，苗乱时汉人曾避居其中，其一半为水帘洞。本日行50里达龙里，县城极萧条，人民多食苞谷。

30日，麦已秀矣，观音山下坡以后，民家多以板岩代砖盖屋。附近有石油矿，但未开采。入贵阳县境至图云关，有模范林场，鹅耳枥、楸树成林，前此诸县，每县近公路边均有农场招牌，内则空无所有，这已经好得多了。又15里入贵阳大南门，过大十字，宿大西门外，金锁桥边之三元宫中。阴雨中整队入城，草鞋带起泥巴不少，甚为狼狈，曾先生之半截泥巴破大褂尤引路人注目。

31日，游甲秀楼及公园，有周西成铜像。周，黔省军阀也。晚，清华老校长周诒春，现任黔省建设厅厅长，宴辅导团，领茅台。

3月1日晚，大夏大学邀宴。

2日，阴雨中游黔灵山及麒麟洞。一部同学游东山阳明先生祠，祠中有日人所立碑。

3日，雨阻家中。

4日，雨中离贵阳，路殊平坦，溪山交错，峦头悉是尖形，风景甚类桂林阳朔之间。此后多是石灰岩区的喀斯特地形。清镇南郊中山公园中有高大的"剿匪"阵亡将士纪念碑。十年内战的结果是一堆白骨。

5日，30里过西成桥，此间荒旷异常，水流鸟鸣，异常悦耳，道左远嶂排列而来。又游洞三四。凡20公里到平坝，今日逢场，见苗夷甚多。苗有青苗、黑苗，包头有别。

6日，离平坝西南行30余里，右侧有天台山，山形如印。峭壁间有五龙寺，寺内有吴三桂腰刀及朝笏各一。又20余里有粮仓洞，传是孟获屯粮之处，洞内广深，有人家居住。85里至安顺。安顺为滇西重镇，有东西南北四大街，以鼓楼为中心，市面繁荣整洁。苗夷有七八种，占全县人口20余万的四分之一，文化亦较发达。

7日，今日游南郊华严洞，甚宽大。

8日，62里平路抵镇宁，田中罂粟已开放。出东门外2里多有火牛洞，洞深仅六七丈，钟乳大异常，由狭可容身之新凿小门入内后，迂回百余步入一大室。室中有高大石柱多根，后有一大石壁，以烛照之，奇妙之极，钟乳上下直贯，纤细洁白，若冰帘之垂，若雪松之蟠，亦若璎珞，亦若冕旒，其中则有数丈数十级之老干数株，若浮屠，若旌节。绝壁下坡亦石乳所成。新生者若菌苗，若螺盘，均滑不留足。绕壁而行经其后，过一深潭，复下，达另一大厅，作歌其中，四壁共振。发种种微妙音如大合唱。我们首批十余人游后回城，大肆宣传，结果全团连伙夫都去了。甚至有去两三回或第二天早晨临走之前又去玩的。

9日，出镇宁，安庄坡以下桐树均盛开，又时见罂粟田于谷地。白水街有白水河大瀑布，高约20米，宽约30米，势如万马奔腾。自此下约6里，为黄果树大瀑布；崖若三折，瀑布高75米，宽20余米，水自上下坠入潭，飞雾高起数丈，潭中大石罗列，白水纷流。过此后上山有奇峰特起，曰鸡公背，乃周西成与滇军交手负伤而死处。下坡又复上坡，便到了大坡顶。迎面一峰连绵数十里，气象雄伟，是为关索岭。右手对岸有飞泉三折下坠谷中，但见一水蜿蜒，梯田层起。公路于此作一大"之"字折，所传红岩碑、晒中巅均在附近。红岩碑传是殷高宗伐鬼方纪功所刻，本地人又呼诸葛碑，说是诸葛平蛮所建，看起来实是顺着石纹附会而成，也是岣嵝禹碑一类的伪装品。下7里为灞陵桥，桥上有很多苗女所摆的甘蔗摊，行人多在此解渴，同学尤多。上坡时遇赶场而回的夷家少女，长裙曳地，白地蓝花，头上盘大辫，辫下覆以包头数页，颇有风致。岭腰有双泉寺，一为跑马泉。传是关索刺枪而得。泉上的神树，高五丈，围三抱，乃乌杨也。另一泉为哑泉，今已不流。再上5里为关岭场，有关索洞，我们宿大觉寺。晚有月色，夜间大雨。

10日，四五里至观音洞，洞口极大，佛殿据之。左侧另有一洞，均钻之。出洞后迷路，行果刺林中，丛林中见骷髅一个，阴雨之下森森逼人。全日行50里，不见人烟，公路盘山渐上。晚宿永宁，见贵阳8日报载台儿庄大捷。

11日，阴而不雨，路滑难行。荒坡草高如人。新烧之后时发焦香。陆续下行，12时至盘江，铁索桥康熙时落成。京滇路通即用之。今春3月间断坏，汽车一辆坠江中，乘客40余人中仅22人得救。今止能用小划渡江。小划狭长仅容五六人，头尖尾截。桨长柄铲形，两人前后划之。乘客都须单行蹲坐舟中，两手紧紧扶舷，不得起立乱动。舟先慢行沿岸上溯，近桥时突然一转，船顺流而下势如飞鸟。将到岸时，又拨转上溯。船在中流时，最险亦最有趣，胆小者多不敢抬头。25里至哈马庄，本拟宿营于此，但山顶小村，水菜无着，时已5点，临时议宿安南。于是又走了18里，到了小城街上，卖炒米糖泡开水的小贩被抢购一空，后来的只好枵腹就寝。晚间因铺盖、炊具多耽搁在盘江东岸，同学一大群如逃荒者，饥寒疲惫（本日行95里），在县政府大堂上挨坐了一夜。辅导团诸公曾、李、闻诸先生也陪坐了，并替两位黄团长挨了骂。半夜里，有人同黄子坚先生侄公子口头冲突，几乎动武，县太爷披衣起来拉架，旅行"乐"事"趣"事，于此乃叹为观止。

12日，休息一日。晚举行庆祝台儿庄胜利游行大会，小县城全惊动了。

13日，休息于安南，安南之穷与清溪相仿。

14日，行5里为二十四湾，25里至沙子岭，产煤，渡小盘江上江西坡。坡顶正在赶场，传闻鸡蛋有麻风病，水可引起肚胀，但我们都吃了，并且留下了照片。又20里经芭蕉阁，风景可观。复15里上坡到普安县。全日行53公里。午后2时便到了，路上同学大肆竞走。

15日，休息。

16日，西行经九峰山，红土层初见。并有罗汉松大树，即滇省油杉也。抵盘县，县内小学生齐来迎接。盘县称小安顺，尚属繁盛。

17日，游碧云山下水洞，有两出口，可涉河而出。

18日，行96里，宿亦资孔分县，渐多云南景色，山势平衍，偶见小海子。路上颇荒凉，仍有罂粟田。

19日，晴。25里至平彝所，四五里上坡为胜境关，一路各色杜鹃盛开，气象与黔省迥然不同。又 15 里抵平彝。此去距昆明尚有 231 公里，县境有大铁锁。

20 日，平彝街期，入滇以后不叫赶场，而叫赶街。患大脖子病的很多。中午古县长招待全团，下午游青溪洞。

21 日，全日多行石灰岩小山间。路极平衍，果松林不断，凡 65 里至白水。

22 日，晴而多风，入滇以后均如此。过公路里程碑 182 公里处有正在建筑的霑（益）宣（威）路。凡 45 里至沾益，豁然开朗，有一大平原，其中阡陌纵横，麦浪已黄，油菜蚕豆将熟，为常德以来所仅见。饭于沾益，地保敲锣，嘱店家勿高抬物价。又 30 里至曲靖。

23 日，曲靖城周 6 里，甚坚固。石子街道宽阔，铺面古老整齐，有北平风，唯屋矮小。出南门，沿曲（靖）陆（凉）路南行 30 里有温泉，水温甚高。

24 日，昨夜大风雨，气温大降。行 75 里至马龙，松林多毁于畜牧及纵火，西门外有象家及忠勇异象牌坊。

25 日，92 里至易隆。过岳灵山，镇上有中阿小学。曲靖有伊斯兰礼拜堂，滇省回人，实元明二代陆续移来。

26 日，70 里至杨林。快干了的杨林海盆地颇大，也肥。镇属嵩明大镇，产肥酒，绿色。

27 日，由杨林经长坡入昆明境，遇大雨，全日行 60 里抵宿大板桥。为昆明东乡大镇。下午游龙泉寺及花果山水帘洞。闻、李二老均已髯须留得很长。为共摄一影。二老相约抗战胜利后再剃掉。但李师"晚节"不终，到昆明不久就剃掉了。

28 日，至板桥行 40 里抵昆明。休息于状元楼外 4 公里之贤园，主人以茶点欢迎。午后整队出发，经拓东路，梅校长及校中首脑均来欢迎，并有人献花圈，曾夫子大为酬应。过金碧路入近日楼，军容甚整，前面正好碰上大出丧，只好慢行。雨中聆训，留有全体摄影。

此后数日，黄团长于海棠春大宴全团，当时数十桌酒将全团摆下，只费了五千元老滇票。醉者几乎有一半。后又在大观楼开了一次茶话会，闻、李二老均到场，在唐继尧铜像下话旧。全团各人所拍照片，全部展览了一下。

全行程计长沙至晃县635.5公里，晃县至贵阳372公里，贵阳至盘县412.3公里，盘县至昆明243.8公里，共1663.6公里，号称3500华里。然除去乘船乘车外，实在步行距离，无确切记录。大约2600华里而已。自2月20日晨至4月28日下午，共行68天。中间乘船乘车或休息或阻滞外，实走了40天，每天平均约65里，正合一个马站。曾昭抡先生走路一步不苟，每上下坡必沿公路走"之"字折，大约为全团走路最多的。其余辅导团诸先生亦多不比同学差，因同学每人必有担任宿营、购置、押运等职而坐一天或一天以上的汽车的。

团内记日记的甚多，各有着眼不同。团本部的专人记载，记得负责人为丁则良先生，可惜该项日记因为送香港预备印行，在港乱中毁去。据我所知，日记已发表者有钱能欣先生之《西南三千五百里》，商务印书馆二十八年6月初版。

横过湘黔滇的旅行

向长清

我们一共有三百多个伴侣，大半是来自战区或者内地的贫苦孩子。

每天，当五更时的雄鸡叫出第一声洪亮的啼声之后，那吹号的同学蒙眬地爬起来，吹出一阵阵不十分纯熟的破裂声响。哪怕平常最爱偷懒的，在出发前的喧嚣中也只得用两只手拼命地搓眼睛，一骨碌地爬了起来，招呼着他那同伴，迅速地、小心地卷起他们的被盖，然后由一个人上肩背到运送车的侧边，堆叠成花花绿绿的城墙。傍晚，遇着宿营地离公路有三四里的距离，则当从运送车取了行李搬到自己的宿所之后，禁不住要发生强烈的喘息，心想，"明儿早上可真糟！"然而，一到平息了下来，则一切什么又都忘到了脑后，只管到水溪边或者清水塘里把一双脚连草鞋一并浸在清凉的水里，静静地回忆一天中间所见到的新奇事物。也有人从怀里掏出日记本子使劲地用钢笔在写，直到太阳隐藏了它那最后的一丝光线，大伙儿才回队，团团地围在厨房边等候吃饭。

三千多里的途程，在平常要是有人叫我们来一回步行的尝试，恐怕我们会觉得那是怎样的不近人情吧？然而我们一伙儿到底是这么做了，而且也没有遇着一点什么原先预料的困难。尤其是当经过镇宁的时候，在那里遇着几个挑担长行的宝庆笔贩子。他们的谈吐在那时差不多使我们每一个人都觉得惊异，一副几十斤重担子他们居然能够从宝庆挑到云南，再由云南挑到四川。据说来一次可以得到十倍的利益。我想，他们之所以能够这样，恐怕也是由于这种缘故。

但在我们，情形却是两样的。行军的开始，的确我们都曾感到旅行的困难。腿的酸痛，脚板上磨起的一个个鲜明的水泡，诸如此类，实在令人有"远莫致之"的感觉。而且那时候行军队形是二列纵队，一个人须提防踩着前面那个人的脚后跟，又须提防后面的人踩着自己，两只眼睛脱离不开那狭长的队伍，只好暗地叫苦而已。但后来，自从我们的团长宣布"只不准超前，落伍者听便"的命令之后，好一些人都像是得到了解脱似的。一到大休息地（大休息地是每天中餐打尖的地方，约为每日行程之三分之二）就懒散了下来，让一群"孔武有力"的朋友们尽管大踏步地先走，而自己却邀了几个同伴在后面开始游击（在我们的团体里落伍就叫作打游击）。两个多月的经验使我觉得"游击"的确是一个长途旅行的妙法。依经验，无论怎样在天黑之前是总可以到达的，只要路上没有抢劫者，只当是像平常在郊外散步一样，一点旅行的苦痛都不会感觉到。因此到了某一个时期，当行经山岳地带的时候，一见小路，不待大休息的命令，整齐的队伍立刻就会化整为零，哪怕勇敢的朋友们一口气就到了山顶，而大半却坐在山腰喘息。真像要命，好半天才又懒洋洋地爬上一段，重新坐下。

奇怪的是到了第十天之后，哪怕是最差劲的一个也能够毫不费力地走十四五公里，而且哪怕一游击就成了零碎的一群，而每天一到晚餐的菜蔬由厨房领了来的时候，不用清查，吃饭的始终少不了一个。脚板皮老了，即使赤着脚穿上粗糙的草鞋，担保不会再磨起水泡，腿也再不会感觉到疼痛。头和手添上一层黝黑的皮肤，加上微微的黑须，更显示出我们的壮健。的确我们全是年纪轻轻的。

"妈的，又是山！"虽说走惯了，我们对于山却仍然没有好感，远远地看着那黄褐的大道快又要翘上山去的时候，自然而然地又要发生厌憎的心理。哪怕那善于揣摸心理的"参谋长"只管在旁边打气，想叫大家一口气冲上去，而除了一部勇士之外都漠然无动于衷，相反地倒渐渐地慢了下来做着"游击"的准备。

为了制止一些人的瞎冲，可苦了我们的团长。一次，他骑了车飞快地想赶到最前面去，正当下坡，遇着一群载重的马匹遮拦了前面的道路。地势是那样的：一边是山坡，一边是深谷，公路打从山腰经过，掉下去准只能拾起一把骨头。车已经收不住势了，马却并不曾让开，于是人倒了下来，滚到悬崖边。幸而有一块石头拦住，同时一个同伴飞快地赶过去扶起，就这样，他的头部已经受了几处重伤。鲜红的血液滴下来，只好用水洗洗，再用布紧紧地裹扎。然而他到底是一条好汉，当我们的队伍到达宿营地的时候，却见他虽说缠了几道难看的白布，而精神却仍然非常的抖擞，站在那里，对别人讲述事情的经过。

一路上我们也爬够了无数险峻的山峦，假使你看到五里山、镇雄关、关索岭之类的地方，你会觉得南口、居庸关也不过是那么平淡无奇的。尤其在普安从山顶到山脚弯曲着 24 个"之"字，连湘西的公路也不曾见到过的人，恐怕不能够意识到那地形古怪的奇趣吧。当你看见一辆辆绿油油的车辆像绿甲虫似的在一条狭小的土路上爬行（因为从山顶看广阔的公路往往就成了一条窄狭的山径），你会想象那是怎么样的奇迹呀！人类的文明征服了海，也征服了高山，昔日一夫当关的险要，都消失了，被那便利的交通器具破坏了。

一清早爬起来，吃过早餐之后就只惦记着那天的途程。出发之后眼看着路旁那矮小的路碑的号码的增加或者减少，心里面也渐渐地加了喜悦，像是快完成了每天的任务。行军是不分天晴和落雨的，除了在大都市为了顾及同伴们考察，多停留一两天之外，哪怕是下着倾盆的大雨，当集合的号音吹响之后，也只得撑开雨伞，让雨滴飘洒在衣服上面出发了。穿着草鞋的两只赤脚浸在泥泞的污水里面怪难受的，而且雨天的草鞋下半天总会生出来一些难看的胡须，"乞叉乞叉"地把泥水溅到绑腿上，成为一大块乌黑的斑点，有时甚至飞溅到裤脚上，这够使人觉得烦恼。一次，一个同伴在歇宿的地方想把那污秽洗去，向屋主一个年老的村妇去借脚盆使用。

"你们不好到外头的沟里去洗么？'粮子'都是在那里洗的。"她说，这固然是一个理由，但我想大概也是过去受兵爷的"恩惠"太深的缘故吧。的确，除了好些人多了一副眼镜之外，我们的外表简直就和大兵一样。一路上有说我们是警察，也有说是宪兵，也有说是航校学生或者从前线退回的队伍的。

"同志，前线的消息怎样？"或者，"你们的枪呢，同志？"那朴实的面孔上往往表现出一层惊异。那话语给我们以回答的困难。

三千多里的行程中，我们的宿营地只是学校、客栈，以及破旧的古庙，在这里是不能讲究许多了。有时候你的床位边也许会陈列有一口褐色的棺材；有时候也许有一栏猪猡陪着你睡，发出来一阵阵难闻的腥气；然而过惯了却也就都并不在乎。无论白天怎样感觉到那地方的肮脏，一到晚上草填平之后，你就会觉得这是天堂，放倒头去做你那甜蜜的幻梦。过度疲乏的人是有些"饥不择食"的。70天中我们也过惯了兵爷们所过的生活，无论草地或者公路上，只要自己一发懒就一屁股坐下，没有谁还顾及到会沾上一大块难看的印渍的。

夹路的山从湘西直送我们到贵州的平坝，蒙蒙的、滂沱的雨直送我们过贵州的境界。那山，那水，那雾霭，那雨滴，将在我的记忆中画下来一个鲜明的轮廓，清晨的朝霞和傍晚山间的暮色愈加增了我的亲切。但一天天的远去，瞧着异乡的一切是颇容易使我们触目伤怀于那已经或者尚未沦陷的迢迢的故乡。

也许有人会嘲笑我们一群的懦弱无能吧？在这里用不着分辩，对已上前线的同伴我们是万分地表示敬意。可是，难道来到这遥远后方就当真是为着苟安的？

这一次旅行使我感觉如同经过了几个国度。由桃源到沅陵就像是经过恐怖的山谷，一路上，我们经过的地带的矮旧的木造屋子全紧关着，屋檐下挂满一层层的蛛网。那狗的声音却叫得比平常格外的凄惨。一个大的院落中你只能看见一两个老年人或者看家的妇女，悄无生息地像在等候着什么不幸的事件的来临。山峰上时而也有几个人的踪迹，谁知道他们是否即是我们心目中所恐惧的土匪？老实说，从桃源我们就已经装满了恐怖的心理，对前路谁也没有把握，所能自慰的只是我们没有枪也没有钱。遇着了拦路的好汉，他高兴怎样就怎样。当在官庄的时候，听说有几百条枪已经渡过了辰河向这边追赶，恰巧中央军校也打从这里经过，据说他们已经是荷枪实弹地在准备演习剿匪了，谁知道土匪们赶过河来究竟是为的什么？

山！我们终日所能够看见的只是重重叠叠的山，谁知道什么时候从哪一个方向会爬过来土匪的队伍？

一天晚上，黑沉沉的没有月光。因为行李车只有一辆，当末一次装着行李盘绕过五里山的时候，已经十点多钟了，黑暗里借着手电的微光，扛着笨重的行李，爬上山腰的宿所，好几次几乎掉下了深深的水沟。末了，把铺盖摊好睁着蒙眬的眼睛正想倒下头去，忽然间传令兵传来了一个可怕的消息，说就是那一批土匪快要迫近这里了，顿时山腰间布满了紧张恐怖的空气，灯放射出可怕的黄光，到后来索性吹灭成一片漆黑。最初有人主张放哨，可是赤手空拳的那有什么用？幸而我们的大队长挺身出来愿独当一切。时间一分一秒地爬去，土匪都没有来，恐惧终究是挡不过疲倦的，大家都昏昏入睡了。因此当第二天那破裂的号音在屋角吹响的时候，我们才知道已经平静地度过了一晚。

"老人家，这里匪哪有这么多呀？"当我们坐在茶馆里休息的时候，我们常常爱向那老掌柜的问着。他却只摇摇头，轻轻地说：

"这个年头嘛，真要命啦，几个月里头就抽了几次壮丁，五个丁要抽四个，抽的抽走了，逃的逃上了山啦，先生。"

我深深地为之感动，想到那下层保甲办理抽丁的问题，一方面无可否认民众们对于抗战是还没有深刻的认识，一方面也许实在是"整恼火了"的缘故吧！要不然为什么大多数的人们会舍弃了自己安乐的家，跑到深山中餐风宿雪地受苦？我知道他们之所以这样，并不是单单地为着怕死的。但后来当我们到达沅陵时，问问县长，他对此却是一无所知。

直到现在，我仍然觉得湘西是一个恐怖的世界，虽说我们一路上并没有什么不幸的遭遇就通过了湘西。

再一次在贵州经过匪区的时候，我又得到了一些新鲜的材料，那天我们歇在一个小小的县份，亦资孔。第二天轮到和一个同伴保管行李，因为是派在第二次车，我和他想回到街上去找点水喝。到一家屋里，另一个同伴正坐在那里和老掌柜的闲谈，他热心地把我们两个也招呼了进去谈讲，谈到前线，谈到土匪和他们的区长。末了，他小心地朝外面看了几眼，然后轻轻地说道：

"活不了啦，我老到了六十几了。先生，你看，出了钱就是匪也可以保出来，没有钱你就千真万确的是匪，要砍头！而且每回每回，一有军队过路，就挨家挨户地派粮食。你们这回也一样。他是得了一大笔钱了的，我们呢？一个烂眼钱也见不着！"那爬满了一条条皱纹的脸颊隐藏着一层深深的忧郁，我真恨，真恨不知道该怎样地去安慰那忧郁的灵魂，我真不懂为什么好些地方会那样的如出一辙？

自从进了贵州，我又像到了另一个国度。蒙蒙的雨，濯濯的岩山，红白的罂粟花，瘦弱的灵魂，是一切永远不会使你忘掉的特色。

谁知道什么年代起这地方的人就变成了这样的苍白、孱弱和瘦削，我不信这全是由于他们自己的罪过！我仿佛觉得一条蛇或者一只猛虎扼住了一个人的咽喉，谁知道是什么时候才能得到解脱和忏悔？

我曾见到一个十六岁的小孩，问他，说是一天要吃两钱烟膏。我劝他，可是他说：

"上瘾啦，先生，一下戒不脱的，谁不晓得戒了好呢？"对着这种情形我只好叹息。

黔东公路的沿线是看不到烟苗了的，可是过了贵阳之后那大朵的红的或者白的罂粟花却到处可以看见，听说明年要禁绝，可是谁能担保一定能够办到？

入了贵州境，一路上的人大都起得很晚。十点钟以后还有好些铺子紧关着门板。为了什么？我不懂。因为晚间也不见得是比外省人关得迟的。

三千多里是走完了，在我的心头留下了一些美丽或者惨痛的印象。恐怖的山谷，罂粟花，苗族的同胞和瘦弱的人们，使我觉得如同经历了几个国度。此外我没有得到一些什么更多的东西。一路上简直就看不出什么战时的紧张状态，只不过大都市里多了几个穷的或者富的流浪者！乡村中充满了抽丁的麻烦或者土匪的恐怖而已。

自港至滇

浦薛凤

    抗战期间，清华、北大、南开三个大学师生，分头陆续集中长沙，已属不易，又由长沙迁至云南，实更难能。以上三个著名公私立大学并成之最高学府，两度播迁，此应为一项历史性之记载。

    长沙临时大学最盛之时，学生人数约有一千三四百人。及一经轰炸及南京失陷以后，则分别从事救国工作者，有三百余人离校他去。此次移滇，一则本有此意，二则遵教育部口头指示。有一部分同学取道内地步行，余则由长沙乘粤汉路南至广州，再由此转港赴海防，然后搭乘滇越铁路火车前赴目的地。

    计划既定，学校于广州、香港、海防三处派聘教授及助教，常川驻在，照料学生。尤其是关于住所、船票、行期、护照等，确需照料。护照先由临大在汉口大批办理。为数既多，存照不敷，故有"临时护照"之印签。驻香港帮忙料理者，为吾校陈福田及北大叶公超最为忙碌，最为得力。在广州者，当然亦必麻烦。学生自长沙至广州，借住岭南大学，岭南自己学生（在上课中）仅百余，而临大借住者反有四五百人。原拟过境住一二日，嗣以昆明校址无着，来电嘱暂勿动身（到港后更无办法），故遂不得已长期借住。其喧宾夺主之状况尤可想见。

3月初，头一批学生始由广州抵港，住青年会。由福田、公超两位教授预为代订统舱船票。港防间驶轮不多，又系极小，故每次只容数十人，抵海防后，由吾校徐锡良主持照料轮船票。接洽结果，临大师生向法轮订购者，可打八折。滇越车票仅学生可打折扣，教师不与焉。海防华侨，闻相当踊跃帮忙。每次轮到，总领事且到埠照料，一切行李亦由法海关答应略加抽查，即可放行。到滇境河口站后，由临大派滇人雷树滋教官料理，可免留难。故此番临大转滇，有组织、有秩序，一切可称便利。

予住九龙，原拟三四旬，及决定不往汉口从政，佩玉复信到达，本可即行启程。但一则因时局变化莫测，不如多住几时得些消息，再则仲端、陈寅恪以眷属在此，自然以迟行为是，故一再共同延期。仲端虽未邀我迟行做伴，而予却有相凑缓行之意。最后则因等待付印文稿《西洋近代政治思潮》及作序编目，故遂耽搁。到4月15日始搭嘉应轮离港。

约定同行者，有仲端、寅恪、（彭）光钦、以炳五人。同轮尚有（蔡）方荫夫妇及（张）荫麟。此次学生一大批有178人。寅恪、方荫、荫麟购二等（亦称华人头等），予与仲端等则坐三等（所谓二等）。三等八铺一舱，却在二等的上一层。窗有四大扇，两面通门。有厕所及浴室（惜不能用），故空气流通，较之二等不见得逊色。唯男女客同舱，究少方便。携家眷者总以二等为宜。

15日晨起，整理行装，所带台湾皮箱已略破损且太笨重，故另购一衣柜式手提箱，花港币11元，亦不得已。旧大皮箱暂存福老村道11号仲端夫人处。临行前李老太太（模炽之母）赠橘子一筐，饼干一筒，后来路上大受其惠。10时半匆匆进茶点，与以炳雇得载重车一辆，驶至油麻地码头，然后雇一小汽艇，驶至海中嘉应轮停泊处。

上船后福田、公超来访，谈伊等招呼临大学生就道各项情形。福田托我致书佩玉，代付 6 个月房租，将来由伊还我。午后 3 时轮船启碇。总计航行 4 日，始达海防。但在海口停一日，北海停半日。（法轮"小广东"号专载客，不在两处上下货物，故只需两天。）船上每天开两顿正式饭菜，上午 9 时及下午 5 时。唯黎明有咖啡及饼干，1 时半有点心（如包子），晚 9 时有糖粥，故说五顿亦可。饭菜不恶，自带罐头食品，如牛肉、肉豆及沙丁鱼。但两餐前后总觉饥饿。故李老太太所赠饼干大得应用。船上打了好几次桥牌，唯玩者不甚专一，故略资消遣，并不真感兴趣。

4 月 19 日清晨，到达安南之海防。顿然忆起 12 年前赴昆明东陆大学执教而过此口岸时情况。徐君锡良即来招呼，旋领事亦到。总计临大师生约 200 人，行李七八百件之多。卸下装车，推至海关，颇费时间。而法国人对此无数等于免验的行李，既无好处，又无感情作用，故大摆架子。一直等到午后 2 时半，始来查验。仅略抽启视，即作了事。迨坐人力车到天然客栈，腹中已饥饿不堪。

海防验关，最为讨厌，行人视为畏途。盖安南人之索贿，固不待论，即法国人自己，亦自有份。故施查验时，声色俱厉，翻箱倒箧，拆被摸衣，无所不至其极。此次临大以外，其余旅客，即曾备受苛刻检查。类此，殖民地行政之败坏可以想见。

然而偷税匿报之事，亦属可恨。寅恪在船上曾云：接到消息，有一次临大师生过此，一箱一筐无不翻阅，极感痛苦。予初不甚信，及晤徐君，承告一次临大教授某（姑隐其名），将友人（据云在船上邂逅）箱物，混入临大团体之内，作为临大人员行李，照例海关随便指点几件看看。此次适逢其会，第一即指出此箱（想必船上有人暗探知风报信）启视之，则果然有违禁品（吗啡），遂罚 400 元（安南币）。而同行诸人之行李，遂无一能幸免检查。幸徐君立即说明此非临大人员所携，由物主承认赔罚。

学生 178 人定于 21 日包四等车启行。予等以过于拥挤，乃商量于 22 日启程。由（蔡）方荫叮嘱伊系同学 10 人迟行，故凑成 24 人。李老太太及李小姐于 21 日到海防（19 日乘小广东轮），故在此数之内。

海防街道及安南人形形色色，直与 12 年前无异。唯夜间游行街上，似略多安南摩登女子，服式颇类旗袍。予等出行，客栈主人及店铺华侨均叮嘱谨防扒手，足见偷窃之风甚盛。21 日午后 4 时将行李运送至车站过磅，予之行李过重约 100 基罗（公斤），应付运费安南币 12 元。而四等车资到蒙自，仅 8 元许，行李即堆置车上，由天然客栈派人看守过夜。

4 月 22 日黎明即起，5 时半开车。每站必停，天气炎热，四等车无玻璃窗，而有大块木窗，勉强对付。安南境内一路无水果可食，唯有新鲜荔枝，味不甚甜。夜 7 时半抵老街。本拟住法国人办之铁路饭店，因交验护照等，匆匆未果。雷教官来接，办事不甚得力。夜宿天然栈，秽陋不堪，一仍当年状况。幸无臭虫，大约系打喷飞力脱（寅恪所带）之功效。

23 日午后 4 时 3 刻，车抵碧色寨，与寅恪及一女生，三人下车，有校工接客，故尚方便。坐小火车到蒙自，保颐闻讯，到站相接。及抵海关旧址，已暮色苍茫。与化成、小孟、佩弦诸友相见欢然。化成代带许多信中，有父亲 2 月 16 日返城寄湘一谕，及三姊避难乡间一书，知屋毁物空，身无余物，闻之恻然。到此后始知临时大学确已改称（行政院决定）国立西南联合大学。而原在西安之临大，今迁四川汉中（按：应为陕西城固），改名国立西北联合大学。是晚安宿，次早分别修书致双亲及佩玉。予与寅恪斟酌后，决住歌胪士洋行楼上一号，与仲端三人一屋。

校中定于 5 月 1 日开学，蒙自于 5 日起上课。昆明则较晚，

（闻）一多于5月初由昆明来蒙自，住2号。详谈其由长沙步行到昆明经过，甚有兴趣。

计此番步行者约350人，教授有5位，一多、继侗、（曾）昭抡、（黄）子坚与（袁）复礼。唯复礼略走，多坐汽车。一多等则真算步行三千里。计于2月20日由长沙动身，4月28日抵昆明，行程共68日。由长沙至常德系坐民船，溯湘江而上，行七八日。常德步行至沅陵，由此至晃县，则坐汽车。由晃县以西则一直步行。每日约走60里（一站），大抵住宿县城。行李铺盖则用汽车运。伙夫管饭食，亦坐此运货汽车，俾得预备食料。横亘贵州入滇。贵州境内多雨。有一次深夜到站，无食无住处，而且大雨，坐县署之大堂上达旦。据云初行三四日最苦，能渡此难关，则一切顺利。一多等均满脸于腮，迄今未剃。一路苗族颇多，但皆开化。风景则以郑宁（谓广东人罗县长最近发现）之伙牛洞（今又称火牛洞）为最奇绝。洞口才能容身，而中空高大，能容数百人。石笋上下衔接，景象阴森神秘而丽奇。闻此次步行，中途退出者，约有三四十人。盘江铁索桥已断，在修理中。路途无大病或意外，总算幸运。较之西安临大迁汉中徒步，有某周教授病死牺牲者，可谓幸运。临大之移滇而改为联大，实属不易。所望能在此长久安心上课，直至战争胜利结束为止。

三校西迁日记

余道南

前　言

1938 年春，我在长沙临时大学读书时，报名参加了湘黔滇旅行团。这是一个以迁校为目的，以步行为主要方式的旅行组织。我意识到这次远征对我等知识青年来说，可能是一次考查与锻炼，以数百名四体不勤、五谷不分的读书人组成如此庞大的队伍，一步步地踏越湘黔滇三省，这可算是历史上的一次创举。如果成功的话，必将在我国教育史上写下光辉的一页。我个人平素以务实和刻苦要求自己，能不能做到这点，此次旅行正好是烈火真金的一次考验，似乎有加以记录的必要。何况沿途山川名物，风土人情，其可记者更是不胜枚举。倘或匆匆行路，过眼云烟，日后追忆起来，挂一漏万，不成体系，既不足以征信未来，也无以策励自己。于是以袖珍笔记本一册藏诸口袋，自启程之日起，以后每天休息时必将所见所闻所做之事，如实地加以记载，名曰《滇行日记》。计行程三千余里，历时 70 天左右，于事实殊少遗漏。以后这本小册子一直随身携带，虽转徙多处，未尝遗失。

1968 年 9 月 19 日深夜，当"文革"进行中，造反派突然搞了个所谓"刮台风"运动，即突击抄家。因我家无物可抄，便将这本日记连同北京大学昆明办事处发给我的毕业证明书和一份成绩单一起拿走。他们煞费苦心地研究了一会，终于无缝可钻，把东西随便一扔，不知去向。直到1987年，银行老同事刘君偶然在其办公桌抽屉内发现了这本日记，这才完璧归赵。至于毕业证明书等件，后经人事部门代为查找，终无结果。这本日记经历30年后被抄失踪，又历19年而重还合浦，可谓不幸中之幸事。其浮沉隐现与造反派诸公之飞扬僇辱相互映衬而益见其无私无怨。

收回后的这本日记行将损坏，且经历了49年，蓝墨水所书字迹也已近于泯灭，但尚能勉强辨认。惊喜之余，不禁反复阅读，往事历历在目。恐日久字迹不可复辨，今年春，乃抽时间加以整理，加写了西迁背景一章，以明事态之兴其来有自。兹改名为《三校西迁日记》，似较切实际。

浩劫已阑，残篇半毁，半个世纪的风云变幻，物犹如此，人何以堪！记得五十初度时，曾赋诗云："四十九年人草草，千回百转路迢迢。"不意与这本日记的命运竟如此巧合。扰扰尘埃，茫茫人事，难道真有所谓天定吗？

1990年孟夏日

一、西迁背景

（一）三十年代上半期的华北局势

日寇觊觎华北由来已久，何梅协定之后，阴谋制造华北独立。当南京政府在华北的党政军人员撤出以后，即以晋系军人商震为其代理人，建议南京政府成立华北政务委员会，以商为委员长。南京方面自无异议，商即日赶到北平就职。商氏早年留学日本，其妻为日妇，与日本军界多所熟稔，故为日方所属意。然商处事多不能尽如日方欲望，日军方顿感失望，责令特务机关长土肥原贤二另找对象，唯一时尚无适当人选。时政客萧振瀛在驻察哈尔的二十九军宋哲元部任高参，此人与土肥原素有往来，遂乘机在宋、土之间进行牵线，达成默契。南京政府同意日方意见，改华北政务委员会为冀察政务委员会，以宋哲元代商震为委员长，调宋部三十七师进驻北平，三十八师驻天津。事妥后，宋来平就任。

二十九军原为冯玉祥的国民军旧部，而国民军又素以爱国抗日著称。1926 年 3 月 15 日驻防大沽口的国民军曾击退日本军舰的进犯，受到全国人民的赞誉。九一八事变后，日军进逼热河，二十九军驻守古北口，与日军盛战经旬，曾以大刀队夜袭日营，蜚声海内外。此次由于萧振瀛的说合，日方在无可奈何的情况下，暂弃前嫌，表示支持宋的工作。其实宋本人也并非卖国之流，只以不容于蒋，长期转徙边塞，郁郁不得志，原想与日方虚与委蛇，借机扩充实力，整顿队伍。该军辖四个师，原已超编，进驻平津后，各师又扩编教导队，增购武器弹药，实力有所增强。日方对此，自然不能坐视。

宋到任不久，土肥原就提出晋、绥、察、冀、鲁等华北五省独立计划，逼宋脱离蒋政权，宣布五省自治。宋则以冀、察以外非所统辖，无法应命相周旋。土肥原乃指使汉奸殷汝耕在通县成立"冀东自治政府"，以河北省东部各县宣布脱离南京和冀察两个政权，以此为要挟迫宋就范。宋对殷的叛国行为虽不予承认，但与日方交涉无效，只得隐忍处之。1935 年上半年的华北大局大体如此，"黑云压城城欲摧"，人们早已预料到一场惊心动魄的暴风雨即将来临。

（二）"一二·九"学生运动

1935 年秋，土肥原加强活动，就华北独立问题逼宋摊牌，致使宋处境更难，但仍以拖延办事。日方竟扬言如再迁延不决，驻华北日军将采取自由行动。是年11月，驻平日军频频演习，剑拔弩张。宋不得已，在不变更国名，不承认伪满的条件下，同意于1936年初宣布独立。旋即召集平津各界知名人士举行特别会议，会上宋将与日方交涉始末及我方委曲求全的苦衷诉之于众，并出示独立文告草稿及自治政府旗帜图案等，要求举国上下予以谅解。当时与会爱国人士慷慨陈词，声泪俱下，坚决主张维护国家领土主权，反对华北独立，会议无结果而散。消息传出后，北平全市人民无不义愤填膺，知识界尤为震愤，在各方面的组织推动下，爆发了以反独立、反卖国为内容的"一二·九"学生运动。是年12月9日，北平各大学学生举行了示威游行，抗议日寇的露骨侵略，高呼"反对华北独立""打倒汉奸萧振瀛""日本军队撤回去"等口号。平市当局于仓促间出动警察、保安大队四处堵截。游行队伍于是化整为零，分散在各条街道上进行宣传演讲，警察无如之何。但由于准备发动不够，多数同学事前没有得到通知，因此参加的人数不太多，声势也就不够大。可是运动的影响却迅速波及全国，南京政府为此不得不密电宋哲元谨慎从事，不可操之过急，宋遂保持缄默。为了进一步扩大影响，彻底粉碎华北独立阴谋，北平学界又组织了规模更大的二次示威。12月16日，北平城内各大学学生全部出动，中学生也有部分参加。只有西郊各校因消息走漏，警察关闭了西直门和阜成门，学生麇集城外不得入城。这天游行队伍在各主要街道遭到水龙、警棍、大刀、皮鞭的袭击，被迫分成数路于前门箭楼前集中。正要举行大会，不料保安队在正阳门城上开枪。前外系热闹市区，骤闻枪声，人群大乱，学生队伍被人流冲散。有些人被保安队打伤，数十人被捕。下午四时左右，市面逐渐恢复平静。

"一二·九"和"一二·一六"两次学生运动不仅形成全国性

的反日浪潮，国际上也一致抨击日本帝国主义的强盗行径，就连日本国内也有不同意见。日军阀被迫训令土肥原暂时收敛一点，以便等待有利时机。于是所谓华北独立就在学生运动的抗议下宣告流产。当时我刚进北大经济系，上课才三个月，也和同学们一起参加了游行。

（三）西安事变

日本帝国主义利令智昏，他们不理解中华民族潜在的强烈民族意识，不管他们采取军事的还是经济的，或者文化的侵略，中国人民在危难中总会团结起来共同对敌，直到取得最后胜利。1936年12月12日发生的西安事变就足以证明这一点。

西安事变是在华北形势危如累卵、蒋介石却在大规模地布置"剿共"军事的严峻时刻爆发的，它说明中国人民已经觉醒，人民要求团结抗日的激流不可阻挡。当事变和平解决、蒋介石于12月25日飞返南京的消息传出后，平市人民无不欢欣鼓舞。谁都知道人民无意庆幸蒋氏的获释生还，值得祝贺的是抗日统一战线的形成，中华民族的前途有了希望。反之，在日本帝国主义看来则无异当头一棒。日本军阀气急败坏，叫嚷必须迅速发动侵华战争，否则中国虽弱，一旦全民族坚强团结起来，日本将永无取胜之时。于是驻华北日军首脑再次提出华北独立计划，同时大举向平津一带增兵，实行武力威胁。不过半年多的时间，日方就制造借口，发动了七七事变。

（四）北平学生军训与七七事变

驻北平的二十九军三十七师师长冯治安及其部下旅长何基沣等反对屈膝求和，主张以强硬态度对付日方。宋哲元内外交困，不得已，采取躲避办法，借口养病回山东乐陵原籍休养。日方失去了交涉对手，情绪急躁，于是命令驻平津部队在两市郊区大搞军事演习，制造战争气氛，寻找借口，以图一逞。面对如此严峻的形势，冯治安为防万一，下令在北平市构筑城防工事，一面调派军队在日方演习地附近同时进行演习，以监视日军行动。

6月初，冯为鼓舞斗志，激发民心，做好抗战准备，提出了集中北平大中学校学生实行军事训练的建议，得到了平市各学校当局的赞同。当时确定由各大中（？）学校的二年级男同学全部参加军训，地点设在西苑营房。为避免日方干扰，对外称体育训练。但开学的一天，仍有日方特务三人自称记者，持照相机坚持入内采访，与门卫发生冲突，经军训总队负责人亲自出面处理方告平息。

北平学生军训总队名义上由冯治安任总队长，实际负责人为副总队长何基沣，何治军严明，颇得同学们的信赖。原定训练期为45天，上午上术科，全体出操，但不持枪。下午为学科，讲授军队的典范令及二十九军军史，有时也讲一点当前的华北形势，冯治安就曾来队讲过一次形势课。在每天清晨的朝会时，何副总队长常讲述日方的无理行动及平津一带的防务情况。要求同学们学点军事知识，以便应付突发事变。

学生军训一事，北平社会上知者不多，但日本军方则非常重视，认为二十九军意在培训青年，准备全民抗战，因此曾以对日不友好的理由，向冀察政委会提出过交涉，要求停办，我方未予置理。当军训进行到三十来天的时候，七七事变便爆发了。从整个局势来看，学生军训可能也是促使日寇提早发动侵华战争的因素之一。

当时我在北大已读完前两年课程，正好是受训对象，在西苑总队内编在第一大队的第六中队。七七事变的当天凌晨，何基沣向全总队学生讲话，告诉我们日军昨晚在宛平寻衅，双方军队正在卢沟桥对峙，战事可能一触即发。我军已做好充分准备，足以应付局势，望同学们安心受训，不必惊惧，如期完成学习任务。何讲话毕，匆匆乘车返城，当汽车刚刚开出操场，车尘尚未落定，我们就听到了卢沟桥隆隆的炮声，一场震撼历史的伟大民族战争，就此揭开了序幕。次日日军飞机数架飞临西苑上空侦察，我军也从西苑的军火仓库拉走了大批火炮。接着师部抽走了我们的两个大队长，几天以后，中队长也全部调回部队参战。同学们每于静夜的炮声中念及国家存亡，往往不能安枕。嗣后战火愈烈，连各班班长也全都调走，终日无所事事。不久传闻日军占领天津，平浦铁路已不能直达。各学校当局考虑到学生的安全问题，建议提前结束军训，经三十七师同意，各校派出汽车将全体学生接回学校，然后各自返回家乡。

事变发生后不久，宋哲元自乐陵仓促返平。随即纠集军训总队向同学们讲话，语气间已透露了和平解决的愿望。此后宋即下令停火，拆除城内工事。日军因初战失利，表示同意停火。但暗中却调动关东军从山海关和长城各口入关增援，战机日益紧迫。宋仍一意孤行，迷信和议，不做积极的防御准备。待日军布置就绪，立即向二十九军展开全面进攻。宋措手不及，挥军南撤，大军拥塞南苑，遭日机集中轰炸，死伤逾万，副军长佟麟阁、师长赵登禹殉难。宋哲元颟顸误国，实不能辞其咎。此后战火南移，烽烟遍地，我中华民族的全面抗战局势于此形成。

（五）长沙临时大学的组建

我国自宋代以来，对外敌屈膝求和，不惜以银两、绢帛、土地、人民为代价，换取旦夕苟安，最终仍不免亡国惨祸。鸦片战争以后，直至北洋政府，对外仍以割地赔款、议和了事。国民政府成立后，蒋介石执行先安内、后攘外的国策，"九一八"事变以不抵抗弃东北大片土地同胞于不顾，"一·二八"上海战争也以屈辱妥协告终，逮后何梅协定更出卖了华北的大好河山。

前车之覆，后车之鉴，然而如此的民族悲剧却一再重演。宋哲元在华北主政，以抗日名将，只因苟安求和，几乎沦为国贼。七七事变发生，战局虽日益扩大，但蒋政府仍以为日寇意在恫吓，不致全面作战。因此抗战之心难决，求和之意未已。平津的一些上层知识界人士了解蒋的心理，也以日寇来势虽猛，但双方都意在以战求和，日军当不致久据平津，至多半年，流亡的师生将会重返故地，继续弦歌事业。于是以蒋梦麟、梅贻琦、张伯苓等为首的平津学界领袖集议于重庆[①]，商定在交通比较方便又离战线较远的长沙设立一所临时性大学，收容散处各地的学生就读，以保持我国主要高等教育事业不致中断。他们认为学校既属临时性质，不妨打破界限，让国立的北大、清华与私立的南开暂时合在一起，校名就叫"长沙临时大学"。学校不设校长，由校委会主持校务，由三校原校长担任常委。事情商妥后，即在长沙着手筹备工作。

平津沦陷之际正当暑假期间，各校师生包括在平受军训的同学都已回家度假。事起仓促，毫无准备，以致一切公私财物全部沦于敌手。在长沙只能白手起家，临时租用韭菜园英（美）国教会办的"圣经学校"为校舍，借用前清的四十九标营房为学生宿舍。由于校舍不敷，又将文学院改设在南岳山上。为解决学生的经济困难，除伙食费外，学校免收一切费用。在非常简陋的情况下，草草筹备就绪。当即在报纸上登载启事，通知各地三校学生和教师来长报到，定于10月中旬开学。

事变骤起，我等学生与学校失去了联系。我于"八一五"南京被炸之后，由京迁寓武昌，拟在武大借读。见到"临大"的启

---

① 此处应为南京，系政府组织学校联合。

事后，立即赶往长沙报到。这年各校都没有招收新生，三校原有学生共约四五千人，由于地区沦陷，交通阻隔，及其他种种原因，来长报到者不足千人（据档案名册为 1200 余人），教师也多数未到。课程既不能开足，上课又无书籍讲义，更谈不上仪器设备，只凭教师凑合讲授。加以前线战事日紧，国土不断沦陷，师生情绪不佳，有些教师、同学来而复去；教学秩序无法保障。12 月中旬南京失守，不少教师携眷不辞而去，同学也多离校他往，全校陷于半瘫痪状态。12 月下旬，我因护送亲属返乡，也回到了阔别多年的故乡常德。

南京的失守，唤醒了某些国人的和平美梦。长沙已非久安之地，临时大学已经支离破碎，前途究竟如何成了学校当局亟待研究解决的问题。多数人认为国家虽在困难时期，但从长远作想，百年树人的教育大业万万不可中断，何况临时大学组成不易，也不宜轻易解散，当以迁往大后方为妥。经校委会反复研讨，认为昆明尚少内迁学校，校舍较易安排，且滇省与缅、越接壤，在我海岸被敌封锁以后，对外交通也比较方便，于是决定西迁昆明，另改适当校名。是年 12 月底派员与滇省当局商洽借用校舍及其他有关事宜。长沙方面则宣布停课，以便从事迁移准备。昙花一现的长沙临时大学便在短短的三个月时间内，完成了它的历史使命。

二、自长西迁梗概

西迁计划初步就绪，三校商定各自保持独立，各设昆明办事处处理本校事务。教师仍分属各校，学生保持原校学籍，毕业时仍持原校毕业证书。对外则为一个统一体，对内的教学行政事宜也都统一办理。至于迁移工作，事关重大，则专门成立一个办事小组负责进行。

到湘师生员工 1000 余人，由湘迁滇迢迢数千里，困难不少，其中主要问题是费用、交通和安全三个方面。首先是需要一笔庞大的旅费。因为流亡学生们生活困难，部分教职员工也需要给予一定帮助，但学校也无法负担全部旅费。其次在交通方面，由湘赴滇有两条路线，一是假道香港、越南，一是经由湘滇公路。前者费用较高，又须办理过境手续。后者则因缺乏交通工具，道途险阻，行路艰难。第三个问题是安全无法保证，传闻湘西以上途间不靖，土匪抢劫之事时有所闻。经过学校当局的努力，设法争得了一笔经费，又经商请湘黔滇三省当局允予保障安全，最后才决定双管齐下。教师及女同学和部分男同学走海道的，学校补贴一半旅费，经由内陆的所有全部费用均由学校负担，但只能有车搭车，一般以步行为主。走哪条路，除女同学外由个人自行选择。1938 年 2 月初，走海道的师生乘火车去广州，转香港、海防，再换乘滇越路火车往昆明。其余师生 200 余人则组成"湘黔滇旅行团"沿公路入滇，西迁工作予以开始。

我自 1937 年底送眷返乡，在家获悉学校迁滇消息后，于 1938 年 2 月中旬赶往长沙，报名参加旅行团，2 月 20 日随团出发。

旅行团的组织按团、大队、中队及小队编制，团长黄师岳系湖南省政府高参，原陆军中将。原来学校为安全计，要求省府指派一名熟悉湘西情况的人为我团开道，不料省府却派了这位职位较高而又对湘西情况完全陌生的非湘籍人士。为了照顾他的资历，只好请他担任旅行团团长。团以下辖两个大队，大队长分别由毛、邹两位军训教官充任。其余中、小队长则由同学们自己选任。

在长沙雇请了 20 名炊事工，自带行军锅灶。又买了 3 辆大卡车，1 辆载运炊事工及炊具，2 辆载运行李被包。学校还派了几名职员随行办理行政事务，以校医两人为随团医生。此外北大的曾昭抡、清华的闻一多两位教授和几位助教也自愿随团远征。行前同学每人发黄色制服一套，黑色棉大衣一件。另外湖南省政府张治中主席特赠每人旅行袋、水壶及搪瓷饭碗各一件。一切齐备后，黄团长于 2 月 19 日下午，在圣经学校召集全体同学讲话，勉励大家为维护神圣的教育事业，把抗战进行到底，努力完成这一历史壮举。次日全团即离长出发。

三、西迁日记

（一）长沙至贵阳

1938 年（民国二十七年）2 月 20 日（应为 19 日）"长沙临时大学湘黔滇旅行团"从长沙出发，第一站为湘西门户常德。我团虽以步行为主，但仍尽可能利用车船，以节省时间。长常公路因我团人多，无车供应，团部决定改走水路。在长包了两条小火轮载人，另拖带木船数艘载运行李，船泊大西门码头。我等于上午登船，由于船上航行诸事准备不周，直到下午 6 时才启碇。是日天阴，启碇不久，天已入黑，船上灯光暗淡，又无活动余地，只得提早就寝。但一时不能入梦，有人在谈论国事，有的又在诉说流亡逃难之苦。加上机声水声，更令人难以成眠。因念国命艰难，京中寓所被炸，老父避难返里，退职闲居，家境不裕。我结婚年余，妻已有身，家中老弱无人照顾。于今离家远行，前路茫茫，能无怅惘？想着想着，夜色已深，遂倦极而眠。

21 日晨醒 见阳光自缝隙下射，知天色晴好。起身盥漱毕，即倚船写昨天的日记。时船泊临资（应为沚）口，为湘水入湖处。晨炊后，继续下驶，抵湘阴县属之白马寺，系缆午餐。白马寺当航路要冲，市面繁盛。船一停下来，就有许多小船围绕着我们叫卖茶盐鸡蛋，驾船的都是些妙龄乡女。这里过往船只多，生意不错。其中也不乏兼营卖笑生涯的，当有轮船夜泊此地时，某些旅客往往在此寻欢作乐。小小市镇尚且如此，当前社会风气之败坏可知。自管仲兴女闾以来，此风何时得已？不知当代社会学家对此有何高见？

午餐后，船上修理机器，同学们无事可做，多雇小船上岸略事浏览。午后3时离白马寺，因港汊多，船行缓慢。天渐昏黑，找不到泊船码头，只好在河心抛锚。夜宿水乡，与鸥鹭为侣。

22日仍晴　清早解缆西进。行至沅江水浅无法通行，只得改变计划，转棹益阳，再由益阳步行至常德。下午，船泊离益城5里之清水塘。晚餐后，进城游览。益阳建城甚早，传闻三国时关羽曾驻军于此。城当资水北岸，东西绵延十余里。旧城在河的下游，有城垣，但城内无商市。商业区在城外，以上游的二堡、三堡等街段为最繁盛。南岸有会龙山，山上有会龙寺，仓促间未能往游。资水平缓无波，色碧如玉，水清几乎见底。会龙山上树木葱茂，梵宇隐约。临河石壁呈赭色，与碧绿的河水相映衬，宛然一幅青绿山水画，令人流连忘返。晚9时许，始返船就寝。

23日晨5时即起　6时早餐，7时沿公路进发。中途遇雨，道路泥泞，步行很难。至汽车站，适有长常班车经过，遂向大队告假，与同乡同学白展厚君乘车先行至常德。

常德当沅水入湖处，向称湘西门户，西南各地物资大都由此出入。清末开为商埠，有英、美、日、德等国洋行多家。历来为桐油、牛皮、五倍子、蛋品等土产输出和日用工业品输入的重要口岸，过去经济实力仅次于长沙。但自粤汉铁路全线通车后，衡阳地位逐渐突出。将来湘黔铁路建成，则常德的地位可能逐渐下降。至于人文方面，教育尚称发达，有省立中学和师范各一所，其余县立及私立中小学不少，上湘西各县学生多负笈于此。民风质朴淳厚，但一般仍保持若干年前的封建传统。城市缺乏新的建设，街道仍然狭窄拥挤。抗战发生后，各方面情况有所变化。我自1928年举家迁寓南京，历时近十载，如今城郭如故，人事多非，暌隔虽长，乡情未减，因记最近所见如此。

24 日在家休息　天阴无雨，也不太冷，正是步行的好天气，遥念旅途中的同学们，当正在愉快地行进。

25 日仍阴　宋同福同学乘本团汽车先到，晚 9 时来访。据云全团本日宿石门桥，距县城 30 里，明日上午可到。

26 日全团抵达县城　下午休息，团部包下了澡堂，凭票洗澡。预定 27 日下午包乘小火轮往桃源。

27 日　因轮船尚未定妥，决定在常休息一天。我因旅外多年，祖茔失扫，今当远行，遂借机往德山谒墓，泛舟前往。德山距城 20 里，在沅水南岸。山上有著名的乾明寺，建于唐代，曾毁于兵燹。民国十六年唐生智驻军常德，醵资重建，唐去后，资金不足，迄今佛像贴金犹未完工。寺建筑宏伟，正殿"大雄宝殿"四字落款为"张桓侯书"。据云系张飞降坛所题，事殊不经。山的最高处曰孤峰岭，岭上有古老的孤峰塔，传说建于南北朝时，数里外可以望见。岭下临沅水支流枉水，即《楚辞》中所称的枉渚。德山素为我县名胜，惜无人经管。山上多墓葬群，故平日游人稀少，每年清明节前后，因扫墓关系才热闹几天。

舍舟登陆，在岸上小街稍事休息。见街尾清末所办工业学校校舍依然，但已改为农事试验场。另有新办的玻璃厂一家，其余景象萧然如故。我家祖茔在邬家冲，墓葬尚完好无损。谒墓毕，回到街上略进面点。然后渡江，沿东门外河堤步行返城。晚间整理行装，准备明日启行。

28 日晴　早餐后，妻送我至大西门外轮船码头。时小火轮正升火待发，上船未久即解缆西驶。行至离桃源城数里处，因水浅登岸步行，经汽车南站渡河至县城。往省立四中晤妻妹咏兰，在校参观一周。该校原为省立常德女子师范，后因县人宋教仁力争始迁来今址，其实还不如常德方便。桃源市面商店不多，但车制桃源石的作坊倒不少，桃源石制品驰名远近，经了解此石原名文石，产于距县城数十里之文石山。石质晶莹光泽，有鸟兽虫鱼等各种奇异花纹。唯产量极少，难于挖掘，且质地坚硬，不易磨制；因此价格昂贵，市面上难于买到真品，一般出售的都是河南产南阳玉制作的。南阳玉价廉，易于磨琢，用来代替文石，购者多不知底细。不过南阳玉也很美观可爱，所制图章、印盒、水盂、酒具、小碗、花瓶以及各种装饰品，如观音弥勒像，各种人物、动物等，均小巧精致，工艺精湛，堪称本地特产。我等买了些图章、印盒，在城内进餐后，渡河回南站就宿。

3月1日阴有阵雨　早7时许，自桃源南站步行出发，往郑家驿。沿途丛山环叠，树木葱茏，另是一番景象，使人意识到，自此以后我们便离开了平原沃野，进入山区，直到昆明，可能再见不到莽莽平川、浩浩江湖了。

行20余里，抵桃花源风景区。桃花源当公路南面，前临沅水，背倚群山，自来为旅游胜地，桃源县即以此得名。桃花源故事见陶渊明所著《搜神后记》，渊明生当乱世，避地无门，根据当时民间传说写成此文，幻想有这样一个无忧无虑、淳朴自然的理想社会。由是桃花源之名便传播开来。后人在这里种桃植竹建祠开洞，形成名胜。游人们寄思古之幽情，也就不必考虑事实的真伪了。

我们到此，见离公路数米处有一座牌楼式的建筑，两旁有联曰："山鸟似欲啼往事，桃花依旧笑春风"，此联表明作者对避秦人的怀念，构思极佳。过牌楼，沿曲径登山，路旁有小溪，溪边尽植桃树，时正着花，嫣红一片，微风掠过，时见落英随水流去。此虽后人造作，却颇符合渊明原文意境。沿路古树丛杂，嫩叶舒展，鲜翠欲滴。至半山，有平地筑精舍，四围种竹，风动竹鸣，窸窣有声。舍内楹联甚多，涂鸦满壁。有人题王摩诘《竹里馆》诗："独坐幽篁里,弹琴复长啸。深林人不知,明月来相照。"
其境界之幽静可见。更上则林深草密,山花遍地,树间鸟语啁啾,
山上泉声渐沥,景况迥绝尘俗。至山顶,有亭曰"水源亭",旁有
小洞,颜曰"秦人古洞"。洞深仅数米,出洞为一高台地,有潭水
颇清澈。自此俯视,唯见云树四合,烟雾迷蒙,来时路径已不可
辨,恍若置身世外,所谓避秦人其在斯乎?回忆幼年所读《桃花
源记》,不禁发人遐想。

离桃花源继续前进,沿途道路平坦,山势低缓。山上多松杉,
树丛中村舍隐约,炊烟缕缕,抵郑家驿时已近黄昏。是日行程
65 里。

2 日微雨 自郑家驿冒雨出发,烟雨蒙蒙,群峰忽隐忽现,
宛如一幅米南宫山水画卷。昨日步行 60 余里,抵宿处时已不胜疲
惫。但睡了一晚却又了然无事,这才领会到人是需要锻炼的。本
日雨里行来,不但不累,反觉别有风味。中午行抵杨溪桥休息,
此地越岭即安化县界,属雪峰山余脉,故山势渐趋高峻。离杨溪
桥,下午 4 时许抵毛家溪宿营,计行程 60 里。

3 日早仍有小雨 起床甚早,时天色晦暗,仰望山顶云气飞
驰,势如奔马,知将有大雨。早餐后,在晓色苍茫、细雨蒙蒙中
出发。中途果下大雨,衣履尽湿,路又泥泞难行,只好加快步伐,
下午 1 时许抵张三(山)冲。此处已入沅陵县界,山势更为险峻,
公路蜿蜒曲折,在峡谷中迂回前进。本日行程仅 50 里,然因路险
又遇大雨,略感疲乏。

4 日阴,无雨,觉微寒 三天来已步行 180 里,足力逐渐锻
炼成熟,路上与同学们边聊边走,欣赏山光水色,倒也有趣。古
人云:"读万卷书,行万里路。"其真谛于此得之。

前行不久,见军校十四期入伍生的队伍从后面赶上了我们,
他们身着棉军服,戴钢盔,连同武器、被包等共重数十斤,自武

昌乘车至长沙，然后沿公路步行往重庆。其负荷之重，军纪之严，与我等相较未免苦乐悬殊。但他们队伍整齐，精神抖擞，其吃苦耐劳精神令人钦佩。

同班同学丁世铮君，山东平阴人。抗战发生后，家乡成了战区。他立志从军，考入本期入伍生团，前曾在常德会面。嗣后他们留常休整，我团同学先行，不料他们行军迅速，竟赶上了我们。双方同行至楠木铺，在此休息，于是又得与丁君晤谈。据说途间病故学员三人，死军马十余匹，其牺牲刻苦情况如此。

在楠木铺有人拾到一种矿石，呈金黄色，形如卵石，据云附近山上俯拾即是。经地质系同学辨认为黄铁矿，无人开采，货弃于地，殊属可惜。

本日预定在马底驿宿营，但因军校学员已先宿此，当地别无余房，只得改宿于驿前数里之五里山。该地有煤矿，煤层露出地面，随处可见，有用土法开采的。是日行程约 80 里，卧后忽传有匪警，起身穿衣，静坐待变。至夜半无事，复解衣就寝。

5 日天气仍阴寒 自五里山向沅陵进发。沿途山势更高，公路盘旋于丛山之中，有时在山谷，俄又跃登山顶。自山顶下视，只见上驶的汽车蠕蠕若爬虫。一峰甫过，又临一峰，上下迂回，步行大费力气。有人发现一条小路，于是大家都跟着走。小路虽近，却较公路难行。好容易赶到松溪铺小憩，在此又遇军校学员，与丁世铮兄重谈甚欢。

自松溪铺继续前行至凉水井，团部决定留宿于此。居停主人姓周，宅院甚大，我团全体均驻此，据云系周佛海故居。本日因山路崎岖，我团汽车又发生故障，司机为减轻车重，叫炊事工下车步行，以致晚 8 时许才进晚餐，行李车更迟至 10 时才到。周宅离公路约 2 里，从公路上搬运行李，工作十分艰苦。在茫茫夜色中，只见人影幢幢，凭着手电光，大家忙忙碌碌地取下被包，肩背着在黑暗的田野中摸索前进。虽然年轻眼力好，但雨后路滑，田塍太窄，只听到"扑通扑通"的几声响，早有几个人滑下田去。好不容易一步步地慢慢挪动着，无奈肩上越压越重，两腿越走越酸，又不能放下来歇息，弄得满身大汗。最后只好咬紧牙关，拼出残余的一点精力，终于走到了目的地。打开被包，倒头便睡。

6日大风雨　凉水井距沅陵县城仅20里，未便在此逗留，冒雨出发，11时抵沅陵汽车站。站旁新建旅店、餐馆甚多，我等即分别借住于若干旅舍。县城在车站对岸，午后雨止，拟渡江进城，终以风紧浪急、渡船不甚安全，遂未果行。

由桃源至沅陵约三百四五十里，步行五天半才到，如乘汽车则只要五六个小时。桃源毗邻常德，语言风俗相同。到了沅陵则口音风习均有所变异。桃源多丘陵，沅陵则多高山峻岭。沅陵县城地处沅水及其支流酉水的冲积平原，但面积不大。沅水中上游滩多流急，航行不便，因之交通闭塞，经济文化均较下游落后。其语言属西南官话系统，与川黔方言接近。但本地另有一种乡话，流行于乡间，故以乡话名。或云是一种民族语言，但又不知是什么民族。据说辰溪、泸溪一带都有此种乡话，其来源有待语言学、民族学等专家考证。

一到沅陵，便见码头上成群的中青年妇女用背篓从船上、车上驮运各种货物，即如三四百斤重的盐包抬起来也健步如飞，原来她们都是正式的码头工人。这些妇女衣着简朴，赤脚缠头，面色黝黑，体格健壮，动作十分利索。这种女装卸工绝少见到，询诸客栈主人，据说当地一般妇女多从事体力劳动，在家也不穿红戴绿。特别是农村妇女，上山下田，日出而作日入而息，十分辛苦。无论城乡凡男人们能干的活她们也都能干，即使是重劳力如码头搬运她们也能把男工们逐渐排挤出去。至于一般男人们，有的衣冠楚楚，终日无所事事，有的则在家烧饭、带孩子。然而女人的家庭和社会地位仍然很低，男尊女卑的现象并未有所触动。客栈主人旅居沅陵多年，对当地习俗非常熟悉，所言当不虚。这种特殊的社会现象很值得社会学者的调查研究。

由常德至沅陵的公路通车已经数年，闻沿线农民谈及，修路所占用的田地，其应付地价迄今分文未给，但田赋则仍须照纳。此等怪事一直无人过问，乡民畏官如虎，不敢申诉，于此可见中国老百姓的驯善与吏治的腐败。

7日晨为风雨声惊醒　所居客栈小楼尚未竣工，四面透风，屋瓦又薄，以致室外大雨，室内则细雨霏霏。起以油布覆被上，忽闻雨点声甚响，视之乃冰雹，俗称雪子。天寒甚，穿上了学校所发的棉大衣。是日因故早餐停开，团部发钱令各人自便，遂与白展厚兄渡河就食，饭后买了胶鞋和雨伞。

沅陵清末为辰州府治，民初废府存县，然以地方偏僻，城区甚小，街道狭隘，商店为数不多。在街中见有澡堂一家，遂进内沐浴，人多拥挤，且设备简陋，卫生条件极差。询之店主人，据云此地人力车、澡堂、理发店均系新兴事业，员工须从常德等地雇来，草创伊始，未能尽如人意，看来也是事实。

渡河返寓处，风小浪静，似有晴意。不料晚间忽又电闪雷鸣，冰雹大作，天气更寒。闻贵阳有多辆运货车来沅，我团拟搭乘其放空的车辆入黔，团部已去电与黔省当局商量，不知能否成功。

8日早冰雹仍未停止　天犹寒。闲居斗室，殊无聊赖，乃约白展厚、张盛祥两同乡同学往游附近的银壶山。山有伏波宫，祠伏波将军马援。庙尚宏敞，红墙碧瓦，有马伏波戎装塑像。但寂然不见香火，也无看管人员，蛛丝尘垢颇多，似已废置。马援曾平定五溪蛮，而沅陵为五溪蛮故地，其遭废置不为无因。我等在庙后巡视一周，未见任何碑记，不知建于何时。伏波宫后面有文昌阁，建于山顶，为一圆形建筑，也近于朽败。从这里下山，然后渡河，在街上茶肆小憩，纵谈甚欢，俄而天黑如墨，豆大的冰雹倾泻而下，待雹止返宿处时已是傍晚时分了。

9日早起，见夜间积雪没胫　但此时已是云淡风轻，日光微露，天气转好。前日所传贵阳来车事已无消息，何日成行？尚未可卜，令人焦急。"千家山郭静朝晖，日日江楼坐翠微"，此时江楼闲坐，凭栏远眺，则见雪后万山环列如玉峰琼宇，山上松杉皆银枝素叶，一片琉璃世界，惜手头无相机未能摄影留念。祖国何地无美丽富饶的河山？何处无勤劳智慧的人民？如今金瓯破碎，倭骑纵横，不少同学已经弃学从军，正在前线杀敌。回顾我们虽然数千里徒步跋涉，总算还有一个求学机会，倘或意志消沉，蹉跎岁月，将何以对得起抗战发生后牺牲的无数军民？这样一想，又觉得羁旅颓丧之气全都消除了。

午后过河，因当地盛产桐油，想买一张较好的油布包裹行李，因缺货未果。返寓听说团部及第一大队可能于明日乘车赴晃县，我们二大队尚须稍候。

10日阴　由于积雪路滑，汽车不敢开行，团部及一大队均留沅未发。客馆萧条，无事可做，偶尔散步至伏波宫外闲眺，俯瞰沅江，春水方生，隔江城郭掩映雪中，亦有佳趣。不久忽又阴云四合，大雪如铺棉扯絮，不可再留，匆匆返寓。

11日晨雪止　有晴意，气温亦有所回升，唯汽车仍不敢开。闷处江楼，店主人告以龙兴寺为辰州名胜，可以一游。早饭后偕展厚兄同往。寺在县城西门龙兴巷内，踞虎溪山顶，下临酉水，颇据形胜。建筑虽不十分宏伟，但因山势为殿阁，回廊曲径，亦多雅致。考碑记始建于唐太宗贞观二年，已历千余载，后世曾多次重修。正殿有董其昌所书"眼前佛国"四字。寺外另有建筑，题曰"阳明讲学处"，今设简易乡村师范于此。残碑断碣，磨灭无可考。闻此处旧为虎溪书院，阳明先生可能在这里讲过学，故改题此名。

下午回寓，闻张执中君言，昨日往游该寺，见有残碑称寺内藏有明隆庆李太后亲绣千佛袈裟一袭，上绣佛像999个，包括她本人，故称千佛。据寺僧云该袈裟已于兵乱中遗失。另据本地人言，绣袈裟者为唐凤娇娘娘。凤娇娘娘为何许人？不得而知，当以碑记所载为是。或者凤娇即李太后芳名而讹为唐代，因手头无典籍，无从考证。

是夜又降雨夹雪，恐行期将顺延，辗转难以成寐。

12日晨5时即醒　天犹未明，闻窗外雨声淅沥，远处鸡鸣不已。因思虑敌骑深入，又家贫亲老，抗战将长期坚持下去，未知将来湖南安全如何？国难家忧，心潮起伏，爰于枕上为满江红词一，借抒胸臆。

满江红·迁滇道中羁旅沅陵

托迹遐荒，且休教、豪情萧索。羁旅处、江楼几日，风寒雪作。白浪惊翻春水涨，玉峰环抱孤城暮。向黄昏、击楫渡中流，争先著。萦乡思，伤夷祸。前路杳，关河阔。又清宵梦醒，鸡鸣雨过。百代金瓯终不缺，五溪衣服宁沦落。似传来、水上四弦声，无人觉。

反复吟哦，倦甚，又重新入梦，一觉醒来已是上午9时，团部及一大队已冒雨乘车去晃县，明日原车回沅，后日我等即可成行了。晚餐后原拟过河购物，因又下雨未果。偕白展厚、张盛祥、张执中三君同赴附近茶座品茗，谈及北平游乐事，不胜感慨系之。

13日仍阴雨　前在常德时，因有一辆汽车损坏待修，部分行李改用木船溯沅水西上，船行迟缓，昨晚深夜才碇泊沅陵城下。今早晤及押船的宋同福君，据云途中遇土匪洗劫市镇，但未波及河下，总算幸事。饭后过河购买油布，用以更换破损了的旧油布，以便明天出发。晚11时汽车才自晃县开到，大队部通知决定明日乘车赴晃。

沅陵为上湘西重镇，过去累遭匪劫，损失惨重。今省府设湘西行署于此，调驻重兵，安全已有保障，然居民至今犹谈虎色变。县城四围皆山，森林茂密。出产桐油、茶油、五倍子、牛皮、木材、木炭及其他山货，尤以桐油为重要出口物资。抗战军兴，桐油外销受阻，油价暴跌，农民损失不小。但各地机关、居民迁入甚多，来此经商投资的亦复不少，经济日见繁荣，老百姓也不无受益之处。我等在此逗留七八天之久，然以雨雪故，所了解者大体如此。

14日晨5时起床 翘首夜空，残星犹在，知天气将转晴。山上伏波宫和文昌阁靓影巍然，山间融雪潺潺有声，颇怀别意。8时乘卡车西进，11时过辰溪县。此地沅水俗称辰河，另有支流麻阳河与辰河汇于县城。午后3时到芷江，停车休息。芷江城虽小，但整洁可观。午餐后，登车续进，5时许抵晃县。寓于西站大同旅社，房屋宽敞，较之沅陵舒适得多。本日因行李车抛锚于辰溪，就旅社租被而眠。

自沅至晃，公路循辰河伸展，沿河山势较舒缓处多小平地，居民聚族而居，依山为业。辰河属沅水上游，流速较急，然河水清绿，浅处可以见底。至滩险处则白浪翻腾，响声如雷。航船自此上溯可达贵州镇远，小船更可至施秉。晃县县城跨辰河两岸，东为旧城，西为新城，县治设在新城。

15日晴 早餐后入新城观光。新城新建不久，不少房屋尚未竣工。两城之间连以浮桥，船过时可以临时拆开，设有专人管理。是日恰逢赶集，乡民群以背篓负载土产入市贸易，肩摩踵接，极为热闹。道遇黄师岳团长率同学数人访问苗家，由一警士为向导，往返多处竟找不到一个苗民。据该警士云，城郊苗民早经汉化，无从识别，不得要领而返。考苗、侗诸族由于经济文化落后，因而遭到汉族的排挤，被迫退处深山，过着极其艰苦的生活。其在城市的也大都为汉人充当佣役，社会地位低微。倘遇天灾则饥民遍野，饿殍载途，官府又勒索不已，到了无法生活下去的时候，就只好铤而走险。自马援平五溪蛮以来，后世变乱不断。前几年发生的乾城苗变，曾一度攻占沅陵县城。此类民族纠纷，平心而论，汉人应负主要责任，同为中国人不应加以歧视。合理的解决办法应当是改善他们的生活，促进其经济文化的发展，使苗汉地位平等，开明的为政者当考虑及此。

返寓途中，见有磨坊建于水上，拦溪作坝以抬高水头，推动木制机械运转，以带动石磨，磨粉工效十倍于人力，且无须专人看管。据当地人士云，此类水力设施凡有溪水处无不装置，起源甚早。一般磨粉、碾米、制糖、榨油等各种农活都能利用，可节省大量的人力和财力。只是缺少技术人才，未能利用水力来发电，很觉可惜。

晚餐后偕白、李二君同游附近山顶上的祖师庙。山甚高，石级千余，攀登不易。待到庙前，已经明月高悬，山门紧闭，只好坐在山石上稍息。月光自松林下泻，荡雾溟蒙，群峰隐约，远处泉声与身边松涛相应，时有钟声回荡耳际，不觉万虑俱净。旋下山，复于河畔步月良久，默诵理学家林希逸"水流万壑心无竞，月落千山影自孤"之句，觉如此水月双清，心神俱静的境界，比之前哲，似共享之。

是夜行李车仍未到，继续以租被度夜。

16日晴　早起沿河闲步，见河水澄碧，河中心有白浪翻滚，状甚奇特。岸边遍布卵石，大者盈掌，小者如豆，石纹有如京中之雨花石。因坐河岸观水玩石，复解衣为日光浴，良久返寓。

昨晚游祖师庙未成，意有未惬，早餐后，复约展厚往游。山路幽静，松林茂密，自下仰视，不见梵宇。途中杳无人迹，唯见无数白鸟翱翔林间。寺建筑不甚宏伟，供文殊菩萨。入寺仅见和尚一人，因耳聋交谈困难，只了解到该寺建于明代，原名南崖宫，又叫松林寺，俗称祖师庙。考各地祖师庙均属道观，供奉真武大帝，此庙属佛教，供文殊，其俗称殊与实际不符。寺外有《常住田碑记》，刻于清康熙三十年，读后知系明代重修，究竟始建于何时？所记不详。因时晏来不及另寻其他碑碣，匆匆下山返寓。

自 14 日乘车到晃县 为了接洽开往贵阳的汽车，休息了两天。终因汽车无望，团部决定干脆步行入黔，明日即出发。是晚就寝较早，准备明早登程。

17 日晨 6 时即起 天阴有阵雨。7 时半向湘黔边界的玉屏进发。晃县距玉屏 34 公里，行至距晃 16 公里之鲇鱼铺为两省分界处，过此即是贵州省境。湘境公路路面平整，入黔境后就显得坎坷不平。玉屏公路旁多煤矿，煤层裸露，随处可见，只可惜货弃于地，无人开采。

下午 4 时抵县城东门，见城外有欢迎我团的标语，入城时并有县立中心小学学生列队迎候，县政府还专为我团出示布告，称我等为"国家柱石"，号召沿途军民加意爱护。我团自长沙出发以来，经过不少城镇，接受欢迎这还是第一次。足见玉屏县府和人民的关切之情，令人感动。入城后宿于孔庙，闻庙内管理人员言，现任县长刘君系北大政治系毕业生，如此又多了一层友谊。

进入黔境后，公路上时有武装保安人员巡逻，传系黔省政府主席吴鼎昌下令布置，借以保护我团安全的。黔省自地方军阀倒台之后，改由文人执政，一切比较开明。但愿吴氏在位期间，能为贵州全省人民多做些好事。

玉屏建有城垣，在城内闲逛，见街道狭窄，路面不平，房屋低矮破旧，街上不见一家商店，只有 19 家箫笛作坊，所产玉屏箫驰名全国。入内参观，见所用原料贵竹质地细致，竹身均匀，竹节距离极长，加上工人的精工细作，所雕刻诗词字迹工整，词句典雅，或刻龙凤、花卉、山水等也都精致大方，不落俗套。经熟谙音乐的同学试吹，据称非同凡品，一时购者颇为踊跃。

从街上回来，同学们已去县政府参加为我团举行的欢迎会。闻会上备有茶点，县长致辞以任重道远、读书救国相勖勉，黄团长也表示感谢该县的关切和爱护云云。

18 日阴　向青溪县进发。相距虽仅 50 华里，但公路坡度大，走来比较吃力。所经山岭多石灰岩，光秃不生草木。过木马坳时见有铁矿，有民办炼铁炉 20 余座，用土法冶炼，日产生铁 800 斤。矿工待遇除矿主供给伙食外，每日工资二角至一元二角不等，趋者若鹜。闻此地蕴藏甚富，倘用新法开采，当为本地一大富源。

玉屏与青溪交界处有界碑一座，碑上另刻有"一碗水"三字。据展厚言，他在某一游记上曾看到"一碗水"为本地名胜，或系一种泉水，与长沙的白沙井相似。在周围寻觅一阵，卒无所获。

玉青间公路多取道沅水河谷，途中农村均利用河水以筒车灌田。其法以毛竹为轮盘，直径约五六米，轮沿上密置木板和竹筒多个，借水力推动木板使整个轮盘转动。在水下的竹筒盛水上升，待转到顶端时即将水流至一木槽中，再通过竹笕流入农田。此种古老的水利机械造价廉而功效大，实为最经济、最理想的农具。在湘境沅陵以上虽也利用水力做功，但未见使用筒车的。考筒车制作法见于《齐民要术》，起源甚早。我国灌溉工具先后发明了桔槔、龙骨车以及筒车等，可见古人的聪明才智。只是科举制度妨碍了科学技术的发展，后世只能墨守成规，无所创新，以致形成今天国弱民贫、受人欺侮的局面，很值得国人的反思。

青溪城较玉屏更为荒凉冷落。进城时见城门旁挂有"青溪县戒烟所"的招牌，另一旁又贴有"青溪民与恒土膏店"的广告，一个禁鸦片，一个又卖鸦片，令人啼笑皆非。是晚寄宿民宅，既小且脏，将就而已。

19日小雨 由青溪往镇远。公路须绕过盘山，计程140里。另有老路则仅90里，团部决定循老路行，本日只走70里，宿两路口，明日上午即可到镇远。老路虽为旧官道，但上下盘旋，迂回曲折，有的地方旁倚峭壁，下临深渊，加以年久失修，乱石杂陈，几乎不能容足。本日又细雨如丝，路滑若油，行路之难，难如蜀道。只得站稳一步，再前进一步，否则偶一失足，便不可想象。途间翻越山岭七八座，最高处云迷雾障，俯瞰群峰有如大海波澜，风光殊壮丽。下午5时许抵两路口，地势已转低平。因一路辛苦，晚餐后立即就寝。

20日晴 黔中多雨，阳光难得。早餐后仍沿公路行，约两小时抵镇远。镇远素称黔东重镇，抚水航路的起点。县城在河谷中，地势平坦。城外跨抚水有一石桥，建筑颇雄伟。桥东为傍山公路，有庙宇数座，高悬峭壁，远望若仙山楼阁。寓处为一小学，略事休息后与展厚及杨铭昌君赴河边沐浴，河水清冽，含有碱质，洗涤所换衣物竟不需肥皂。河岸平沙细石，洁净无尘，遂趁晒衣之便在沙上做日光浴，觉精神为之一爽。晚饭后漫游街市，街在公路一侧，背后就是陡峭的石壁，街长二三里，商店百余家。听说此街每年都有石头灾发生，即峭壁上的岩石突然崩坠，造成房屋及人命损失。但因迁街事繁费巨，又无人倡导，故虽灾害频仍，依旧安之若素，可见惰性和保守常常是社会进步的障碍。县城在对河，闻市面尚不及此街。所谓重镇原来不过如此，实缘黔东山多田少，生计艰难，农民多种植经济价值较高的鸦片以弥补不足，以致烟毒弥漫，害人害己。烟民体弱懒惰，反而影响了农业生产。地瘠民贫，已非一朝一夕，不知当局何以治之。

21日天又转阴 本日在镇远休息。午后往游昨日所见公路边的寺庙。原来山上有不少溶洞，寺皆依洞建筑，有中元禅院、万寿宫、朱子殿等名称。诸寺皆画栋雕梁，崇楼复阁，但又玲珑纤巧，引人入胜。至于兴建年代，因未见碑碣，无从查考。

镇远城内有省立师范学校，为黔东最高学府，校长为北大毕业同学，闻我团过境，特举办欢迎会以示联谊。我等于下午3时渡河前往，该校以茶点待客，倾谈甚欢。学校虽属省立，但规模不大，学生仅二三百人，校内课堂、宿舍均整齐清洁，秩序井然。散会后，返寓休息。

22日黎明时大雨 待雨止向施秉进发。由镇至施计程40公里，公路盘旋山间，上下相距达数百米，镇雄关一带尤称险峻。有段公路盘旋如鸟翅，题有"鹅翅膀"三个大字，自山上俯视汽车上驶如爬虫。

下午到施秉县城，恰逢赶集，商贩云集，百货杂陈，相当热闹。这才明白过玉屏、青溪等县时，商店关门闭户，冷冷清清，其原因是不到赶场这天，商店并不营业的缘故。

到施秉后，所见场上出售土产、购进日用百货者大都是苗家男女。其男子与汉人服饰相同，妇女则梳椎髻，穿圆领服，下着百褶裙，赤脚草鞋，体格健壮，衣着朴实，为汉族妇女所不及。

本日因行程较远，颇感劳累，有人请求休息一天，团部未允，但答应到钟山后再作决定。

23日晨雨 旋雨止，向黄平行。黄平旧为州治，有新旧二城。境内山势低缓，田野开阔，较称富庶。途中有飞云洞，供千手观音。由于洞内乳石卷曲如云状，故名曰"飞云"，据说为黄平名胜。洞中碑碣甚多，壁上题咏也不少，有清人杨芳书"海上飞来"四字，每字刻石一方，字迹遒劲可观。杨系黔人，以战功封果勇侯，其题字当可信。回忆镇远紫阳洞壁上也有此四字，想系自此碑拓印而成。

今天因游赏飞云洞，至晚6时才到黄平，夜宿县立中学。

24日晨又下小雨　因连日步行甚累，团部决定只走19公里，宿重安江。道中见有铁索桥，桥长十余米，下临急流，船不可渡，乃于两山间连以铁索数十条，上铺木板，过桥时虽略有晃动，但仍很牢固。据说此桥修建甚早，清季曾重修。过桥后见公路旁有小路较便捷，改沿小路行，两旁居民全系苗家。他们多在山上平坦之处聚族而居，住房皆离地面数尺，下为猪圈、鸡埘或堆放柴草杂物，意在节约用地。其良田多属汉族地主所有，每年按亩交租。自耕田则多取山溪间乱石垒积为墙，中实以土，自下视之，俨然古代城堡遗址。农作物以玉米、番薯为主，也有种鸦片的。其治田与生活之艰苦可见。

本日因行程短，到重安江尚早。此地属黄平县第三区，小船可达湖南洪江。由于交通较便，市面反较县城繁荣。街头肩挑背负者尽系苗家妇女，她们负担之重，生活之苦，一般汉族妇女恐难想象。

25日雨　自重安江往炉山。前段路地势甚高，公路在云中穿行者十余里，云气如雾又似细雨，沾衣欲湿。俯瞰山下，则见云海茫茫，如在虚无缥缈间，过此公路又转入平坦。距县城约15里处有山洞，俗名"大风洞"，但洞口题名却叫"云溪洞"。洞中卵石遍地，可能原来是地下河道的出口。据说其深莫测，入洞数里闻水声如狂风怒号，故俗称大风洞。至于云溪之名，或许是洞中阴河原叫云溪，因以为名。今溪水干涸，名实已不可考。由于没有照明工具，只在洞口流连片刻后离去。

下午1时许抵炉山县城，城内景况殊冷落，居民约一二百户，全县人口亦仅数万，苗族约占75%。县城内无可观赏处，夜宿城区小学，即旧孔庙。

26 日阴 有小雨，在炉山休息。因当地多苗民，团部与县政府商定，约请乡下苗民入城与我团开一个苗汉联欢大会，以联络感情。大会于下午 3 时举行，苗民到会者有男子八人，少女四人，属革家苗。其男子穿长衫与汉人无异，女子则服饰华丽，高髻云鬟，戴印花头巾，边缘饰以红缨，据云无红缨者为已婚妇女。其上衣对胸圆领，衣上全系印花图案，美丽多姿。苗民印花法名为蜡染，其精美别致为现代印花所不及。下身着黑色短裙，以青布裹腿。往日市上所见苗女全都赤足，今天她们都穿了绣花鞋，鞋上饰以银铃。其耳环特大，头饰不多，但胸前则佩戴银质项圈数个及其他装饰物，行动时叮咚有声。大概她们是为了参加联欢会故如此盛装。

大会开始，首先由男子四人出场，二人为一组，各吹芦笙，且吹且舞。其舞姿或弯腰或顿足，缓缓踏步前进，绕场一周，然后唱苗歌一曲。随后由男女各四人，也是二人一组，男前女后，男子吹笙，女子随后起舞，绕场数周而止。据云此系苗家祭祖时所用舞蹈，庄重有余而潇洒不足。嗣后由同学们表演了独唱、合唱及宣传抗战的短剧，联欢会即告结束。此会虽名为联欢，实则为团部某些人好奇，苗民大概也有所觉察，故来者甚少，敷衍而已。其领队为一吴姓保长，据谈苗家很重礼仪，汉人所称跳月之事实系讹传。苗族婚姻与汉人大致相同，必须父母同意，男女间交往也有一定界限。他希望同学们不要误会，并代为宣传解释。

27 日晴 自入黔以来这还是第二个晴天，但仍多云，日光于云隙窥人，有暖意。自炉山向平越县之马场坪进发，计程 34 公里。道中村落间桃花盛开，因忆 3 月 1 日过桃花源时桃花早已开放，如今应是芳菲尽歇，何以此地还正在飘香吐艳？想系黔省天气多雨，气温较低，故开花较迟。到马场坪时恰逢赶场，公路穿街而过，路上人群阻塞，不得不缓缓通过。

马场坪有小学一所，居民二百余户，较炉山有过之。寓处为一居民陈放杂物的阁楼，下为厨屋，灰尘满布，煤烟令人窒息。旅途艰难，只好权宿一宵而已。

28日清晨有雨　出发不久，雨止有晴意。旋见朝阳自地平线升起，斜光笼罩墟落，夭桃带雨更觉娇艳动人。时闻苗歌在山间树丛中唱和，但又不见人影，"曲终人不见"，别有幽致。未几天又转阴，似将下雨，乃尽力趱行，走完38公里，到贵定县城。

贵定为贵阳以东比较富庶之区，与镇远相上下。县城附近有较大的平原，除水田外，多种烤烟，近山处则种鸦片。苗民较炉山为少，汉化程度也较高。城内也是空虚冷落，市井萧然。黔省过去军阀混战，搜刮劫掠无所不至，又强迫农民种植鸦片，粮食减产，为祸更大。如今内战平息，人民有待休养生息，振兴之日当在不远。

今日行程较远，到县城已晚，夜宿民宅，尚觉宽敞舒适。

29日阴　今天步行40公里，目的地为龙里。途中有牟珠洞，入洞观赏，见洞口有石柱自顶及地，峙立洞门中央，入洞者须侧身而过。此柱呈正圆形，上下体积一致，与人工雕琢者无异。入洞往下行，有石室供观音像。再进有水潺潺流出，持手电筒踏水而进，几经转折，水愈深，遂返。有涉水深入者，据云入洞二三里，闻水声轰轰然，以石投之，许久才听到石头触水的声音，估计下面为一深潭，无法再进而返。山洞各地多有，且不少神仙怪异之说，其实不过石灰岩经若干万年的水溶而成，本不足怪。但此洞构造之奇，天工之巧，确大有可观之处。

龙里毗邻贵阳，与贵定情况大致相同。有煤矿，煤质不佳，用土法开采，设备简陋，闻矿工时有死伤。抵县城后寄寓民居，其灶中所烧劣质煤气味熏人欲呕。至晚，主人吸鸦片，烟味与煤气混合，更令人难受，是夜虽路长人倦，终夜仍难安枕。

30日雨 今日为抵达贵阳的最后一天。从龙里出发后，虽昨晚睡眠不足，但走来仍觉有力。走了30公里后，于下午2时许抵图云关，距城仅7公里。此地有中山公园，因团部决定在此整队入城，遂借机进园小游。该园依山构筑，规模不大，但小巧玲珑，怪石峥嵘，花木扶疏，颇具雅致。3时许同学均到齐，遂列队前进，5时到达城区。贵阳城垣尚完整，墙高池深，自东门进城，见马路宽敞，人行道上建有骑楼，大概因为当地多雨的缘故。但路为土石建筑，雨后泥泞，行走困难。市面相当繁盛，人口约十余万。热闹街道叫"大十字"，有前省府主席周西成铜像，因此又叫铜像台。我等自东门越城而过，出西门到大夏大学住宿。大夏大学为黔人王伯群所创办，原在上海，因抗战内迁贵阳。校舍全系平房，窗明几净。校园也很宽大，有亭台花木，假山鱼池点缀其间，据说是王氏在黔的别业。

到大夏刚铺好行李，就有该校同学来介绍去新生活澡堂洗澡。贵阳生活费用昂贵，高过各大都市，洗澡自不例外。只有新建的新生活澡堂采用淋浴，价格较廉。自国民政府倡导新生活运动，贵阳设有新生活俱乐部，澡堂即为该部所办事业之一。风尘仆仆之余，得此一番淋浴，心身为之一畅。本日因希望早到贵阳，以便休息整理，途间步行较快，洗澡以后更觉疲倦，就寝较早。

31日阴 我等自2月20日启程，历时已40天，除在沅陵为风雪所阻，耽搁时间较长外，中间休息时间不多。到贵阳后，团部决定休息三天，今天是第一天。早饭后，黄团长召集同学们讲话，据云贵州省府原打算派车送我们到云南平彝，现因军运紧急无车可派，且途中铁索桥已断，汽车也不能过河，要求大家下决心步行到底。同学们也认为经过这一个多月的锻炼，步行已经习惯，一致表示赞同。

4月1日阴 休息的第二天。经过两夜的舒适睡眠，疲劳已完全恢复，在寓无事，偕盛祥、展厚入市观光，经过市中心后，盛祥拟去东门外水口寺谒其兄长，遂同往。道中有仙人洞，危岩壁立，洞在山腰峭壁上，其前建有道观，绿树掩映，楼宇凌空，景色甚佳。自仙人洞缓缓下山，抵水口寺，寺已残破为群丐所居，寺旁别无房舍，盛祥访其兄不遇，循原路而归。抵寓处，晚饭已开过，只得在附近小饭馆就餐，菜劣而价高，贵阳居亦大不易也。

2 日仍阴 早晨在大夏大学揭示处见有省府吴主席请柬，约我团全体于明日在东山扶风寺野餐，如此则休息时间又要延长一天了。午后忽细雨霏霏，在寓闲坐，待雨止又与展厚上街闲逛一会儿后返寓。傍晚学校洗衣站送来交洗的衣被。在途日久，衣被俱脏，今得洗涤干净，顿觉心头轻松不少。入夜雨声又作，窗外潺潺不绝，春意将阑矣。

3 日雨止转阴 上午 9 时赴吴鼎昌氏野宴约，整队往扶风寺。寺在东门外东山上，建筑宏丽，环境宜人。其左祠尹道真，右供王阳明。同时赴宴者还有教育部战区中小学教师贵州服务团全体成员，该团由沦陷区流亡教师组成，分赴西南各省做抗战宣传和当地政府分配的各项服务工作，来黔者共百余人。吴氏致欢迎辞言及黔省贫瘠，经济文化远远落后于各邻近省份，实则地下宝藏极为丰富，经初步调查，有 16 县产黄金，20 余县产水银，3 县产石油，其余煤、铁、锑、钨、锰等矿各地多有蕴藏，开采难度也不大。黔西南山区盛产木材，蓄积量还在调查中。正如俗语所说"拿着金饭碗讨饭吃"。过去内战频仍，政治腐败，民生疾苦，匪患滋生。加以广种鸦片，烟多粮少，吃饭问题日益严重。当前为政之要，首在整饬吏治，安定社会，禁绝烟毒，减轻租税，奖励种粮。同时要搞清资源，招徕外省有识之士前来投资办矿，使生产发展，人民生活水平逐步提高，五年之后定可改观。他要求服务团同人肩负起开发贵州的重任，不必急于还乡。也希望我团同学将来贡献所学，共同建设一个新的贵州。吴氏主黔不久，在禁绝鸦片、普查资源方面已经做了不少工作。他本人素以才干著称，如或假以时日，当能卓见成效。不过政治风云变幻莫测，他的这番宏伟规划能否实现，殊未可知。

吴讲话后，黄师岳团长及服务团代表先后作了简短的答词，然后开始野餐。野餐为每人食物袋一个，内装面包、牛肉等食品，足供一饱。餐后大家自由观赏。

王祠中有阳明先生石刻像一尊，貌慈祥清癯。祠中勒石甚多，未暇尽览。王像旁有日本人高山公道立碑一方，上刻其师三岛毅咏阳明汉诗一绝。其诗云："忆昔阳明讲学堂，震天动地话机藏。龙冈山上一轮月，仰见良知千古光。"碑刻于光绪三十年八月，即日本明治三十七年九月。三岛氏曾至龙冈，访阳明洞，景仰前哲，故为诗云云。此人是日本文学博士，官至东宫侍讲，但所为汉诗殊嫌格格不入。不过他服膺良知之学，认为震天动地，足与日月争光，较国人实有过之。自明遗民朱舜水东渡讲学，王学遂大行于日本，至今流风不绝如缕，我先哲思想影响之深远，于兹可见。

下午贵阳清华大学同学会设茶点招待我等，因须整理行装，无暇前往。

（二）贵阳至盘县

4月4日雨　自贵阳继续步行西进，预计二十四五天可到昆明。今日第一站为清镇县，途中雨越下越大，撑伞而行，衣履仍湿。贵阳以西山势转为平缓，公路亦平直易行。丘陵间到处有小平原，耕地较多。在黔东高山峻岭中逼处日久，至此则形势舒展，视野开阔多了。

今日行28公里，抵清镇县城时尚早。城内景况较玉屏等地略胜，唯鸦片馆公开经营，街头时有烟味随风袭来，令人不快。是夜宿县立中心小学。

5日天阴且寒　自清镇趋平坝。未几转晴，阳光着身渐有暖意。公路仍平直少弯，道旁平野广阔，皆种鸦片，新苗出土未久，颇似莴苣。沿路多石山，山不高，且不相连续，往往在田野中突起一峰，玲珑剔透，如园林中的假山石，为黔东所未见。大概其地表为石灰石构造，经若干年雨水浸蚀而成。石山虽不生草木，但如烧制石灰或建设水泥厂则原料可以取之不尽，当为本地一大富源，惜无人考虑及此。

今日仍步行28公里，到平坝还早，集市尚未散，街头人群拥塞。至晚集散，城中顿见冷落。夜宿民居，主人吸鸦片，烟味令人难受。

6日黎明时有雨　起床后又雨过天晴，空气清新。本日往安顺，据说安顺为贵州第二大埠。途中有胜景名天台山，绕道往游。此山在峡谷中一峰耸立如柱，山巅有庙名五龙寺。寺内藏吴三桂朝笏及佩剑一柄，真伪莫辨。自山顶四望，周围石山拱峙，峡谷中心已辟为陇亩，种植鸦片。时平坝县县长黄君也随我等同游此山，据称本县鸦片遵照省府规定分年禁绝，以免操之过急，今年为最后一年，明年即可绝迹，此话当属可信。五龙寺建筑甚早，山下系旧官道，吴三桂反清，军行过此，或曾入寺休息，因遗器物于此，亦未可知。游讫下山，仍沿公路行，下午6时抵安顺，行程40公里。

安顺城内石板路整齐清洁，商店货物齐备，酒楼茶座，旅馆小吃店等一应俱全，房屋建筑高大，街上行人熙来攘往，繁荣景象大大超过沿途所经各县。我团全部留宿孔庙，庙建筑宏伟，殿宇高敞，大成殿前有四根花岗石柱，上刻盘龙云彩，雕工精美，堪称艺术珍品。据云系仿照曲阜孔庙雕制，为国内各地孔庙所罕见。殿后有古桂花树两株，树身高大，枝叶繁茂，传闻树龄已四五百年，每年花期香闻数里。县教育局对孔庙派有专人管理，经常打扫修整，装饰如新。安顺当局对古代文物的爱护，洵属难得。据管理员说，不仅孔庙保管完好，每年旧历八月廿七日孔子诞辰，当地官绅还要举行祀孔典礼，至今不绝。"孔家店"早已被打倒，各地孔庙也多已改办学校，不意安顺地方还如此尊孔。其实平心而论，孔子仍不失为我国古代伟大的思想家和教育家，孔子哲学至今仍然支配着我们的行动，不宜一概抹杀。至于后世某些儒家借孔圣人的招牌，宣传吃人的礼教，欺世盗名，实不应与孔学并论。关于安顺地方之所以尊孔，其原因究竟何在，未经调查，不敢臆断。

7日晴　在安顺休息一天。上午往游当地名胜华严洞。洞在城南距城4里，石山高耸如削，洞在山下，洞口既高且宽，如巨鲸张口。洞内甚平坦，设茶座十余张，就洞品茗，茶香水净为他处所少有。洞顶石缝间时有山泉下滴，落于茶碗中，使茶水益增香甜。自洞口内望，其深莫测，因无照明工具未敢深入。洞前有精舍，今改为小学，有洪亮吉所题"读书山"三字。自洞返城，复在市区小游后回宿处。

8日晨阴　往镇宁县。出发不久忽细雨如丝，有凉意。旋又雨止转晴，和风送爽。这里气温似较高，在平坝时所见烟苗刚刚出土，至此已高达四五尺，纷纷着花。鸦片花像小型荷花，有红蓝紫白诸色，花中心有实大如胡桃。烟农每日清晨以小刀在果实上划上一刀，中午便可前来收浆，制成烟膏，再经商人收购加工成块状烟土，运销各地。云贵川三省以产烟著名，云土尤为上品，黔省则以产量冠于川滇。当地政府虽表示禁烟，但愈禁则价愈高，获利愈大，以致地方军阀强令农民种烟，以烟税收入充作内战资本，有的还直接经营烟土买卖，或派军队为商人押运烟土，收取高额报酬。鸦片之祸从1840年以来，至今未已，不知何时才能杜绝？

今日行 32 公里，下午 2 时抵镇宁县城。闻人言附近有双明洞可观赏，遂与展厚往游。洞在南门外，俗称观音洞，悬崖峭壁间两洞相连，洞身甚浅，故能透光，因名双明。有人告以近年发现的伙（火）牛洞更为奇特，于是又转道东门外往观。此洞由前县长罗君发现，洞前岩壑宽敞，常有放牛伙伴在此避雨，罗君偶然入内，见到一狭窄隐蔽的洞门，因而发现了这一奇景，姑名之曰伙（火）牛洞。进入洞门，有一石柱当门顶立，得侧身而过。过此以后，持电筒深入，即为一宽敞的巷道，两旁罗列由钟乳凝成的各种石笋，有的作人形，有的如鸟兽，有的又似各种器物。大者寻丈，小者盈尺。仰观巷顶则乳石下垂如冰箸，水滴犹不时下坠。约前进 50 米，见一宽大的殿堂，其前有一巨大的石柱，自顶及地长可数十米，周围可数人合抱，较之牟珠洞所见有大巫小巫之别。柱身上下浑然一体，柱面呈多种花纹。细视之，有的如龙凤，有的似云霓，有的则像花草树木，观者无不惊叹天工之巧。在大石柱后约 30 米处为一石壁，状如屏风，高数丈，宽十余米。石壁下面有台阶作半月形，有如舞台前的乐池，其宏伟高大又像没有佛像的大雄宝殿。殿周围罗列各种大小不同的钟乳石，以手击之，作钟磬鼓乐之声。全洞到此为止，虽不甚深邃，但其殿堂之宏阔，石柱之雄伟，乳石之奇异构造，较之其他洞穴迥然不同，确为一大奇观。据闻罗君发现此洞后曾报告省府，希望列为本省名胜，以招徕游人。省府虽曾派员视察，但未作任何表示，奇迹不彰，殊为可惜。

在洞内流连忘返，出洞时已斜日西沉，晚霞成绮，上弦月开始东上，缓缓归来，心神俱爽。入晚，月光如水，自入黔以来，今晚才第一次见到月色，不欲早眠，独自在街头闲步，月光下的山城清凉冷静，鸡犬无声，令人心境寂然，良久始返寓就寝。

9日晴 自镇宁往关岭场，途经黄果树、关索岭等地。由公路行全程为45公里，循旧官道则仅28公里。为了观看我国最大的瀑布，决定先沿公路至黄果树，然后经老路越关索岭到关岭场。由镇宁至黄果树公路坡度变大，山势转高，地形有所变化，大概与瀑布的形成有关。据说全世界的大瀑布黄果树名列第三，可惜交通闭塞，又缺少宣传，以致声名不著，未能成为游赏胜地。其地距贵阳140公里，行至135公里处，已闻水声震响。继续前进即见公路北侧一座巨大的白玉屏风临空壁立，原来大瀑布自高台地奔流下泻，宽约一二百米，高三四十米，只见远处水花飞溅，如烟似雾，响声震荡若万鼓齐鸣。我们就站在公路上举目远望，那流动着的屏风在阳光下银光灿烂，衬托着天空几缕白云，更显得耀眼生辉。白云上面是一望无际的蔚蓝的天。这天，这云，这水制的屏风构成一幅蓝白相间的山水画。可是这画却藏在荒凉寂寞的山国里，绝代佳人，幽居空谷，登临鉴赏者不知能有几人？当我等一面感叹赞赏，一面继续前进，走了约一公里时，水声又突然加大起来，轰轰隆隆，震耳欲聋，转眼向公路南侧望去，大约数十米远忽又发现一道更大的瀑布自高峰猛冲而下，犹如一道悬河。不知何人在瀑布对面修了一座亭子，就叫观瀑亭。我等登亭纵目，只见这瀑布自壁立的山巅骤然下落，高度约200米，直下深潭，潭水被激荡翻滚，化作浪花飞起，渐渐地又化为薄雾上升至观瀑亭脚下。俯视两岸峭壁其窄如一条巷道，由瀑布下泻的水箭一般地向巷道的东南方急驶而去，混入两岸泥沙，形成一股黄色浊流，转了一个急弯便不明去向，倘在下游仰观，真会有"黄河之水天上来"的感觉。我等到此方知黄果树有这么两道大瀑布。以前后两大瀑布相比，前者宽平博大，后者高险神奇，各有所长。观瀑至此可谓叹为观止矣。

观瀑亭柱上题咏甚多，其中七绝一首尚可读。其诗云：

珍珠帘箔玉屏风，多少游人赞不同。

总为天孙相思苦，故教银汉下瑶空。

考黄果树瀑布属盘江水系，每年夏季水涨，景观当更为雄奇，可惜我等此来不是时候，但仅此已足大饱眼福。有人说如利用这里的瀑布发电，估计可供西南数省之需，不过工程浩大，目前国家恐尚无力及此。

由于不少同学都在观瀑亭久留不去，团长派人前来催唤，这才继续登程。由黄果树改沿老路行，过一岭名鸡公背，岭上有前省主席周西成衣冠冢。读其碑知周与李荣为争地而战，兵败死于此，其部将刘民杰为营此冢，刘氏不忘旧谊，其行可嘉。民国以来，大小军阀争权夺利，战乱不已，致使民无宁日，周氏卒以身殉，亦可慨已。过鸡公背后，越大坡顶，顶甚高，下顶为一河谷，在此又与公路相会。公路有桥曰灞陵桥，自桥上仰望，群山耸列，一峰高入云天，此即黔西著名的高峰关索岭。然后又离开公路再沿老路逾岭，由于山势陡峭，道路曲屈，愈走愈高，愈高愈险，步履愈感艰难。午后阳光强烈，最后抵最高峰时已汗出如渖。峰顶有庙宇，在此稍作歇息。自灞陵桥至峰顶约 5 公里，下岭往西不过 2 里即关岭场，与上山时相较顿觉轻松多了。据传关索岭有殷高宗平鬼方碑，寻之不得，恐系传闻之误。

关岭场为关岭县的一个市镇，以其地势险要，旧时驻有军队，并建有营房，我等即寄宿于营房内。

10 日雨 从关岭场往永宁，距离 22 公里。途间不见村落，也绝少行人，加以天雨路滑，口渴又找不到水喝，路不甚长，人却很累，只得奋力赶行，于下午 1 时许到达。永宁为关岭县的分县。所谓分县系云贵两省的特殊政治体制，大概在县城的边远地区划出若干区乡组成，相当于县府的行署，以便于治理。

是日有公路局客车留宿于此，旅客中邂逅曾在南京初中同学的段如璧君。段系湖南常宁人，毕业后返湘，暌别已六七年。人生何处不相逢，不意竟于此处觌面，相谈甚欢。据云此行系赴昆明投亲谋职，并告以滇中寓处，约期重晤，夜深始别去。

11日雨止　团部决定今天走40公里，宿于安南县属之哈马庄。自永宁出发约25公里至盘江渡口，见桥已中断，只得在此雇船过江。盘江为西江上源，奔流于峡谷中，水深流急，弯多滩险，无舟楫之利。明代为解决渡江困难，始建铁索桥，行旅称便。滇黔公路修筑时，改为水泥石拱桥。因桥面不宽，桥仅一孔。本年2月桥孔突然中坍，死20余人，可能是工程质量问题，现路局正在筹备修复中。自建桥以来，渡船停驶，如今渡工技术生疏，翻船死人事件已有发生，谈者色变。我们包了四条船，特请当地彝族老船工驾驶，据说可保无虞。渡船长六七米，宽仅两尺，深约尺许，略似端午竞赛的龙舟。每船限载六人，船工首尾各一人，持桡搏水，不用桨舵。上船后，船工嘱咐尽量下蹲，两手紧握船舷，不得稍有晃动，如胆怯可闭上眼睛。交代清楚后即以桡撑船，沿江岸逆流而上，待至适当位置，迅速将船拨转中心，随江心急流猛冲直下，其急如箭。此时船工要用最大力气和最快的速度将船向对岸划去，等到靠拢对岸时已流至码头的下游数十米处。这时又要沿对面江岸逆水撑船，直到码头为止，恰好成一个"之"字形。为时虽仅几分钟，但令人惊心动魄，目眩神迷，不知所措。等到船工招呼我们登岸时才惊魂略定，这大概要算此次旅行中最惊险的一幕吧。

渡过盘江天堑，幸好全体人员安然无恙。继续前进，沿途竟无一居民，路上忍饥挨渴，只望到了目的地能够解决问题。谁料哈马庄只有十几户人家，无法容纳全团住宿，只好奔向安南县城。这时人已相当疲乏，但又不得不勉力前进。到县城时天已昏黑，一时找不到住宿处所，徘徊街头，饥饿和疲倦令人狼狈不堪。有同学觅得一小面馆，顿时如获至宝，纷纷前往就食。店主乘机敲诈，面价贵而量又少，饥者不择食，仍然抢购一空。后来终于找到了一个住处，不幸行李和炊事车又坏在途中，真是屋漏更遭连夜雨，饿着肚皮还无法就寝。夜半天寒，与居停主人商量，购木炭围炉烤火，坐待天明。由于饥寒劳累，大家闷守炉边，无心交谈。闻远处鸡声迭起，天犹未明，今夕何夕，竟如此之长。好容易熬到黎明，主人家起作晨炊，饭香扑鼻，不禁心向往之。

12日阴 一夜无眠，又饥寒交迫，团部决定让大家休息。中午炊事车开到，才得饱餐一顿。饭后仍静坐，待行李车于3时半到达，急忙取被昼眠。刚一躺下，顿觉全身筋骨松弛，浑然入梦。晚餐时才被叫醒，仍觉睡眼惺忪，体力不支。饭后在街头散步，遇展厚、盛祥，交谈片刻。原来展厚因身体肥胖，盛祥又伤腿不良于行，他俩于永宁请假，搭乘客车赴盘县，转车往昆明。所乘车因中途发生故障，沿路修理，以致延至今天才到安南，但估计仍能比我等早到半个月。

13日阴 连日疲劳，团部决定今天再休息一天。由于旅途消息闭塞，前天刚听到台儿庄大捷消息，今天又传我军已收复济南，前线健儿英勇杀敌，攻克名城，军心民气为之一振。团部约安南县政府于今晚联合举行祝捷大会，晚餐后有小雨，安南各界及我团全体人员仍冒雨到会。安南城小，居民不过数百户，人口约两三千，到会者达三四百人。县府准备了鞭炮及火炬，会后举行火炬游行，高呼胜利口号，居民倾城出观，叹为本县从来未有之盛况。返寓后犹感兴奋，久久不能成寐。

14日晴 离安南往普安，行程53公里，为整个旅行中路程最长的一天。自永宁以后进入大山区，公路须越过多座高山，途中人烟绝迹，因此困难较大。一是无处歇脚休息，二是找不到水喝，但大家已经习惯，也就感到无所谓了。一路上只见公路自山麓盘旋达于山顶，忽而又自山顶迂回而下至山谷。出了山谷前面又是一山，又要同样攀登。其最险的路段名为"24 个之字弯"，汽车至此须来回盘绕，转急弯达 24 次，稍有不慎就将葬身深谷。当时正好有几辆汽车驶过此地，发动机不断地呜呜吼叫，但速度仍与我等步行相等。每转一次急弯都有倒翻下去的危险，这时司机要令助手下车以三角木垫住后轮，然后再开足马力继续上驶。所谓"蜀道之难难于上青天"，大概也不过如此。

当我们爬这段山路时正当中午，骄阳逼人，热不可耐。但沿途野杜鹃盛开，姹紫嫣红，在阳光下争奇斗艳，劳累中亦足以赏心悦目。途经江西坡，因受热口渴亟思饮水，但传闻此地有瘴气，山泉有毒，饮后使人腹胀如鼓。为安全计，只好忍渴前进。晚 7 时抵普安，计行 10 小时半，未进饮食，劳累和饥渴使人一坐下来就不想起身。晚 8 点进晚餐，夜宿城区小学。

15 日在普安休息　7 时始起床，见天气晴好，乘便将几天来汗湿的内衣洗完。饭后在街头散步，黔省各县均有城垣，唯普安独无。县城以公路为主要街道，市面较安南整洁。户口与安南略等。今日无集市，商店概不营业，街上殊冷落。街尽头有平野甚广阔，田间尽种水稻。水田周围有灌溉渠道，两旁古树成荫，细水微风，栖鸦垂柳，亦别有雅致。午后因无处可游，全体午睡，以治连日疲劳。晚饭后整理行装，待明日行。

16 日阴晴参半　自普安往盘县，计程 49 公里。起床时天尚未明，饭后登程，朝曦初上，空气清新，心神宁爽。公路多下坡，地势比较低平。约行十余公里，有旧官道可抄近路。逾一岭，至旧普安，休息片刻。此地居民仅三五户，不知是否普安旧县治。过此以后，仍走公路，路更平坦易行。阳光着身温而不燥，觉精神振奋，行走有力，下午 3 时就走完了近百里的路程。

　　盘县自来为贵州边陲重镇，由于地势平坦耕地较多，比较富庶。城内商店虽非场期也照常营业。有省立师范学校，为黔西最高学府，我团全体即借宿该校。学校范围较大，设备完好，学生约二三百人，学习成绩闻为全省师范之冠。

　　今日因故晚餐停开，发餐费令自行就食，因上街较晚，餐馆已停火，闻滇黔两省的破酥包子其面皮用油酥制，味道鲜美，为他处所无。在街上吃了几个，果然风味独特，名实相符。返宿处时忽逢骤雨，霎时间全城笼罩于烟雨弥漫之中。但数分钟后又雨止风停，晴爽如故。雨后空气更清，微有凉意。据说此为雨季开始的象征，与滇省气候近似。

　　17日晴　在盘县休息。有同学在此看到云南日报，据载长沙岳麓山遭敌机轰炸，伤亡惨重，湖南大学部分校舍被毁。因念我家常德距省会不远，也难免遭劫，遂趁空作家书，请老父斟酌形势，相机迁寓乡下，以策安全。自沅陵西行以来，除贵阳办有《贵州日报》外，沿途均无报可看。团部原携有收音机一具也已损坏，竟如置身世外。但同学们亟盼前线消息，所以在安南时一闻捷报，不禁欣喜若狂。今在贵州边县能看到云南报纸，也足以令人欣慰。

　　18日晴　本日行程48公里，宿亦资孔分县。该分县属盘县管辖，在滇黔两省分界处。有老路可近十余里，沿此路行，只见沿途野杜鹃遍地，树木繁茂，鸦鸣鹊噪，却见不到一户人家。连日天晴，气温升高，愈走愈热，热极而渴，却无处讨水喝。下午5时抵亦资孔，地小而脏。时炊事工正在烧水煮饭，大家抢喝米汤解渴，如饮甘露。住处在一小庙，因无人照管已破败不堪。庙内停放棺木数口，环境殊欠佳。本日因受热和口渴，有同学在途中晕倒，幸有随行校医即时救治，旋即痊愈。

　　团部决定在这里休息一天，由于环境太坏，大家都不想停留，于是改为到平彝后再定。

（三）黔中旅途观感

我团自 3 月 17 日离晃县到玉屏至 4 月 18 日到达亦资孔分县，自东徂西横贯贵州全省，历时 33 天。由于全程都是步行，对于当地的山川形胜、风土人情、经济社会，虽无暇作深入的调查研究，但也足以略窥梗概。兹就所见敷陈一二。

黔省地处云贵高原，山多田少，人口不足千万。所经黔东各地岩石裸露，山上草木不生，田间土地瘠薄，农作物生长不旺。西部则多石灰岩，也不适于植物生长，可谓得天独薄。境内河流大都经行峡谷，滩多水急，缺乏航运之利。陆路则全省无一条铁路，近年才修通连接四川、湖南、广西、云南的四条公路，但车辆短缺，主要运输工具仍依靠驮马，以致交通闭塞，商品流通困难，仍然保持日中为市的古老传统和以物易物的交换方式，谈不上现代商业。至于工业方面，除一些手工业作坊外，仅贵阳有一家小规模电厂和织布、织袜、毛巾等少数半机械化工厂，此外无现代工业可言。即如夜间照明一事，除贵阳有电灯外，连安顺的商店都只有汽灯，其余夜间多关门早睡，或点一盏桐油灯。就是贵阳的电灯也是半明半暗，时常停电。水资源也很成问题，一是河流不多，二则溪涧水易涨易退，影响农业生产，有的地方连饮用水也感困难。

民以食为天，黔省的粮油作物由于土地薄阳光少，加上水源缺乏，水利失修，产量极低，又因广种罂粟，粮食生产更为短缺，每年须从省外大批调进，其补偿办法便是输出鸦片。鸦片种多了，粮食就更加减产，又要增加进口，构成恶性循环。种鸦片还产生大批烟民，此等人体质孱弱，懒惰成性，不事生产，致使劳动力日益减少。好在除汉族外，其他民族都种而不吸。看来农业上主要是粮食与鸦片相互争地的问题，听说新省府正在制订第一个五年禁绝鸦片、第二个五年做到粮食自给的十年计划，希望能够实现。

黔省要发展工业必须解决资源问题，巧妇不能为无米之炊。考省内各地矿藏丰富，倘能以优惠条件招徕外地企业家投资办矿，矿业发展了，有了原料就会带动其他轻重工业的发展。工业一发展，地方财政有了来源，然后可以兴办交通水利及其他各项事业，因此致富之本，首在开矿。此说是否有当？特姑妄言之。

经济是一切事业的基础，经济落后则其他事业自然难以开展。如教育事业，全省只有国立贵阳医学院和新迁来的私立大夏大学两所高等学校。中等教育还很不发达，省立师范学校只有三所，中学集中在几个较大的城市，学生就学困难。沿途各县各有县立小学两所，男女分校，农村小学为数不多。报纸只有《贵州日报》一家，由机关学校订阅，民间多不看报。途经各县，不少县政府也见不到报纸，几乎呈封闭状态。各县均无图书馆或阅览室，除贵阳有商务印书馆外，其他各县也看不到书店。娱乐方面贵阳有电影院一家，戏院两家，其他各县均无戏院或其他娱乐场所。有些流动戏班，往来各地，临时搭台演出，一年难得看到几次，因此平日生活非常单调。医药卫生方面，只贵阳有官办卫生院和教会办医院各一家，其他各县均无新医新药，以传统的中医药治病。由于以上原因，人民的教育水平很低，文盲较他处为多，疾病和死亡率也相当高。教育、文娱、卫生事业的落后，又反过来对经济事业产生消极影响。

总的说来，贵州素以贫穷著称，所谓"天无三日晴，地无三里平，人无三分银"，看来也不算形容得太过分。然而穷则变，变则通，物极必反。如果全省人民能够齐心勠力，省政当局领导有方，从发掘地下宝藏着手，改变各方面的落后局面，由穷变富，前途是无限光明的。当我们即将离开这片土地的时刻，不禁心绪依依，祝愿他日重来时，将会呈现一派欣欣向荣的景象。

（四）平彝至昆明

4月19日晴　自亦资孔向云南省境进发第一站为平彝县。路上气候宜人，和风送爽。翻过一座山头后，地势转为平坦，有旧官道可走。至胜境关为滇黔两省分界处，以滇南胜境取义。有分界牌楼，建筑华丽，其题字一面为"滇黔锁钥"，一面为"万里金汤"。牌楼附近森林茂密，其北有关帝行宫，殿前有古杉二株，高二三十米，可数人合抱，枝繁叶茂，树龄闻在千年以上。殿内塑关帝像魁伟雄壮，栩栩如生，工艺极精。自此进入滇境后村落渐多，公路亦较黔境完好。山上土质呈红色，遍植马尾松。时值暮春，杜鹃花盛开于松林间，光彩耀目。下午2时许到达离平彝县城4公里处，集合整队入城。进城后寄寓一小学校，县政府特招待我们吃了一顿丰盛的晚餐，盛情可感。

20日晴　在平彝休息一天。县城有民众阅报室，早餐后前往看报，从云南日报获悉我军正围攻峄县，所谓收复济南之说实系讹传。平彝县城虽小，但市容整洁可观，有商店数十家，完全不是贵州各县的萧条景象。我们所住的小学学生很多，且男女合校，不像黔省之男女生各设一校。学生概穿粗布学生服，男生全部赤脚，女生剪短发，朴素可爱。寄宿生不少，可能是乡下小学不多的缘故。校内秩序井然，学习紧张，颇足称道。

进入云南境内，便见山岭全都绿化，田畴广阔，鸦片绝迹，田野中麦浪起伏，一片绿色波澜，丰收在望。在亦资孔时，罂粟花正遍野开放，仅仅一线之隔，光景竟不同如此。

晚餐后在校园散步，晚风送爽，明星在天，心境怡然。9时就寝，时小学生还在自习，书声琅琅不绝于耳。

21日阴　由平彝往白水。先走一段老路，后又转入公路，约行30余公里，于下午2时许到达。白水为沾益县一小市镇，居民不多，市街冷静。宿处为一破庙，庙内也寄放棺木数口。夜有雨，我等睡于大殿上，因门壁已毁，雨丝随风飘着头上，其凉如冰，无法入梦。起以伞为障，乃得安睡。

此地男妇几乎都患瘿瘤，尤以妇女为多，可能是饮水不洁或饮食习惯不良所致，当地人叫作大脖子病。问之随团医生则称为甲状腺肿瘤，病因为体内缺碘，除多吃含碘食物外，目前尚无有效治疗方法，中医主张多吃海带，可以加以控制。闻此病在滇省很普遍，同学们多具戒心。

22 日晴 由白水经沾益往曲靖。传闻途中有匪警，团部要求集体沿公路走，时阳光和煦，微风拂面，集体行来，一路谈谈笑笑，倒也有趣。中午到沾益，进城稍作休息。沾益城甚小，拟进午餐，遍觅饮食店不得，只得径往曲靖。两地相距仅 13 公里，这一段路已经平安无事，可以自由行走了。午后 3 时到曲靖，进城见民户俱悬国旗，说是县府通知欢迎我团的到来，如此待遇这还是第一次。寓处在一小学。

曲靖原为府治，城垣比较坚固，市内街道亦整洁可观。唯城区甚小，站在十字街口可望见东西南北四面的城门。城内房屋建筑相当考究，因当地产漆，故一般均建有雕漆门楼。大门用黑漆，外加红边，门上以红漆书写门联，词多典雅可诵。商店不多，逢赶场日则营业兴盛。茶馆饭店每日照常开市，很讲究清洁卫生。在饭店吃了一碗面，价仅三分，在贵州非一角不办。滇省物价低廉，居民日常生活费用开支不大，故整个生活水平较贵州高出甚多。

曲靖距昆明 160 公里，预计五六天可到，团部决定在此休息一天。晚餐后与张执中君在茶馆小坐，饮茶过多，夜几失眠。

23 日阴 休息。有同学接到由当地邮局留交的昆明来信，据说学校已正式改名为"西南联合大学"，筹备工作粗具规模。由海道到校的同学暂住迤西会馆，学校设办事处于该会馆内，理工两院已在昆明找到校舍，文法两院暂时尚无法安排，准备先在蒙自就读，然后再搬回昆明。所谈情况大体如此。

曲靖附近有温泉，距城 30 公里，以道远不便往游。昼长无事，只得在学校读报。晚间灯下共话时事，谈到前线频频失利，不禁心境怅然。

24 日夜间有雨　5 时即起，天甚寒，出发时未着棉大衣，越走越冷，这才体会到滇中俗谚有"四季无寒暑，一雨便成冬"之说，确属不诬。约行 10 公里后，天气转好，身亦转暖。雨后空气清净，路上尘土不扬，倍感舒适。午后 1 时到马龙县，天又放晴了。

马龙与沾益同为小县，情况相似。寓处也是一小学校，但与平彝相较相去甚远，校舍既破败，教室内又蛛网尘封，殊嫌不洁，来则安之而已。

25 日晴　往易隆，全程 46 公里。马龙有谚语曰："马龙到易隆，走到鸡上笼"，可见路程之远。自平彝以西，沿途山势平缓，公路平坦易行，只是坡度较大。但与黔中之高山深谷相较，迥然不同，因此行走不甚吃力，走得就比较快。约行 30 公里抵河边村，在此大休息。此地有小河，水声潺潺，清浅见底。两岸树木繁茂，碧草如茵，成群的白鹭翱翔于林间水湄，令人神往。因思多日赶路，久未沐浴，正好借此一洗尘垢。时阳光强烈，水温宜人，在水流冲激中颇与淋浴相似。浴后躺卧河边石上养神，感到全身轻松爽快。

休息以后继续前进，下午 6 时到易隆，住清真寺。易隆为寻甸县的一个市镇，人家可百余户，多回教徒，此外无甚可记。

26 日阴　天微寒，自易隆往杨林，行程 31 公里。沿途平原沃野，所种小麦已成熟，三五农妇正在田中收割，一边唱着山歌，状颇闲适。展望远方平林漠漠，山色蔚蓝，俨然一幅悠闲的田园风景画。午后2时到杨林。杨林属嵩明县，在公路旁二三里。市内人口稠密，商肆繁盛，远过沾益、马龙等县份。住处为一古庙，现已改为小学。校内广植树木，其中有一种树身高大、表皮光滑、叶似杨树者不知何名，询之本地人，据告为金鸡纳树，系从南洋引入品种。考滇省纬度相当于两广，应属亚热带气候，故产菠萝、木棉等作物，亦适于金鸡纳树的引种。但因海拔高，又四季如春，号称理想的气候区。

27日仍阴　天低云暗，有雨意，往昆明市所属之板桥镇。自住处后门循小路走，待转入公路时，视里程碑距昆明只有47公里了。11时抵长坡镇，全体休息。在此买炒饭为午餐，价廉味亦可口。午后2时到达板桥镇东门，天忽雨，待雨止，往西门外之明应寺住宿。穿越街市时正逢赶集，人群拥挤，颇热闹。

板桥距昆明20公里，到达后团部即用电话通知联大办事处。校当局立即派员来镇慰问并发给每人袜子和精制麻草鞋各一双，还有茶点券等。据云明日入城，校常委将率已到校的师生在东门外欢迎。迢迢数千里，历时两月余，别后重逢，彼此无恙，其欣慰不知何如？

28日晴　自板桥往昆明市，整个旅程到此基本结束。据公路里程碑指示，路程只有19.7公里，天气温和晴好，全体整队行进，情绪甚高。约行十公里，闻天际机声震耳，为航校训练机在此掠空而过，原来航校早已自南京迁移至此。行至距城约4公里处有小型花园，题名"贤园"，为昆明富户彭某爱女早夭，埋香于此，女名维贤，故曰贤园，颇具山石花木之胜。学校对我团此行相当重视，早在我团抵达曲靖时就开始筹办欢迎和慰劳。今天特在贤园设招待处，以便我等在此休息用茶。由蒋梦麟校长夫人陶曾谷女士领头，诸教授夫人和女同学任招待员，殷勤款待。"远游无处不消魂"，今日风尘仆仆，征衣未浣，忽而鬓影衣香，风光旖旎，一刹间换了一个环境，反倒觉得有些突然。休息后再行整队入城，昆明街市渐入眼帘，只见许多市民驻足围观，道途拥塞。一会儿，由海道先来的男女同学举着横幅，高呼欢迎口号来到街尾，引导我们向联大办事处前进。不久到达作为办事处的迤西会馆，学校诸常委都在门前等候。黄团长指挥我等列队听候常委检阅，我等均着黄色制服、草鞋，服饰整齐。团长亲自报告人数，交上团员名单。诸常委检阅后，认为此行功德圆满，表示慰劳。然后由蒋校长代表常委讲话，称此行跋涉数千里，经历了三个省区，备尝艰苦。其效果是既锻炼了体魄，增长了见闻，同时也向全世界表明我国青年并非文弱书生、东亚病夫，其吃苦耐劳精神恐非外国青年所能及。在今天国难严重关头，为增强抗战意志，振奋民族精神也做出了贡献。对于湘黔滇三省当局的爱护和黄团长艰苦卓绝的领导表示感谢。最后宣布旅行团的任务已经完成，即日起解散。欢迎仪式结束后，由常委引导我们往圆通公园游赏休息。

圆通公园是以圆通寺为基础扩建而成的昆明市最大最美的公园，园内亭台山石、异草名花、碧水清泉、游廊画槛，园林之胜，媲美江南。圆通寺内供有某和尚的肉身一具，较常人矮小甚多，望之焦黄如蜡，只存皮骨，实即所谓木乃伊，但僧人却尊之为佛。游览后在茶座用茶点，全体成员与常委及教授等合影留念，然后整队出西门往昆华农业学校住宿。昆华农校成立不久，校舍系新建，因避空袭学校暂迁昆阳，所留房屋由联大理工两院租用。至于文法两院则因无房屋暂定在蒙自上课。闻已筹备就绪，我等在昆明约可休息三四天。

今天风和日丽，走的路程不多，但在贤园和圆通公园两处的应酬，虽说心情舒畅，却也有些疲倦，到宿处晚餐后，稍停即就寝。

29 日晴　早起散步校园外，晨光曦微凉风拂面，令人想念故都之夏。昆明为高原上的一个盆地，四望群山如黛，远树含烟，两月以来，多在丛山峡谷中行，到此眼界为之一拓，不禁久留忘返，早餐时始被同学催往食堂。关于吃饭的问题，原来自长沙临时大学建校之初，为适应抗战时期的困难环境，学校已不收取任何费用，但伙食费仍须自备。西迁开始后，学校又决定今后免费供应学生膳食。从此以后，我们就不必为一日三餐煞费踌躇了。

　　早饭后，接学校通知，说旅行团经费尚有节余，可为全体成员每人做衬衫一件、裤一条以补充旅行中的磨损，于是进城量衣。时展厚、盛祥已先到昆明，住在迤西会馆，量衣后，前往晤谈。闻所谓迤西原是云南的地理名词，云南全省划分为迤东、迤南、迤西三路，与湖南的湘中、湘南、湘西三路相同，迤西会馆即昆明迤西各地的共同会馆。所谓会馆本是各府县生员进省会试的居留地，自废除科举后已经失去了作用。西南联大租用了这座大而无用的建筑物作为办事处兼临时宿舍，从海道或乘汽车先到校的同学都暂住于此。在那里找到了白、张两君，展厚交给我一封家信，阅后知家中安好。接着同往民众教育馆所设茶座品茶，并就便共用晚餐，谈至黄昏始返寓处。

　　30日晴　进城观光市容。昆明城区约当长沙的一半，人口近20万。有金碧路、正义路、武成路等马路。金碧路有牌楼两座，一名金马，一曰碧鸡。正义路有牌楼一座，正面题字为"天开云瑞"，反面为"地靖坤维"。金马碧鸡为本市传说的吉祥物，与广州之"五羊仙人"近似。正义路中段有石碑一块，上刻"明永历市（按应为帝字）殉国处"数字。明末桂王称帝，兵败逃入缅甸，被缅人缚送昆明，为清政府所杀，因此以正义名路。各马路均平整洁净，两旁绿树成荫，房屋整齐，商肆繁盛。市内电灯由附近水电站供电，电力充足而电费极低。云南人饮茶成癖，街上茶楼甚多。食品以汽锅鸡、过桥米线具有地方特色，市内东月楼的酱烧鸡腿、油酥乳鸽，海棠春的破酥包子均有一定名气。昆明的文化教育事业相当发达，有省立云南大学，昆华工业、农业及师范三校和普通中学多所。《云南日报》和《昆明晚报》也办得不错，还有省立图书馆，藏书丰富。娱乐方面有戏院两座，上演滇戏。电影院两座，大都放映外国电影。公园除圆通外，还有翠湖和大观楼、黑龙潭等处。

上述诸情况，因在茶座与当地人士闲谈，大体了解如此。从茶座出来在街上理了发，买了牙膏、牙刷、毛巾等日用品。因时间已晏，便就一饭馆晚餐，价甚廉而味极可口，为其他中等城市所不及。返寓处，张执中君又带来老父手书，知老人家身体健好，心甚慰。

5月1日晴 团长黄师岳中将以护送任务完成，即将东归，转赴前线参加抗战，眷怀两个多月来与同学们朝夕相处的情谊，特于光华街的海棠春酒家设宴邀请全团师生聚餐话别。席间黄团长致辞，盛赞师生们的刻苦精神，希望同学们于完成学业后，为抗战和国家建设多做贡献。同学们也以黄团长年高德劭，能与我辈青年同甘共苦，领导我们安全地完成长征任务，赞誉不绝。宾主共同举杯，预祝抗战早日胜利。黄团长酒兴甚豪，所饮为贵州产茅台名酒，同学多有醉倒者。饭后小坐品茗，语笑风生，尽欢而散。

本日晚餐仍在城内饭馆就食，归途已近黄昏，芳草依人，乱鸦噪晚，夕阳无限好，昆明的暮色也似乎别有令人留恋之处。

2日晴 清晨宋同福同学来寓邀作西山之游。早闻滇池与西山为昆明市名胜，不可不往。同游者尚有马、杨、铁三君，均北大同学、老宋的山东同乡。离寓不远有运河直通滇池，在河岸雇船前往，索价仅二元。此河长不过数里，为吴三桂所凿，用以转运滨湖各县所产粮食。沿河两岸绿树荫浓，唯水质浑浊。船行不久抵滇池畔的大观楼公园，舍舟登岸。大观楼峙立湖滨，建筑典雅，具园林之胜。楼前悬百余字的长联一副，描绘湖光山色，文辞工巧，惜无纸笔抄录，闻为清末昆明名士孙髯翁所撰。离开大观楼，舟入滇池，只见湖水与河水分界处泾清渭浊，截然分明。展目一望，一碧万顷，令人眼界开阔，胸襟畅然。因顺风，舟子舍桨挂帆，缓缓前进。滇池又名昆明湖，周围数百里，滨湖地区产粮，为滇省富庶之区。传闻汉武帝征西南夷，汉军为此湖阻隔，无功而还。武帝乃于长安凿昆明池以为象征，训练楼船水帅，准备强渡。"昆明池水汉时功，武帝旌旗在眼中"，后来昆明湖成了长安的名胜，今故都颐和园也以此名湖。或者汉时此湖面积可能比今天要大得多，汉军渡湖艰难，否则武帝又何必如此大费周折呢？

我们的船小，人也不多，或躺或坐，一路闲聊，心境舒适。仰观天上万里无云，阳光温暖，时有洁白的水鸟翱翔天际，有时低飞掠船而过，仿佛伴我等同游。俯视湖水澄碧，浅处不过五六尺，清洌见底。湖中有小洲屿，上多不知名的花卉。西面即西山，山色青翠欲滴，远望如一幅青绿山水画，其他三面则湖水茫茫、远山隐约，回首昆明城市已在烟霭迷蒙、虚无缥缈之中。闻湖中有定期班轮开往昆明等地，今湖心尚停有旧式轮船两艘，船尾有一巨大的转轮，想系以蒸汽机带动此轮击水前进，轮船一名可能由此而来。此两轮弃置已久，船体尚完好，但无人加以处理，未免可惜。

航行约两小时左右，船抵西山山麓，由小径登山，至山半有新修的汽车路，沿路上行，抵云栖寺。寺建筑宏丽，殿宇巍峨，红墙碧瓦，画栋飞甍，甚为壮观。时寺僧正在做午课，梵呗之声盈耳。参观罗汉堂时，见所供五百阿罗汉形态生动，状貌各异，与杭州西湖灵隐寺所塑如出一手。从云栖更上为太华寺，规模大体相同。最后至三清阁，此处号称西山第一奇观。阁在悬岩绝壁间，依山势稍加斧凿建为楼阁。危栏绝槛，加以金碧彩绘，望之疑是仙宫玉阙。三清阁上有老君堂，供老子，其南山势更陡，乃以人工凿山开道，长数十米，高四五米，宽约三米，其前建有牌楼，上题"龙门"二字。绝壁千仞，下临滇池，凭栏俯首，只见危岩深水，令人生畏。平视则全湖烟景尽收眼底，在万顷琉璃中山光云影，碧渚芳洲，光景称绝。

在西山流连既久，忽然想起今天下午同学们集资，于大观楼欢送黄团长东行一事，匆忙下山，登舟急驶，不料归途逆风，欲速不达。湖风着身，冷不可耐，船工叫我们躺下避风。仰观天上，夕阳在山，晚霞成绮，大家默然无语。忆及去年8月14日，偕妻陪丁世铮兄往游京中玄武湖，时沪战已于13日爆发，自驾小船，徜徉湖上，妻谓莲叶丛中好避空袭。不意次日乱机果袭南京，仓促间避地武汉。别矣玄武湖何时重访？岂料数千里外又得泛舟湖上，风光犹恍惚如昔。于沉思中偶成一绝云：

> 风帆一片渡滇池，又是湖山入画时。
>
> 恍惚去年玄武日，碧天无际暮云迟。

船抵大观楼已是下午6时，自船上眺望早已人去楼空，遂直驶运河码头。自早间在大观楼吃过一碗炒面后，以为西山当有午餐可吃，谁知那里既吃不到东西，也喝不到水。此时又饥又渴，只得径行入城，遍觅饭馆均已灭火，最后得一小吃店草草果腹。听人说蒙自蚊虫特多，又往文庙街购蚊帐一铺。归途夜黑林深，摸索抵宿处，整理行装，明日将为蒙自之行。

（五）昆明至蒙自

5月3日晴 早3时即起，捆好行李，等候学校雇用的汽车前来搬运。行李运走后，步行至火车站，学校已包好了四节车厢，我们文法两院同学整队上车，8时15分开动。滇越路原为法国修建，自越南海防经河内直达昆明。当时法帝国主义是用作侵略工具的，现滇境一段已由我国收回。该路依法制使用窄轨，路宽仅一米，车厢也较小。开出昆明不远便进入山区，山高路险，曲折迂回，震动甚大。沿途凿山通道，大小隧道不可数计。煤烟为山洞所阻，尽入车内，以致车上烟尘扑面，空气污浊，令人不耐，有的人便晕车呕吐起来。听说这条路工程艰巨，法国人修了十多年，路工死者盈万。因路险车行速度不大，且不开夜车。下午5时许抵开远站，乘客须在此度夜，可住旅店或宿车上。学校为我等先就找好了旅舍，下车后就在住处就餐，饭菜颇可口。旅舍为法国式建筑，小巧雅致，周围花木环绕，多植金鸡纳树。开远海拔低于昆明，天气较热，有不少热带植物，奇花异草，多不知名。田野种木棉，为国内仅有的木棉产地。但蚊虫特多，一夜难于安枕。

4日晴 4时起床，于灯前用早餐。一宿两餐均由学校结账，饭后登车，候至8时始开车，10时抵碧色寨。碧色寨有滇越路著名的工程"人字桥"。据说铁路修到这里，有一座只需一个桥墩的短桥，因两峰壁立，始终无法建成，以致全线未能直达通车。法国工程人员在他们国内悬赏征求设计，选中的方案竟是一个13岁的女孩提出的。按她的设计施工，很快就建成了这座人字形的特种桥梁，因此这桥颇有名气。碧色寨与个旧之间为运送那里的锡矿，建了一条轻便铁路，现已延至石屏，称个碧石铁路。小火车自碧色寨开出，途经蒙自仅半小时可到。我们转乘这里的小客车很快就到了蒙自站。下车直奔东门外宿舍，所有行李，包括由海道托运的皮箱等件已由学校派员送到。马上找到了床位，开好了铺，吃了第一顿晚餐，整个旅程到此就最后完成。

蒙自为滇南边境重镇，滇越铁路原定通过此地，于是这里提前建立了海关，法国人还办了一所医院，就叫法国医院。旅居越南的希腊侨商歌胪士抢先在东门外修了一座旅馆，兼营日用品生意，名为"歌胪士洋行"。后因工程计划变更，铁路改道从碧色寨经过，于是海关迁往河口，医院停办，两处房屋只好空着。至于歌胪士的旅馆，因无法处理不得不保留下来，偶尔也做点生意。抗战军兴，南京航空学校迁来昆明，一时房屋不敷，部分人员就租用这里的三处空屋，暂时居留。不久航校人员迁回昆明，滇省教育厅就介绍我校文法两院暂时迁住。于是学校派员来蒙进行了房屋修缮，添置了课桌、教具及宿舍中的床铺桌凳等。历时两月，规模粗具。我们到达后，安排老师们住法国医院，男同学寄宿歌胪士洋行，女同学则租住城内民房，教学地点设于海关。诸事办妥，教务处便宣布于 5 月 6 日开始上课，西迁的目的至此得以圆满实现。

（六）滇情纪略

云南与越南、缅甸交界，旧为英法两帝国主义所觊觎，尤以法帝经营最力。修铁路、办水电、开医院、建学校、鼓励越南人移居境内经济文化双管齐下。民初蔡锷主政，对法帝的侵略行径有所抵制，护国军首义给云南的历史写下了光辉的一页。蔡死后，唐继尧继任，导致军阀多年混战，最后由龙云夺得全省政权。由于地处边陲，中央政府鞭长莫及，省主席的权力至高无上，故人们称龙为"云南王"。但其政绩也不无可观之处，如收回滇越路，接管法国人办的东陆大学，改为云南大学，接收法国教会医院改为省立昆华医院，奖励农耕，禁种鸦片，鼓励商人开矿办厂，增设学校和增加教育经费，使云南政局稳定，经济文化有所发展，物价低廉，人民生活安定，全省呈现一派欣欣向荣气象。

云南的财政完全自主，货币自成体系。军队称省防军，不受中央节制，还有自己训练军官的讲武堂，以及独立的宪兵。其货币称为滇币，原富滇银行发行的称旧滇币，该行改组为富滇新银行以后，发行新滇币，以一元新币兑十元旧币的比价收回旧币，现旧币已经少见。抗战军兴，云南的闭关和独立状况受到了爱国抗日思想的冲击，大门逐渐敞开。七七事变发生不久，龙云参加了庐山会议，力主抗战，并以滇军两个师改编为六十军，由卢汉率领开赴上海参战。同时滇省也竭力帮助中央和战区的机关、工厂、学校内迁。由是法币开始流入，以一元法币兑换二元新滇币的比价，逐渐在市面上大量流通，许多商品也改以法币定价。又为了保卫迁入的军政机关，中央宪兵一个团已进入云南，与本省宪兵同时执勤。当局热忱维护教育事业，对于西南联大和上海同济大学的迁入，曾经给予不少的帮助。上述事实说明云南正在大步前进，当局和全省同胞对国家民族与全面抗战的贡献是有目共睹的。但由于长时期闭关锁国的结果，某些人对新事物一时还不易接受，甚至产生反感。例如沪战发生后，部分上海居民首先经过香港、越南迁来昆明，昆明市上出现了时髦的上海人。以后各地人士越来越多，对于这些外省人的生活方式，服饰装束，本地人觉得不很顺眼。更突出的是这些人购买力较高，见便宜东西就买，致使当地物价飞涨，生活费用成倍提高，这就很自然地导致本地居民的不满。他们错误地把外省人通统称为上海人，曾有人在僻静街上书写"上海佬滚回去""不准上海人来昆明"等标语。这种封建性的排外思想对于团结抗战显然是很不利的。不过持这种态度的人并不多，当地开明人士如原清华大学教授、现任云南大学校长的熊庆来先生以及富滇新银行总经理缪云台先生等，都曾在省内上上下下做过许多工作，因此得以平安无事。在昆明的几天休息时间里，我曾和昆华农校的留守老师作过比较广泛的交谈，他们中有北京师大的毕业生，所谈比较客观，故略记如上。

就我个人的观察所及，云南虽同样是高原山区，但山上土质肥厚，森林茂密。平地水田水稻每年两熟，水利设施比较完备，沟渠塘坝纵横交错，粮食自给有余，与贵州比较起来相去甚远。滇越铁路以及近年兴修的各公路干线对于本省的开发起着重要作用。由于生产和交通比较发达，其他各项事业自然地随之发展，人民生活比贵州要好，但较之东部各省经济上还有一定差距。目前内迁的企业家希望在此投资办厂，迁来的高等学校也将为本省输送一批人才，避难来的科学技术专业人员正在寻找用武之地，如果能够掌握这一大好时机，利用各种新的有利因素，当能使本省的各项事业推向一个更新更高的阶段。

（七）结束语

七七事变不久，沪战发生，我国东部大量人口自发地内迁到称为大后方的西南各省，不到一年的时间内，估计西迁人口约达几千万之多，形成了永嘉南渡以后的又一次民族大迁徙。这种迁徙表现了我国人民不畏艰苦，实行战略转移，以保存国脉，抗战到底的坚强意志，为抗战的最后胜利打下了基础。同时也促进了东西两大地区经济文化和社会风习的交流，加速了西南各民族人民的团结与进步，可以说是战争的良性反应。此次三校的西迁便是整个大迁徙中一次有组织的代表作，具有一定的历史意义。我们这个旅行团通过较长时间的步行，不仅锻炼了自身的意志与体质，对于大后方人民的抗战决心、抗战认识也起到了良好的促进作用。我们还初步地考察了三个省区的社会发展情况，以及在抗战的洪炉中发生的民族溶解与融合，增添了许多书本上无法得到的知识。当旅行结束以后，追怀过去，其深远的意义将在每个成员的心灵中永远不可磨灭。

我们这三所学校在国内算是有一定成绩的，学生人数战前约占全国大学生总数的十分之一。由于抗战关系，虽然减员不少，但今明两年仍将有数百名同学离校就业，大多数人将会留在大后方工作，云南省可能更多一些。这对于素以缺乏人才，无力举办各项建设事业的西南腹地来说，可能是一支有生力量。因此这次三校和其他学校的西迁，对于缩小东西差距，调整全国人力布局方面将会产生积极的作用。

此次学校组团远征之前，社会上有不少恐怖性言论。例如什么湘西土匪如毛，杀人越货。云贵更是原始部落生息之区，穷山恶水毒蛇猛兽，危险万状。其实凡交通闭塞的地方往往被人视为神秘之区，产生种种荒诞的谣传，这原是不足为怪的。学校当局为慎重计，曾向旅居长沙的云贵和湘西籍人士进行了解，原来湘西确有土匪，云贵也有不少其他民族，但那里的主要方面仍然是华夏文明，决不是什么蛮貊之邦，百闻不如一见，他们建议我们不妨走一走，看一看。学校终于下决心着手组团工作，号召同学们报名参加远征。同学们方面则认为"读万卷书，行万里路"，古人早有明训，何况国难当头，更应努力学习，加强实践，借此次旅行的机会，了解一些书本上见不到的东西，对于将来的服务社会当有所裨益。至于所谓危险恐怖，年轻人是不在话下的。于是许多同学踊跃报名，竟感动了闻一多、曾昭抡两位教授，他俩不顾年事已高，甘愿放弃安全舒适的海道不走，和我们一起迈开两脚，走一条不同的道路。他俩的行动对同学们也是一种鼓舞。实践结果证明谣传是无稽的。同时这次旅行也告诉我们凡想办成一件事，必先坚定意志，排除阻力，否则将一事无成。我们经过这番锻炼，取得了许多实践经验，今后为了抗战的需要，我们完全可以满怀信心地投身到任何更为艰苦的地方去。

我们此行有人以探险队为喻，其实除了道路的险阻与盘江的险渡以外，并未遇到任何其他险情。当然路上也曾听说有匪警，但我们始终平安无事。当我们最后抵达昆明时，既没有发生任何重大事故，也没有人员伤病和其他物质损失，这一切要归功于以下几个方面：

第一，学校当局事前的周密部署。此次西迁首先需要一笔巨额经费，在抗战军需十分紧急的情况下，经过校常委的努力，争到了一笔迁校专款。然后是调查了解沿途概况，做好准备工作。其中与三省行政当局的接洽，取得各该省地方当局的照护至关重要。为此常委蒋梦麟曾亲自和三省主席见面，取得了满意的结果。

第二，湘黔滇三省及各县市当局给予的支持和保护。在各省省府的指示下，沿途各县市曾尽全力保护我团安全通过。在我团人员到达各该县城时，又在生活和行动上予以不少便利。因此一路未遇任何风险，生活上也没有遭到严重的困难。有些县城甚至张贴标语，悬挂国旗组织学生列队欢迎，使我们感到荣幸和惭愧。

第三，学校行政管理人员的合理安排、细心照顾，也是使我们得以平安到达目的地的重要保证。光说运送千余件行李一项，包括整理编号、运输、转口、接收、保管、分发等若干环节，每一个环节都没有发生过任何疏忽。最后到达个人手中时，既无半点差错，也未见丝毫损伤，这确是一件很难做到的细致工作。关于我们的生活方面，考虑也是非常周到的，在长沙专门买了几辆汽车，雇请了一批炊事工人，路上让汽车和炊事员工先到目的地，安排好各队住宿处所，及时采购菜蔬，做好饭菜，等步行的同学一到就能及时吃到可口的饭菜并按时休息。此外为了照顾大家的健康，请了两位随团医生，备足了急救药品，行前给每个人打了防疫针。另外他们还要与沿途各地方政府、社会团体商讨有关旅行事宜，可谓辛劳备至。没有他们的良好服务，要想顺利地走完全部旅程也是不可想象的。

第四，我们的团长黄师岳将军是我们学校请来的带头人，已年近花甲，两鬓斑白。他为人正直，爱护每一个同学如同自己的子弟一般，时常亲切地询问同学们的姓名、籍贯、所属学校及所学专业。他推崇五四运动，鼓励北大同学继承和发扬五四精神。他虽出身行伍，但爱好文学，一路作诗写笔记，步行之余还忙个不停。他虚怀若谷，所有写作都要请闻一多先生指教修改。他关心同学们的健康，注意适当的休息。某次有一个同学不慎被开水烫伤了脚，他亲自为之敷药包扎，嘱咐医生好好照料。第二天硬要把他送上本团自备汽车，那位同学很受感动，因伤已痊愈仍坚持继续步行。我们的旅行之所以如此圆满成功，与这样的好带头人是分不开的。此外闻、曾两位教授都已年过五旬，他俩和我们青年一起步行，从不叫累，黄团长曾多次请他俩乘坐团里的汽车稍事休息，他俩都婉言谢绝，一直步行到底，其吃苦耐劳精神也为我们树立了榜样。

最后就要看我们全体成员本身能否经得起考验了。当我们报名参加旅行团的时候，明知困难不少，但我们下定了克服一切艰难险阻的决心，一定要出色地完成这次历史使命。因此始终能够保持旺盛的意志，不屈不挠，圆满地走完全部旅程。可谓同心同德，共赴国难。即使是最艰苦的时刻，如在安南道中长夜无眠，又饥又困的情况下，谁也没有表现不满或者有所后悔。这正是我中华民族坚韧不拔的民族性的体现，这样的民族是谁也征服不了的。

"天将降大任于斯人也，必先苦其心志，劳其筋骨，饿其体肤，空乏其身，行拂乱其所为，所以动心忍性，增益其所不能。"当我写到这本日记的最后章节时，我不禁想起孟子的这段名言，我们此次旅行正是在苦其心志，劳其筋骨，饿其体肤的条件下进行的。路是人走出来的，经得起劳苦饥饿，我们才走出了这条迢迢数千里的西迁之路。今后我们还将用其所学，尽其所能，为抗战胜利这个"大任"走更加遥远艰难的道路。"无敌国外患者国恒亡"，在外敌压境的危急存亡之秋，我们此行或者也足以振聋发聵，激发民族的潜在活力。经过这番锻炼，我们一定能够奋发图强，增益其所不能，我们相信胜利之路总是人走出来的。

写完这本小小的日记，我将珍重地藏之箧笥。世事纷纭，人生之路总是坎坷不平的，我将来如或遭遇挫折，彷徨不前的时候，我会打开它来重温前梦，让我的双脚切实地踏在艰苦而又光明的大道上奋勇前进。

长沙临时大学湘黔滇旅行团旅行概况表

日期 1938年 （月/日）	起止地点	旅行时间（天）	旅行路程（里）	步行		乘船		乘车		休息时间（天）	旅途活动情况
				时间（天）	路程（里）	时间（天）	路程（里）	时间（天）	路程（里）		
2/20-22	长沙—益阳	3	190			3	190				
2/23-27	益阳—常德	5	180	4	180					1	
2/28	常德—桃源	1	60			1	60				
3/1-13	桃源—沅陵	13	340	6	340					7	游桃花源、银壶山、龙兴寺、虎溪书院
3/14-16	沅陵—晃县	3	450					1	450	2	游松林寺
3/17	晃县—玉屏	1	68	1	68						
3/18	玉屏—青溪	1	50	1	50						
3/19	青溪—两路口	1	70	1	70						
3/20-21	两路口—镇远	2	20	1	20					1	参加镇远师范欢迎会、游中元禅院
3/22	镇远—施秉	1	80	1	80						

续表

日期 1938 年 (月／日)	起止 地点	旅行 时间 (天)	旅行 路程 (里)	步行 时间 (天)	步行 路程 (里)	乘船 时间 (天)	乘船 路程 (里)	乘车 时间 (天)	乘车 路程 (里)	休息 时间 (天)	旅途活动 情况
3/23	施秉—黄平	1	70	1	70						游飞云洞
3/24	黄平—重安江	1	40	1	40						观铁索桥
3/25—26	重安江—炉山	2	42	1	42					1	举行苗汉联欢会
3/27	炉山—马场坪	1	68	1	68						
3/28	马场坪—贵定	1	70	1	70						
3/29	贵定—龙里	1	80	1	80						游牟珠洞
3/30—4/3	龙里—贵阳	5	74	1	74					4	参加省府野餐茶话会、游扶风寺
4/4	贵阳—清镇	1	56	1	56						
4/5	清镇—平坝	1	56	1	56						
4/6—7	平坝—安顺	2	80	1	80					1	游天台山、华严洞
4/8	安顺—镇宁	1	64	1	64						游双明洞、火牛洞
4/9	镇宁—关岭场	1	90	1	90						观黄果树瀑布
4/10	关岭场—永宁	1	44	1	44						
4/11—13	永宁—安南	3	90	1	90					2	举行祝捷会
4/14—15	安南—普安	2	106	1	106					1	
4/16—17	普安—盘县	2	98	1	98					1	

续表

日期 1938年 (月/日)	起止地点	旅行时间(天)	旅行路程(里)	步行时间(天)	步行路程(里)	乘船时间(天)	乘船路程(里)	乘车时间(天)	乘车路程(里)	休息时间(天)	旅途活动情况
4/18	盘具—亦资孔	1	96	1	96						
4/19-20	亦资孔—平彝	2	70	1	70					1	游胜境关
4/21	平彝—白水	1	70	1	70						
4/22-23	白水—曲靖	2	56	1	56					1	
4/24	曲靖—马龙	1	60	1	60						
4/25	马龙—易隆	1	92	1	92						
4/26	易隆—杨林	1	62	1	62						
4/27	杨林—板桥	1	66	1	66						
4/28	板桥—昆明	1	40	1	40						游贤园、圆通公园
	合计	68	3248	40	2548	4	250	1	450	23	

注1.在沅陵候车，为风雪所阻，故停留时间较长。

注2.里程系指华里。

第二辑

百折不挠　教育救国

怀念抗战中的西南联大

戴世光

我与西南联大的渊源

1927 年我考进清华大学经济系，毕业后留在清华。1934 年考取了清华留美公费，攻读国情普查统计，为我日后研究统计学，搞应用统计打下了基础。在美国学习统计学三年，并用一年的时间在欧洲、印度考察各国的国情普查统计。1938 年回到清华。当时西南联大成立，从那时起，我与西南联大有了联系。这是我从做学生到西南联大教书的概况。

从美国回国前，思想上做好了打游击的准备，为适应游击活动的需要，凭想象只买了一个不用电池的手动电筒。在蒙自纪念抗战一周年时，我捐献 100 元，是当时捐献最多的人。为此，还为我贴了一张大布告。这些具体事实，说明我当时的心情和精神面貌。那时我受聘为清华大学副教授，在国情普查研究所工作，担任调查和统计员，云南省的许多县和呈贡县的许多村留下了我的足迹。这段历史，对我来说，树立了爱国思想和毕生从事统计研究的思想，并贯彻到日后的生活中。

西南联大八年的个人情况

1938 年到 1946 年，即从西南联大成立到结束，我都在联大任教。前五年我在清华国情普查研究所工作，同时在联大兼课；后三年我离开研究所，受聘于西南联大任经济系教授。在西南联大，我先后教授四门课：初级统计学、高级统计学、人口统计、经济统计。有时开一门，有时开两门。在国情普查研究所时，我的研究课题是设计统计、调查研究，研究所有关农业和人口调查报告由我编写，所长陈达审定。科研方面有人口普查选样研究等论文，主要论证用不同的统计方法，研究人口选样普查的可靠性。另外在钱端升主办的《当代评论》上发表过不少评论时事的文章，如物价问题等。

西南联大办学的传统

我认为西南联大的校风是：教授治校，学术自由，科学民主，着重实干。这校风是直接继承了清华、北大、南开三个学校的传统。清华的传统表现在教授治校方面，学校的许多事由教授会议和教授组织的各种会来决定。如聘人，校长梅贻琦不管，由教授决定。这个作风由清华带到联大。北大的传统是"兼容并蓄"，各种学派的学者都要，李大钊可以在学校讲课，反对李大钊的也可以讲课，体现了学术民主。联大保留了学术民主的传统。如中国通史课，雷海宗和吴晗观点和讲法很不相同。统计学，杨西孟着重数学理论，我偏重于应用，两个人都开课，学生可以自由选听。只有社会系例外，陈达认为社会学主要搞应用，指定我的统计课为必修。又陈序经反复宣传"全盘西化"（他没有开这方面的课程），于是潘光旦开"伦理学"课，主要讲孔孟之道，中国传统的哲学思想，他认为中国还有不少好的东西。陈、潘虽不是针锋相对，但是思想体系不同。至于学术争论，多半是在社会经济学领域。南开传统是应用实干，如南开办商学系，培养了大批会计人才、经济人才、管理人才。三个学校的传统汇集起来，形成了联大的校风。

西南联大的教学研究情况

梅贻琦在清华有个口号，他说：大学者有大师之谓也。蔡元培、胡适都有这个思想，不是梅的独创。就是说，要办好一个大学，要有大师。联系实际讲，那时的校长主要任务是网罗人才办学。西南联大以教师为主就是这种思想的体现。如陈岱孙是当时的经济系主任，经济系就没有秘书之类的职员，因为没有需要。他把主要精力用于教学，制订教学计划，安排课程，确定必修、选修，再与三校共同商定授课教员，至于教员如何讲他不管。当然教员讲授的主要内容和观点他是了解的。

从理论联系实际方面看，我认为西南联大做得还是好的。当时理论联系实际主要表现在对政治和抗战上。那时可以发表时事评论，发表对时局的看法，这是最大的理论联系实际。闻一多、曾昭抡等许多教授都发表过不少评论及演讲。学校里壁报各式各样，开展不同观点的辩论，都是理论联系当时社会上的实际。从科学研究及理论联系实际方面看，过去三校自然科学方面联系实际比较好，社经学科方面比较差。如经济学讲的是西方资本主义社会发展时期的情况，而我国仍处于半封建半殖民地时期，虽然有时也谈到资产阶级思潮等，但要从理论上解释实际问题还有一定困难。在联大阶段，自然科学方面除地质系可做野外实习外，其他学科受到客观限制，如资金少、实验仪器疏散等，因而联系实际就差了。但在艰苦条件下，清华还办了一些研究所，如庄前鼎负责的航空研究所，汤佩松负责的生物研究所，陈达负责的国情普查研究所等，都联系实际做了些研究工作。从某种意义上说，西南联大阶段理论联系实际比过去三校好，突出表现是联系了抗战和政治形势的实际。

在西南联大八年的感受与怀念

1. 怀念八年调查研究的实践，逐步形成治学的方向。我现在仍怀念在昆明和呈贡县工作时的情况。当时清华国情普查研究所设在呈贡县文庙，调查的重点是呈贡县。我走遍了县内每一个村庄，至今许多村落我仍记忆犹新。调查员都是当地小学教员。去年我去昆明时还专程到呈贡县去看望他们。这五年工作实践，使我获得了了解中国实际的统计教学经验，使我进一步认识到应用统计的重要性。1978 年在全国统计学会上我批评苏联极左教条的"统计学"，就是根据在昆明八年的工作实践。怀念这段工作，除了山水人物之外，更主要的是通过实践，逐步形成了我治学的思想与方向。

2. 怀念在艰苦条件下弦歌不断的治学精神。在昆明的八年，生活是艰苦的。工资收入少，物价飞涨，只能不断降低生活水平。但从个人来说，学术研究和教学工作从未间断，这种清高、自豪之感使我至老不忘。从研究所到呈贡车站相距十里，起初到联大教课还骑毛驴代步，骑不起毛驴时，风雨无阻地步行前往。过去我抽香烟，后来代之以土烟，去昆明上课不便于抽土烟，在校门前小摊上买一支香烟放在口袋里，讲完课拿出来抽。每当抽这支烟时感到很骄傲，生活艰苦算不了什么，但作为教师的一员为尽了应尽的责任而自豪。

3. 参加译员训练班的工作，直接为抗日战争尽力。太平洋战争爆发后，美国空军到昆明，需要翻译人员，美军请联大协助。梅贻琦说：我们做教师的不能直接扛枪杆子上前线，但我们要支援抗战，可以办译员训练班，为抗日战争出力。译员训练班的教职员工大都从联大抽调，闻一多、潘光旦等人都参加了，华罗庚也去讲过课。当时我一面在联大上课，一面兼任训练班的生活指导主任，主管生活和教务工作。由于我是单身，因此要我住在班里与学员一起生活、上课、出操。我怀念这段工作，因为我为抗战做了工作。

我现在已 76 岁，但身体还好，还能为四化贡献一些力量。去年我同意带三名博士研究生，我要求他们着重学以致用，正如我在昆明时一样，边调查、边运用。我带他们到房山县调查农村生产责任制实施情况，选择了 30 个典型户进行访问，之后写出调查报告。我常去那里了解他们工作的进展。去时，我不请学校派车，自己到永定门买长途汽车票，有时在车上要站两个多小时，这也算是继承西南联大艰苦治学的传统吧。其次，今年暑假期间，我去昆明与云南大学、云南省统计局、昆明市统计局商定共同编写《40 年来昆明人口的发展》。这本书由我主编，并提供 40 年前的调查统计资料。编写一本我国一个社区的人口学著作，是一个新的尝试。可以说，我在西南联大八年时间，走遍了昆明环湖市、县的城镇和村庄，进行实地人口调查的研究工作，没有虚度时光，是对当前我国四化建设的一点贡献。

1985 年 9 月

我在抗战中的西南联大 *

吴大猷

　　1937 年我住在北平的法宪胡同。7 月 8 日清晨，听到稀稀疏疏的机关枪声，便以为是普通的打靶演习，当时并不在意。几天前和饶毓泰老师、郑华炽教授等约好那天同去西山。内子阮冠世身体不好，经常卧病，春季之后，稍有恢复。那天郊游，还是多年来难得的一次。午前，我们一齐乘车去西郊。下午在归途中，几次遇见一队队的军队。到达西直门时，只见城门半掩，仍亦不觉得有什么大异。直到后来才知发生了卢沟桥事变。

　　几天后的一个早晨，友人高友源、包志立夫妇忽然行色匆匆地来到我家。他们说，目前形势很坏，准备乘火车去天津。现在刚刚由车站打探情况回来，他们劝我们最好也去天津暂时避一避。我们原本没这个意思，但那时正值暑假，天津有我二姑丈、姑母家可以暂住，所以立即差人去中山公园，请在那里散步的母亲回家，并去火车站买了票。因为事起突然，又以为不过暂避几天，所以每人只拣了两三个小手提包，便仓促去了天津。不料此一去竟达 9 年之久，直到 1946 年 5 月才重返北平。原先住的房了已由

*　本文节选自吴大猷《回忆》一书，标题为编者加。

121

房主卖给日伪的人了。我们的东西一部分堆存在亲戚家，一部分早散失了。

在天津住到 9 月，得到通知，说政府令北大、清华、南开三所大学师生集中于湖南长沙。那时教育部长是王雪艇（世杰）先生。当时避居在天津租界内的三校师生，便想方设法乘船南下。因为前途未定，亲戚们都劝我母亲留天津，冠世的身体不好，不能长途跋涉，他们也劝她留下。我那时月薪是 400 元，任教不久，又新安置了一个家庭，除去医药、日用等开销外，余裕并不太多；在银行开了一个零存整取的户头，预备 5 年或 7 年后休假出国时用，故手中现款不多，连路费都成了问题。我就从姑母家的一个老保姆那儿借了几百元离家南下。

我万没有想到，在战争结束前不久，母亲去一位朋友家拜年，一架日本飞机失事，恰巧坠入朋友家中，我母亲和她朋友都因受伤过重而死。我 5 岁时便失怙由母亲抚育成人，至今仍然时常以未能娱母亲晚年而引为终身遗恨之大事。

我们离津所乘的轮船，是在近海行驶的 2000 吨左右的小船。同舱房的有饶毓泰老师夫妇、清华大学化学系教授黄子卿、清华大学文学系教授朱自清。房间在船尾，船颠簸得很厉害，船舱内空气极为浑浊，即使经常在海上航行的人也要呕吐。独朱自清先生仍能每餐进几匙鱼肝油，真使人既敬佩又羡慕。

我们一行，本来买的是天津到香港的船票，原来计划到香港后再由广州乘粤汉路去长沙。但大家都苦于晕船，因此当船停泊青岛时，都决定牺牲船票，舍舟登陆了。

在青岛停留休息了一日，趁此机会参观了德国人遗下的炮台等。另外，又遇上了一件意想不到的巧事。那是在我们所乘轮船刚到青岛不久，另外又有一艘船亦自天津进港，在下船的旅客中我竟发现冠世亦在其中。原来她在我离津后，不听家人劝告，立即买了一个大餐间铺位南下找我。她身体瘦弱，但秉性却异常倔强。此次独自出行幸得同行之刘崇铉先生（清华历史系教授）、萧蘧先生（清华经济系教授）沿途照料，得以平安在青岛相遇。

就这样，我们这一批"远征军"，由青岛经济南、徐州、郑州、汉口、武昌，几经周折辗转，终于抵达长沙。在长沙火车站，有士兵检查行李。我的手提箱中，除夏天替换的几件衣物外，只有当时政府摊派的几张公债券。这些债券纸张较好，检查的士兵想是从未见过公债券，或因识字不多，便翻来覆去地查看个没完，不知怎样处理才好。我想对他们详细解释，又恐"秀才遇到兵，有理说不清"，便灵机一动，指着公债券上孙中山先生图像说："这不会有问题吧？"果然他们认得国父。这样我们顺利地通过了检查。

此时北大、清华、南开三校同人也陆续集中到长沙，于是成立临时大学在长沙圣经学校。

那时候，中英庚款董事会在边疆（四川、云南两省）大学开设几个讲座。意图是，一方面为四川大学、云南大学充实增强教师阵容；一方面是安置几位从平津疏散到后方来的大学教授。饶老师及其他同事认为冠世身体不好，都劝我接受讲座工作去成都四川大学。这样她可不必成天担心空袭警报，我亦可安心工作。我接受了他们的忠告，于 11 月初，仍由长沙乘船回至汉口。同我一齐去四川大学的，还有北大助教江安才。

1938 年夏，我决定离开川大到昆明的西南联合大学。原因之一是冠世健康状况仍未见好，她听说昆明四季如春。又一原因是饶老师来后，聘请我去他那里。他在长沙时感到空袭频繁，就送其夫人去上海岳母家，计划一俟学校迁至昆明再将夫人接回，万不料他夫人到上海后得了伤寒症，未能挽救过来，饶老师亦未能与她见上最后一面，心情尤为沉痛。老师平日对我如子弟，因此，我急欲去昆明和他做伴，以稍减他的孤寂，聊慰他的心情。最后一个原因是，中英庚款董事会起初讲边疆大学待遇如何如何，因此，那时接受该项讲座去四川大学的还有萧公权（清华政治系教授）、张洪沅（南开化工系教授）两位，加上我，共三人。后来，因为我们各自在原校的薪水都比川大教授高，该会便对讲座教授的待遇做了新的规定，而违背了当初的许诺。后由川大校长张颐先生一再去信给该会，说明受聘三人，都是知名之士，并都有原职位，并非受"救济"性质，薪水没有比在原校降低的道理。经过多次交涉，中英庚款委员会才同意仍按各人在原校待遇支薪，我认为该董事会对这一问题的处理，很使人不愉快，所以决定不再继续在川大待下去，而于1938年夏由成都飞到昆明。

1938年冬，北大为筹备40周年（1939年）校庆，约各地同人作论文。我决定开始撰著一篇关于"多原子之结构及其振动光谱"的专论。在抗战前的两年里，饶老师、郑华炽教授和我正在从事光谱方面的研究工作，并建了一个光栅室，还做了一些"拉曼效应"研究，后来中断了。此时再写，也可以说是以前在北大研究工作的继续。写书的大部分时间是用在打字上，有时候也去小东门里中央研究院化学研究所查看资料。

这篇论文在1939年春脱稿，书在上海排版。那年夏天，饶老师去上海看他女儿，顺便替我校对。他说他是第一个从头到尾读完那本书的人。我在序言里对饶老师多年来的关怀、提携表达了最诚恳的谢意。书是献给我妻子——冠世的。

1940年，书在上海印好，寄来了若干本。我将它赠送给国外从事这项工作的友人及大学图书馆。后来，我收到了很多回信，对此书都作了好的评价。我没有想到，在那最艰苦的岁月里，书居然能够出版，不可不说是难能可贵的事。E.U.Condon教授兼一书局的物理学丛书编辑，想是见到了那本书中讨论到了他本人数年前研究的某一项工作，认为很精辟，便来信建议将我的书列入他主编的那套丛书里去，并由那家书局代为出售。我征得北大的同意，就准备请友人由沪寄去几册，但后来发生了"珍珠港事件"，无法从上海付寄，只能作罢。但美国另一家书局不知从何处得到该书，将其翻印出版了。不久我再作了一个补篇，加在第二版中。

1940年秋天，日本空袭开始频繁了。西南联大校址在昆明大西门外，因为躲警报，所以将上课时间安排在上午7时到10时，下午4时到7时。从岗头村走到学校要一小时，我住在岗头村，早上5点多钟就要起程，6点3刻左右到达，上完课又要赶回岗头村。累是不必讲了，穿皮鞋走石子路，一天两个来回共20多里，用不了几天，皮鞋就要打掌。更费的是袜子，不知穿破了多少双。那时，我有一条黄咔叽布裤子，膝盖上都补上了像大膏药一样的补丁。虽然学校里有人穿得好一点，但不论谁穿什么，倒也没有人感到稀奇。

1940年冬，昆明遭空袭的次数日渐频繁，学校决定将一年级学生和一部分教师，疏散到四川叙永。因为冠世时时发病（她有严重的肺结核病），经受不了旅途的辛苦，加之我不担任一年级的课程，所以仍旧留在昆明。

1942年，日军占领缅甸，昆明形势日趋紧张，日常生活已入不敷出。冠世本来虚弱已极，经常发烧心跳，有时还吐血，脉搏微而快，很不均稳。服强心剂，除使她作呕外，已无功效。她出虚汗很多，卧在床上，衣服不断被汗水浸湿。那时，连医师也束手无策，只好给她注射葡萄糖和盐水，以补虚脱。她已不能坐起来饮食，仅靠一支玻璃管吸吮些用奶粉冲成的饮料及橘子汁度日。

这样的情况，继续了几个月，季候也由秋入冬。一直义务给冠世看病的王医师认为这不是办法，还是送医院好。我不是不想把她送医院治疗，只是那时她病成这个样子，怎能移动，万一……住院费用，短时间尚可想法，但时间一长就成问题。那时，昆明中央银行经理黄秀峰先生，是冠世父亲早年学生，他姨甥女婿是惠滇医院设在车家壁（距昆明西郊外较远地方）分院的院长。黄先生和王医师交给我们一笔钱，并担保冠世住院的一切费用。于是，我便将冠世送入医院。

入院后，冠世一时仍是靠玻璃管进些橘子汁，身体虽然未见明显好转，但因有医生在旁，心中也略微安定了一些。每天注射止血针、维他命乙①，这样，她才慢慢地缓过一口气来，也逐渐脱离了危险。

在冠世入院以前，我曾得到教育部颁发的一笔学术奖金。当时，我们送了一部分给一位朋友；现在，那朋友听说我们需要钱用，就将钱送还给我们，真是"雪中送炭"。冠世在医院住了大约三个月，我将以前买的一些金饰都变卖掉，付清了医药费。由于能按时付账，因此还得到了些优待，少收了部分费用，同时还掉了王、黄两位的借款。这样，我们于1944年初又搬回到岗头村。

1945年春的一天，忽然有个不到20岁的胖胖的孩子拿着一封介绍信来找我。这信是1931年我初到美国密歇根大学遇见过的梁大鹏兄写的。梁不学习物理，平时亦不太熟，十多年也未通过音信，不知怎样会想到了我。他介绍来见我的这个孩子叫李政道。李原在广西宜山浙江大学读过一年级。由于日军逼近宜山，他便奔往重庆。他的姑姑认识梁，可不知梁怎么知道我在昆明，于是介绍李来见我。那时，恰值学年中间，不经考试，不能转学。我

---

① 维他命乙，维生素B的旧称。

便和教二年级物理、数学课的几位老师商量，让李随班听讲考试，他若及格，则等到暑假正式转入二年级时，可免读以前课程。其实，这不过是我个人认为的一个合理的办法，而没有经过学校正式的承认和许可。

李应付课程，绰绰有余，每天课后都来请我给他更多的读物和习题。有时，我风湿病发作，他替我捶背，还常帮我做些家务琐事。我无论给他什么样难的书和题目，他都能很快读完做完，并又来要更多的。我从他做题的步骤及方法上，很快发现，他思维敏捷的程度大大异乎常人。老实讲，在那些日子里，我为了我自身的工作、冠世的疾病，还有每日买菜、烧饭、生火等家务劳动，牵扯精力很多，再加上物价飞涨，实在没有心绪准备更多的参考资料和出习题给他。好在他天资高，亦不需要我详细讲解，自能理会资料和习题的内容。

1945 年秋，曾昭抡先生忽然来找我说，军政部部长陈辞修先生、次长俞大维先生，想约我和华罗庚谈谈，大概是为军政部计划一些开展科学工作的事情。我虽和曾同事十多年，和华亦六七年，但皆无深交，与陈、俞两人更是素昧平生。再有，我学习的物理亦与实用无关，但一想，去谈谈也无妨，于是就和华一齐去重庆，先后见了陈、俞两人。

陈、俞想知道，怎样计划一下，提出些意见，以有助于国防科学机构的工作。我回去想了几天，拟就了一个建议，大致是：

（一）成立研究机构，培植各项基本工作的人才。

（二）初步可行的是派物理、化学、数学人员出国，研习观察近年来各部门科学进展的情形，然后拟一个具体建议。

总之是要筹建一个研究机构，并且立即选送各部门优秀青年数人出国，学习上述各科基本科学。

我拟写的建议，经陈、俞两位考虑后，以为可行，即嘱华和我负责数学、物理二部门。我与华建议，化学部门就请曾昭抡先生负责。

回昆明后，我告诉冠世此行的经过，谈到推选学习物理方面的两名人员时，冠世及我皆毫无犹豫地决定李政道。当时，在西南联大的研究生及助教中，具有天赋、学习勤奋的没有像李政道的，虽然他还未毕业，仅在大学二年级。另外一名，因杨振宁已考取清华留美，黄昆考取中英庚款留英，只好选定了清华助教朱光亚。后来，李政道到了美国，打听到，在美国的大学里只有芝加哥大学允许未毕业的学生攻读博士学位，于是他就在该校注册入学，随著名物理学家费米教授写论文。论文在 1949 年写完。数学部门，华罗庚教授决定选了孙本旺。化学部门，曾昭抡教授选上了王瑞骁、唐敖庆二人。

我在各方面人选决定以后，一方面立即开始给各人加速讲授近代物理，一方面将美国"士迈士"报告（是一份详述美国原子弹发展经过、在当时尚未正式公布的绝密文件，仅有一册，系美国交给我国军政部，由俞大维次长再交给我们的）分作五份，由李、朱、孙、王、唐译成中文，最后由我校阅修改，然后送军政部。后来听说译稿未及出版，即被该部遗失了。

近年来李、杨成就卓然。时人常提到二人是我的学生，是我精心培植出来的，尤将李与我的机遇更传为美谈。其实，我们不过适逢其会，只是在彼时彼地恰巧遇上而已。譬如两颗钻石，不管你把它们放在哪里，它们还是钻石。

日本无条件投降后，我们回到北平，即去了北大。北大似乎没有什么大的损坏和更改。光栅室——这是我所最关心的，亦与从前一样，只是无人管理，潮湿得不能用了。除此，只去过一次颐和园。然后，又去了天津姑丈、姑母和姨母家，并去吊祭了母亲和二姑母的墓。抽时间又去了八里台我的母校——南开大学。

昔日，日本人已将南开大学的几个大建筑如秀山堂，图书馆，第一、第二宿舍，机电系和化工系的实验室，还有李纯铜像等都铲平了，未留下一点痕迹。所有的水道、水池也都被填平了。旧有的景物，只剩下一所思源堂（科学楼）。

抗战至此已近9年，它占去了我生命中最可宝贵的壮年时代的大部，现在，就连我时时回忆的青年时代的母校也毁灭了。

从抗战初起到再次出国的9年中，物质生活困难是实情，毋庸讳言，但使我感到最难支持的还是由于冠世长期卧病所产生的巨大的精神压力。我的神经特别健全，即使遇到许多不如意的事情，我也有我的逃避方法，就是埋头写书，借以解脱。因为一心工作，就不遑于其他。在这个时期，写了一部专门讨论近年来物理发展的书，专著了17篇研究论文，将 Wigner 关于群论的德文书译成英文，这都是我"逃避"压力的妙法。如果没有这些"逃避"妙法，啊！我的神经恐怕早就支持不住了。

有些朋友称赞我是一个"标准丈夫"，他们不知道我是一面在照料生病的妻子，一面却过着特别的"逃避"生活。

1937年至次年6月的一段时期，即由天津—长沙—昆明的这一段长途行军过程中，虽在四川大学教了一个多学期书，却没有什么研究成果。1938年夏从成都抵昆明，为了庆祝北大成立40周年，开始写《多原分子之结构及其振动光谱》（英文）一书。该书1939年脱稿，1940年出版，想不到这本在极端困难条件下草率写成的书，却带来了些收获。首先，这本书，幸获得了中央研究院丁文江奖金。这项奖金第一个获得者是李方桂先生。以后就再没有发过。其次，此书出版后，便收到各方称誉的书信，如 E.U.Condon 等，并被列入他在 Prentice-Hall 书局主编的丛书中，书售完后又由 Ed.Brothers 公司一再翻版，因为这本书是当时该题的唯一专著。

在昆明的七八年中，研究工作毫不正常，是分散零星的，约可归纳为：

（一）分子之振动与转动之交互作用，及分子简正振动等问题。

（二）大气物理过程（夜天空光讲及北极光的激起，高空氮原子之存在，电离 E 层等问题）。

（三）原子的双激起能应及自动以离机率。

（四）电子激起分子振动问题。

（五）锂原子能态的 Hylleraas 函数变分计算。

（六）钠之负离子吸收光谱。

（七）日冕光谱线的激起。

其中（五）（六）（七）三项是研究生黄昆在我指导下所写的论文。

1941年夏，我曾拟一理论，以日冕中的原子（宇宙中之多者）对日球放出之氢原子 La 线的拉曼散射，解释日冕光谱线之谜，计算后所得波长，与观察所得极为相符。这个理论尚未发表，即见瑞典 B.Edlen 的另一理论，虽然他无实验证实其可能，但为众人所接受，于是我遂放弃原建议。上面的第（七）项研究，就是为讨论这个理论而作的。

1943 年，获得了教育部的科学研究著作一等奖。

1944 年，拟对氩分子丙基态间的跃迁作一项研究，听说美国已有短微波的"小橡实"电子管（acorn）出现，遂请英国科学家李约瑟代为设法弄点样品，但因这类产品有关国防秘密而未成功，只好作罢。

1945 年，哥伦比亚大学 C.H.Townes 邀我去任教暑期学校，见面后，我向他谈起我的设想，以及吸收光谱法观察拉曼散射的问题。他告诉我，他也正在进行此类更好的试验，即所谓"霉射"。

1948 年，南京中央研究院选举第一届院士，我幸被选上，当时我已在美国，过了许久才知道这个消息。

抗战的一段时期，应是我的研究工作有所成长的阶段，但这段最可贵的光阴，很快地一晃而过，个人成就寥寥，限于能力，更限于环境。这些对于我都没有什么可以后悔的，幸运的是适逢其时遇见一批卓越的学生，如杨振宁、黄昆、黄授书、张守廉等，再加上发现了李政道的奇才。

回忆西南联大 *

钱　穆

一

民国二十六年（1937），双十节过后，余与汤用彤锡予、贺麟自昭三人同行。在津小住数日，吴宓雨生偕两女学生亦来，陈寅恪夫妇亦来。寅恪告我，彼与余同病胃，每晚亦如余必进米粥为餐。俟到昆明，当邀余在其家同晚餐。吴、陈两队皆陆行，余与锡予、自昭三人则海行，直至香港，小住近旬。

北上至广州，得晤谢幼伟，乃自昭老友。又数日，直赴长沙。前日适大轰炸，一家正行婚礼，受祸极惨，尚有尸挂树端，未及检下者。宿三宵。文学院在南岳，遂又南下。在长沙车站候车，自午后迄深夜，乃获登车。至衡州下车午饭，三人皆大饿，而湖南菜辣味过甚，又不能下咽。

文学院在南岳山腰圣经书院旧址。宿舍皆两人同一室。余得一室，闻蒋委员长来南岳曾住此，于诸室中为最大。同室某君其家亦来，移住附近，余遂独占一室，视诸同人为独优。南岳山势绵延，诸峰骈列，而山路皆新辟，平坦宽阔，易于步行。余乃以

* 本文节选自《八十忆双亲：师友杂忆》，岳麓书社1986年版。

游山为首务，或结队同游，三四人至数十人不等；或一人独游，几于常日尽在游山中。足迹所至，同人多未到，祝融峰又屡去未一去。曾结队游方广寺，乃王船山归隐处，宿一宵，尤流连不忍舍。又一清晨独自登山，在路上积雪中见虎迹，至今追思，心有余悸。

除游山外，每逢星六之晨，必赴山下南岳市，有一图书馆藏有商务印书馆新出版之《四库珍本初集》。余专借宋明各家集，为余前所未见者，借归阅读，皆有笔记。其中有关"王荆公新政"诸条，后在宜良撰写《国史大纲》择要录入。惜《国史大纲》为求简要，所抄材料多不注明出处，后遂无可记忆矣。又读王龙溪、罗念庵两集，于王学得失特有启悟。皆撰写专文。是为余此下治理学一意归向于程朱之最先开始。

余每周下山易借新书。一日，忽觉所欲借阅者已尽，遂随意借一部《日知录》，返山阅之。忽觉有新悟，追悔所撰《近三百年学术史》顾亭林一章实未有如此清楚之见解，恐有失误。而手边无此书，遂向友人携此书者借来细读，幸未见甚大失误处。然念若今日撰此稿，恐当与前稿有不同处。从知厚积而薄发，急速成书之终非正办也。

一日傍晚，冯芝生来余室，出其新撰《新理学》一稿，嘱余先读，加以批评，彼再写定后付印。约两日后再来。余告以中国理学家论理气必兼论心性，两者相辅相成。今君书，独论理气，不及心性，一取一舍，恐有未当。又中国无自创之宗教，其对鬼神亦有独特观点，朱子论鬼神亦多新创之言，君书宜加入此节。今君书共分十章，鄙意可将第一章改为序论，于第二章论理气下附论心性，又加第三章论鬼神，庶新理学与旧理学能一贯相承。芝生云："当再加思。"

又其前某一日，有两学生赴延安，诸生集会欢送。择露天一场地举行，邀芝生与余赴会演讲，以资鼓励。芝生先发言，对赴延安两生倍加奖许。余继之，力劝在校诸生须安心读书。不啻语语针对芝生而发。谓："青年为国栋梁，乃指此后言，非指当前言。若非诸生努力读书，能求上进，岂今日诸生便即为国家之栋梁乎。今日国家困难万状，中央政府又自武汉退出，国家需才担任艰巨，标准当更提高。目前前线有人，不待在学青年去参加。况延安亦仍在后方，非前线。诸生去此取彼，其意何在？"散会后，余归室。芝生即来，谓："君劝诸生留校安心读书，其言则是。但不该对赴延安两生加以责备。"余谓："如君奖许两生赴延安，又焉得劝诸生留校安心读书。有此两条路，摆在前面，此是则彼非，彼是则此非。如君两可之见，岂不仍待诸生之选择。余决不以为然。"两人力辩，芝生终于不欢而去。然芝生此后仍携其新成未刊稿来盼余批评，此亦难得。

一日，余登山独游归来，始知宿舍已迁移，每四人一室。不久即当离去。时诸人皆各择同室，各已定居。有吴雨生、闻一多、沈有鼎三人，平日皆孤僻寡交游，不在诸人择伴中，乃合居一室，而尚留一空床，则以余充之，亦四人合一室。室中一长桌，入夜，一多自燃一灯置其座位前。时一多方勤读《诗经》《楚辞》，遇新见解，分撰成篇。一人在灯下默坐撰写。雨生则为预备明日上课抄笔记写纲要，逐条书之，又有合并，有增加，写成则于逐条下加以红笔勾勒。雨生在清华教书至少已逾十年，在此流寓中上课，其严谨不苟有如此。沈有鼎则喃喃自语："如此良夜，尽可闲谈，各自埋头，所为何来？"雨生加以申斥："汝喜闲谈，不妨去别室自找谈友。否则早自上床，可勿在此妨碍人。"有鼎只得默然。雨生又言："限 10 时熄灯，勿得逾时，妨他人之睡眠。"翌晨，雨生先起，一人独自出门，在室外晨曦微露中，出其昨夜所写各条，反复循诵。俟诸人尽起，始重返室中。余与雨生相交有年，亦时闻他人道其平日之言行，然至是乃始深识其人，诚有卓绝处。非日常相处，则亦不易知也。

二

时学校已决议诸生结队偕行，由陆道步行赴昆明。以余健行，推为队长。其时广西有政府派车来接诸教授往游，余慕桂林山水，曾读叶恭绰所为一游记，详记桂林至阳朔一路山水胜景，又附摄影，心向往之。乃辞去陆行队长之职，由闻一多任之。又有另一批学生，乘火车经广州赴香港，海行经越南入滇。余则加入诸教授赴广西之一队。同队数十人，分乘两车抵桂林，适逢岁底，乃留桂林过新年，是为民国二十七年。并畅游桂林城内外诸名胜。又命汽车先由陆路去阳朔，而余等则改雇两船由漓江水路行。途中宿一宵，两日抵阳朔。

此下经广西南部诸城市，直过镇南关。冯芝生一臂倚车窗外，为对来车撞伤，至河内始得进医院。余等漫游数日去昆明，芝生独留，未获同行。

越四十日，芝生来昆明，文学院即拟迁蒙自。临时集会，请芝生讲演。芝生告余，南岳所言已在河内医院中细思，加入鬼神一章。即以首章移作序论。唯关心性一部分，屡思无可言，乃不加入。

余常闻人言，芝生治西方哲学，一依其清华同事金岳霖所言。其论中国哲学，亦以岳霖意见为主。特以中国古籍为材料写出之，则宜其于心性一面无可置辞也。唯在南岳，金岳霖亦曾听余作有关宋明理学之讲演，而屡来余室。则芝生出示其《新理学》一稿，乞余批评，或亦出岳霖之意。是日讲演，芝生谓："鬼者归也，事属过去。神者伸也，事属未来。"指余言曰："钱先生治史，即鬼学也。我治哲学，则神学也。"是芝生虽从余言增鬼神一章，而对余余憾犹在，故当面揶揄如此。

一日，余约自昭两人同游大理，已登入汽车中，见车后陆续载上大麻袋。询之，乃炸药，送前路开山者。余与自昭心惧，临时下车，此后在昆明数年中，乃竟未获机会去大理，是亦大可追惜之事也。余与自昭既下车，遂改计另乘车去安宁，宿旅店中。游附近一瀑布，积水成潭，四围丛树，清幽绝顶，无游人，诚堪为生平未到之一境。余两人久坐不忍去。明日再来，不意数日行囊已倾，无以付旅馆费。乃作书以此间风景告锡予等嘱速来。用意实求济急。一日，自昭坐旅店房中读书，余则迈步旅店走廊上。忽见一室门敞开，室中一老一幼对弈。余在梅村小学教书时，酷嗜围棋，一旦戒绝，至是已及二十年。忆在北平中央公园，曾见一童，立椅上，与人对弈。四围群众围观。询之，乃有名之围棋天才吴清源。然余亦未动心挤入观众中同观。今日闲极无事，乃不禁往来转头向室中窥视。老者见之，招余入，谓余当好弈。彼系一云南军人，即此旅馆之主人，对弈者，乃其孙，告余姓名，已忘之。邀余同弈。余告以戒此已二十年矣。老人坚邀，不能却，遂与对弈。老人又言："君可尽留此，畅弈数日，食宿费全不算。"不意当晚，此老人得昆明来讯，匆促即去。而余两人俟锡予诸人来，亦盘桓不两日而去。余之重开弈戒，则自此行始。

三

不久，西南联大文学院定在蒙自开课，余等遂结队往。火车中读当日报纸，见有一夏令营在宜良，游瀑布山洞石林诸胜，美不可言。余大声曰："宜良何地，乃有此奇景。"旁坐一友，指窗外告余，此处即宜良，亦云南一有名胜地。并曰："君即观两旁山色可知之矣。"实则当日所见报载夏令营旅游之地乃在路南，系另一地名，而余误以为在宜良，遂种下余此后独居宜良一段姻缘。

亦诚一奇遇也。

蒙自乃旧日法租界，今已荒废，有希腊老夫妇一对，在此开设一旅馆，不忍离去。曾一度回视故乡，又重来守此终老。联大既至，诸教授携眷来者皆住此旅馆中，一切刀叉锅碗杂物争购一空。余等单身则住学校，两人一室，与余同室者，乃清华历史系主任刘崇铉，治西洋史，亦在北大兼课，故余两人乃素稔。崇铉每晨起必泡浓茶一壶，余常饮之，茶味极佳。附近有安南人开设一小咖啡店，余等前在河内饮越南咖啡而悦之，常往其店。河内咖啡店多悬两画像，一为关公，一则孙中山先生。此店亦然。

学校附近有一湖，四围有行人道，又有一茶亭，升出湖中，师生皆环湖闲游。远望女学生一队队，孰为联大学生，孰为蒙自学生，衣装迥异，一望可辨。但不久环湖尽是联大学生，更不见蒙自学生。盖衣装尽成一色矣。联大女生自北平来，本皆穿袜。但过香港，乃尽露双腿。蒙自女生亦效之。短裙露腿，赤足纳双履中，风气之变，其速又如此。

入春来，值雨季，连旬滂沱，不能出户。城中亦罢市。其时最堪忧惧者，乃有巨蛇进入室中，惊惶逃避，不可言状。及雨季过，湖水皆盈，乃成一极佳散步胜地。出学校去湖上，先经一堤，堤上一门，有一横匾，题"秋至杨生"四字。初不解其意，后乃知入门一路两旁皆种杨柳，雨季过，即交秋令，杨柳皆发芽，绿条成荫，更为湖光生色。柳皆春生，唯此独秋生也。余自此每日必至湖上，常坐茶亭中，移晷不厌。

一日，北大校长蒋梦麟自昆明来。入夜，北大师生集会欢迎，有学生来余室邀余出席。两邀皆婉拒。嗣念室中枯坐亦无聊，乃姑去。诸教授方连续登台竞言联大种种不公平。其时南开校长张伯苓及北大校长均留重庆，唯清华校长梅贻琦常川驻昆明。所派各学院院长，各学系主任，皆有偏。如文学院长常由清华冯芝生连任，何不轮及北大，如汤锡予，岂不堪当一上选。其他率如此，列举不已。一时师生群议分校，争主独立。余闻之，不禁起坐发言。主席请余登台。余言："此乃何时，他日胜利还归，岂不各校仍自独立。今乃在蒙自争独立，不知梦麟校长返重庆将从何发言。"余言至此，梦麟校长即起立巽言："今夕钱先生一番话已成定论，可弗再在此题上起争议，当另商他事。"群无言，不久会亦散。隔日下午，校长夫人亲治茶点，招余及其他数位教授小叙。梦麟校长在北平新婚，曾有茶会，余未参加，其夫人至是乃新识也。

有同事陈梦家，先以新文学名。余在北平、燕大兼课，梦家亦来选课，遂好上古先秦史，又治龟甲文。其夫人乃燕大有名校花，追逐有人，而独赏梦家长衫落拓中国文学家气味，遂赋归与。及是夫妇同来联大。其夫人长英国文学，勤读而多病。联大图书馆所藏英文文学各书，几乎无不披览。师生群推之。梦家在流亡中第一任务，所至必先觅屋安家。诸教授群慕与其夫妇游，而彼夫妇亦特喜与余游，常相过从。梦家犹时时与余有所讨论。一夕，在余卧室近旁一旷地上，梦家劝余为中国通史写一教科书。余言："材料太多，所知有限，当俟他日仿赵瓯北《二十二史札记》体裁，就所知各造长篇畅论之。所知不详者，则付缺如。"梦家言："此乃先生为一己学术地位计。有志治史学者，当受益不浅。但先生未为全国大学青年计，亦未为时代近切需要计。先成一教科书，国内受益者其数岂可衡量。"余言："君言亦有理，容余思之。"又一夕，又两人会一地，梦家续申前议，谓："前夜所陈，先生意竟如何？"余谓："兹事体大，流亡中，恐不易觅得一机会，当俟他日平安返故都试为之。"梦家曰："不然，如平安返故都，先生兴趣广，门路多，不知又有几许题材涌上心来，那肯尽抛却来写一教科书，不如今日生活不安，书籍不富，先生只就平日课堂所讲，随笔书之，岂不驾轻就熟，而读者亦易受益。"余言："汝言甚有理，余当改变初衷，先试成一体例。体例定，如君言，在此再留两年，亦或可仓促成书。"梦家言："如此当为全国大学青年先祝贺，其他受益人亦复不可计，幸先生勿变今夕所允。"余之有意撰写《国史大纲》一书，实梦家两夕话促成之。而在余之《国史大纲》引论中，乃竟未提及。及今闻梦家已作古人，握笔追思，岂胜怅惘。

不久，忽传文学院决于暑假迁返昆明。余闻之，大懊丧。方期撰写《史纲》，昆明交接频繁，何得闲暇落笔。因念宜良山水胜地，距昆明不远，倘或卜居宜良，以半星期去昆明任课，尚得半星期清闲，庶得山水之助，可以闭门撰述。一友知余意，谓识宜良县长，有一别墅在西郊山中，或可暂借。余立促其通函商请，得复函允可。余大喜，遂决一人去宜良。

时锡予、自昭皆惜蒙自环境佳，学校既迁，留此小住，待秋季开学始去昆明，可获数月流连清静。乃更约吴雨生、沈有鼎及其他两人，共余七人，借居旧时法国医院。闻者谓，传闻法国医院有鬼，君等乃不惜与鬼为邻，七人亦意不为动，遂迁去。不久，又闻空军中漏出音信，当有空袭。法国医院距空军基地不远，果有空袭，乃成危险地带。沈有鼎自言能占易。某夜，众请有鼎试占，得节之九二，翻书检之，竟是"不出门庭凶"五字。众大惊。遂定每晨起，早餐后即出门，择野外林石胜处，或坐或卧，各出所携书阅之。随带面包、火腿、牛肉作午餐，热水瓶中装茶解渴，下午4时后始归。医院地甚大，旷无人居，余等七人各分占一室，三餐始集合，群推雨生为总指挥。三餐前，雨生挨室叩门叫唤，不得迟到。及结队避空袭，连续经旬，一切由雨生发号施令，俨如在军遇敌，众莫敢违。然亦感健身怡情，得未曾有。余每出则携《通史随笔》数厚册。自在北平始授此课，先一日必作准备，写录所需史料，逐月逐年逐项加以添写，积五六厚本，及离北平藏衣箱底层夹缝中携出，至南岳、蒙自又续有添写。此乃余日后拟写《史纲》所凭之唯一祖本，不得不倍加珍惜。数日后，敌机果来，乃误炸城中市区，多处被轰毁，受祸惨烈。而城外仅受虚惊，空军基地无恙，法国医院亦无恙。此下遂渐安。开学期近，各自治装，锡予、自昭两人乃送余去宜良。

四

县长别墅在宜良北山岩泉下寺中。方丈先得命，出寺门迎候。寺南向，大殿左侧为寺僧宿舍。向北尽头为厨房。左侧有一门，过门乃别墅所在。小楼上下各三楹，楼前一小院，有一池，上有圆拱形小石桥，四围杂莳花果。院左侧又一门，门外乃寺僧菜圃，有山泉灌溉，泉从墙下流经楼前石阶下，淙淙有声，汇为池水，由南墙一洞漏出寺外；故池水终年净洁可喜。楼下空无一物。楼梯倚北墙。楼上分两室，内室东南两面有窗，西北角一床有帐，临南窗一木板长桌上覆一绿布。此为余之书房兼卧室。外室两楹，临南窗一小方桌一椅，供余三餐用。西侧一大长方桌，亦由木板拼成，上覆以布，备余放置杂物。是夜锡予、自昭与余同卧外室地铺上。两人言："此楼真静僻，游人所不到。明晨我两人即去，君一人独居，能耐此寂寞否？"余言："居此正好一心写吾书。寂寞不耐亦得耐。窃愿尽一年，此书写成，无他虑矣。"

翌晨，两人去。方丈即来讲余膳食事。谓"寺中皆蔬食，恐于先生不宜。"余言："无妨，只分一份送正楼来即可。"不意所送极粗劣，几不能下口。勉强两日，觉腹饿，又不消化。乃招方丈来重商。彼言："寺中膳食只如此，先生必改荤食乃可。"余言："在楼下安一小灶极不方便。"彼言："即寺厨做荤食尽可。"因谓物色一女佣。彼言："适有张妈在此，可召来。"余见张妈衣履整洁，言辞有礼，大慰。询以膳食事，问以余伙食每月零价几何，答："国币六元合新滇币六十元，中晚两餐可供一荤一素一汤，断可果腹。"遂定议。后乃知张妈乃方丈早招来寺，备为余供膳食也。

张妈烹煮既佳，又中晚两餐蔬菜必分两次在近寺农田购之，极新鲜。一日，张妈煮一鸡。余不忆何故，忽于午餐后须出寺，过厨房门，乃见方丈坐门侧，手持一鸡腿，方得意大嚼。余不禁问："和尚亦食鸡腿？"彼答："和尚不食鸡腿将何食？"又见灶陉上鸡汤一碗。始知余之劳食乃与此僧共之，皆由其事前安排布置，嗣又闻此僧在近寺村中有一家，不时往返，事属公开，则此僧其他一切亦不问可知矣。

余伙食既安，每晨餐后必出寺，赴一山嘴，远望宜良南山诸峰。待其云气转淡，乃返。晚餐后，必去山下散步。由山之东侧转进一路，两旁高山丛树，夹道直前，浓荫密布，绝不见行人，余深爱之，必待天临黑前始归。后遇日短，则在晚饭前去。除晨晚散步外，尽日在楼上写《史纲》，入夜则看《清史稿》数卷，乃入睡。楼下泉声深夜愈响，每梦在苏锡乡下之水船中。星四上午应昆明各报馆约，必草星期论文一篇，轮流分交各报。是日提早午餐后，赴距山八华里之火车站，转赴昆明，星期日一早返。

距寺向东八华里有一温泉，余每于星期日返寺后，携陶渊明诗一册，一路吟诵去温泉。乃一大池，池旁建屋，隔为数室，从池上有石级，亦有矮墙分隔，墙直下池中，可使各室浴者互不相睹。浴后可坐石级上，裸身作日光浴，浓茶一壶，陶诗一册，反复朗诵，尽兴始去。或于星期日下午不能去，即改星期一上午去，向午方离。转到宜良县城中进午饭。温泉距城约亦八华里。宜良产鸭有名，一酒楼作北方烧鸭，外加烧饭，价滇币六元，即国币六角。余一人不能尽一鸭，饱啖而去，至县立中学访其校长，得向其学校图书馆借书。有二十五史，有十通，所需已足。每周来更换。校园中多盆景，有百年以上之栽品，亦如在苏州所见。盘桓小憩。又从城北行八华里返山寺，如是每周以为常。

有北大同事一人，夫妇同留学德中，乃锡予老学生，归来亦在北大哲学系任教。与余往来甚稔，在南岳又每日同桌共餐。有一姨妹，在北大读书，亦偕余等同餐。能唱平剧，效程砚秋，同出游，则必命唱。及来昆明，其夫人亦来，不乐交际应酬，一人移居宜良城中。

后余又为姚从吾夫妇在宜良城中觅一屋，介绍其迁来。于是余赴宜良，常往访此两家。又曾登宜良城楼，绕一周仅费时一刻钟。又曾游宜良南城外，一路节孝牌坊林立，可四十数。中国传统风教远被偏远地如此。余又游宜良南山下一溪，此山即余每晨在宜良外山嘴之所望，山耸溪激，徘徊桥上不忍去。

某日，有三四女学生突自厨房破门而入，殆觉院中极静，亦不敢作声。楼下既无人，彼等乃轻步上楼。见楼上又无人，乃漫步向南窗前。忽见左侧门内有人，大惊狂呼，踉跄夺步下楼而去。余亦未觉有人来，闻其呼声及脚步声，亦一惊。乃知是少女声，又知必是三四人齐来也。山楼寂静，即此一事可知。

及寒假锡予偕寅恪同来，在楼宿一宵，曾在院中石桥上临池而坐，寅恪言："如此寂静之境，诚所难遇，兄在此写作真大佳事。然使我一人住此，非得神经病不可。"亦有联大学生来山邀赴昆明讲演。余曰："汝等已来此，亲见此环境，尚开口作此请，岂不无聊。"诸生亦无言。

又有泉岩上寺。余居下寺，赴上寺一路石级，两旁密树，浓荫蔽天。即当正午，亦日光微露而已，常有松鼠一群，在树叶上跳跃上下，一路抬头皆可见，亦一奇景。上寺已成一道士院，有池石之胜。院旁一亭，备游人品茶之所。亭四围矮墙有靠背可坐，更适眺瞩。余常喜坐亭中，游人绝少，每在此写稿，半日始返。院中一道一仆，道士号静庵，极清雅。余至，必命仆泡佳茗。余告其与北平大儒王国维同名，道士谓知之，并云亦爱读其诗词。随口诵一两首，其不俗如是。告余彼乃广西人，八岁随其家逃荒来此，及家人归，留之道院中，至今未离。静庵道士嗜鸦片烟，必选精品自熬煮，屡强余一尝。余十七岁暑，犯伤寒病，几不起。病愈卧床，余一叔父每夜必携鸦片来，自烧烟泡，命吸。谓："可长精力。"此事相距已二十八年，犹能回忆。然终婉拒绝不敢尝。道士又言："岁春新谷初收，又有黄豆，彼必赴附近一市区收购若干，放置楼上顶屋中。入夏价涨，商人来购去，一年生计尽赖此。先生出款少许，当代买代卖，不费一些心力。在我亦不加劳累，而先生坐增收入，曷不一试？"余亦婉拒。道士又言："此间习俗收养女，只在农村中择少女年十三四岁聪慧者，价不贵，可供洒扫洗涤烹饪一切家务。及其长，可纳为妾室，否则备小款代为出嫁。先生倘全家来，能在此山长住，当一切为先生代谋。"其亦亲切近人，余遂于后半年迁居上泉寺。道士特辟出楼上为余居，自寝楼下。张妈亦随来照顾，但仍留居下泉寺，晨来夕去。

　　院中有一白兰花树，极高大，春季花开清香四溢。道士采摘赴火车站，有人贩卖去昆明。张妈以瓶插花置余书桌上，其味浓郁醉人。楼下阶前流泉，围砌两小潭蓄之。潭径皆两尺许，清泉映白瓷，莹洁可爱。张妈以中晚两餐蔬菜浸其中，临时取用，味更鲜美。张妈言，先生长住山上，彼必奉侍不辍。若先生他去，彼愿在山上觅一地，筑一小庵，为尼姑终身。余在上寺心情较下寺更愉快。尽日提笔《史纲》一稿，乃幸终于一年内完成。回思当年生活亦真如在仙境也。抗战胜利后，余重来昆明，每念岩泉上寺，乃偕友特访之。知曾驻军队，情形大非旧况。闻张妈已去昆明，询得其主人家地址，返昆明后求未获。静庵道士亦穷苦，闻公赖白兰花度日。余去，适彼离寺，亦未遇及。人生乍变，良可嗟叹。最近在香港晤伟长侄，告余彼夫妇近赴昆明，特去宜良访上下寺，均已被乡民拆除。仅道旁尚留有石碑数处，约略可想见其遗址。余闻之，不胜怅然。

五

余每星四上午赴昆明，必赴车站旁一小咖啡店小坐。店主候火车到，为余代携书包，送余上车。火车在中午 12 时左右抵站，迭经数十山洞，于下午 5 时后抵昆明。余课排在晚 7 时，及到，时间匆促，出火车站径乘人力车直奔课室。途中买蛋糕，即在人力车上食之充饥。课室中多校外旁听生，争坐满室。余需登学生课桌上踏桌而过，始得上讲台。课毕，已夜 9 时。乃由学生陪赴市中餐馆进餐，待返宿舍，已深夜。星五星六两天有课，亦尽排在夜间。星五晨起，即浏览在宜良山中所未能寓目之报纸。除此外，两日日间均无事，常有学生来邀出游，昆明附近诸胜地几于足迹无不到。

在宜良、昆明往返途中过一山，每见山南下一大池，固不能与昆明湖相比，然每念必有可游。一日，约锡予、自昭诸人前往，知其有温泉，遂赴某旅馆作温泉浴。温泉热度甚高，可熟生鸡。须先放水，隔几小时后始可浴。遂至镇上闲游，见湖水平漾，乃水游艇。询之，知湖中有一大漩涡，曾有两法国人驾舟探之，误近漩涡边缘，即为漩涡卷去，人舟俱没。自此即沿岸无行舟。环湖胜地乃不开展。余等废然返旅馆，午餐后，浴温泉即归。

六

《国史大纲》稿既成，写一引论载之报端，一时议者哄然；闻毛子水将作一文批驳。子水北大同事，为适之密友，在北平时，常在适之家陪适之夫人出街购物，或留家打麻将。及见余文，愤慨不已；但迄今未见其一字。或传者之讹，抑亦事久而后定耶？张其昀晓峰来昆明出席中央研究院评议会，晤及陈寅恪。寅恪告彼近日此间报端有一篇大文章，君必一读。晓峰问，何题。乃曰，钱某《国史大纲引论》。晓峰遂于会后来宜良，宿山中一宵，告余寅恪所言。后此书印出，余特函寅恪，恐书中多误，幸直告。寅恪答书，唯恨书中所引未详出处，难以遍检。余意作一教科书，宜力求简净，所引材料多略去出处，今乃无可补矣，亦一憾也。

越有年，《史纲》出版，晓峰一日又告余，彼在重庆晤傅孟真，询以对此书之意见。孟真言："向不读钱某书文一字。"彼亦屡言及西方欧美，其知识尽从读《东方杂志》得来。晓峰言："君既不读彼书文一字，又从何知此之详？"孟真亦无言。晓峰南高同学缪凤林赞虞，独举余书误引出处十余事。《史纲》重庆再版时，余特以缪文附载书末。后屡印新版，乃始一一改定，缪文遂不再附载。又北大学生张君，已忘其名。在上海得余《史纲》商务所印第一版，携返北平，闻有整书传抄者。其时尚在对日抗战中，滞留北平学人，读此书，倍增国家民族之感。闻钱玄同临亡，在病床亦有治学迷途之叹云。

余在昆明时，有联大学生赴湖南、江西前线者，临行前来求赠言。余告以诸生赴前线，首当略知军事地理，随身盼携带顾祖禹《读史方舆纪要》一书，即就湖南、江西两章细加阅读。余观日军来犯，军中必有熟此书者。如其在天津，不沿京津铁路进军，而改道破涿州，切断平汉铁路，则北平乃在包围中。又其在上海不经沿京沪铁路西侵，而广备船筏，直渡太湖轻犯广德，则已至南京之肘腋间。此皆攻我军之不备，而实为历史上军事相争一必攻必备之地。能读顾氏《方舆纪要》，则可知相争要害之所在矣。闻者赴市肆购此书，乃不易得。告之校方，设法从重庆、成都觅之，校方因此盼余能在下学年开军事地理一课，为后方诸生讲授大要，余亦允之。后余决意去成都齐鲁大学国学研究所，此事遂已。余去成都后，亦从未为学生讲授此课，亦以主学校行政者，皆知常，不知变，故不知有讲此新课之必要也。

余之知日军中知重顾氏此书，乃自抗战前在北平读日人泷川氏之《史记会注考证》一书而知之。此书考证实疏，而凡遇一地名必详引顾氏书。既于古今地名沿革未能详加考证，而独引顾氏书不厌其详，故知日人于此书必有特加重视者。泷川未能免俗，乃备引不厌。而日人之重视此书，则必为其入侵吾国之野心者所发起。余在北平时亦尝以告人，而不谓余语之竟验也。后余又读日人有为顾氏此书作索引者，乃益信余初料之不误。

联大被炸以后

冯友兰

　　我向来有一种偏见，以为敌机总不会单纯地以文化教育机关为轰炸的目标，我所以有此种偏见，并不是因为我以为敌人是遵守国际公法的，是尊重学术、爱惜文化的。我的看法，完全是从军事方面着想。军事行动的主要的目的，是摧毁敌人的军事抵抗力。敌人的军事抵抗力摧毁以后，他的天上地下，都成了自己的囊中物，可以随便处置，何必先耗费自己的资源，作不必要的轰炸呢？我的这种看法，还有事实为证，当我军自沪宁退守武汉的时候，敌机轰炸武汉异常猛烈，但武汉大学，以远处郊外，未被轰炸。若论武汉大学的校舍的辉煌伟大，其惹人注意的程度，比现在联大的新校舍，真是"不可同年而语"，然而敌机并未以之为轰炸的目标。近来德国空军轰炸英国，也未以牛津或剑桥为轰炸的目标。当德国空军轰炸伦敦最烈的时候，英国政府的负责人说，英国空军轰炸德国，仍以军事目标为限，他们认为这是得到最后胜利的最直接的办法，因此种种，我一向总保持着我的偏见。以前中央、重庆、浙江、厦门、云南等大学以及上次联大师范学院被轰炸我总怀疑是由于波及。有些人说大学本身即是敌机轰炸的目标，我对于此类的话，总是将信将疑。

本月十四日联大被炸，打破了我的这一种偏见。十四日敌机数十架竟是专为联大来的。他炸市区西北东南二区。这二区都是联大校舍所在的地方，他炸东南区，因为投弹不准，没有炸着联大工学院。但在西北区，他投弹相当准确。联大本部的文理法商师范学院及办公室、图书馆、实验室、教室、饭厅、教职员宿舍、学生宿舍，都曾中弹，我于是乃深信，日本军事当局现在的战略中，大学生本身即是一轰炸的目标。

关于联大被轰炸，有些方面的话，可以说而不必说。第一，空洞愤慨的话，可以说而不必说。第二，谴责日本，请世界主持正义一类的话，可以说而不必说。战争本来是拼命的事，"不是你死，就是我活"。本来是不讲理的。况且现在中日战争，已经四年。世界上侵略与反侵略二阵线，亦日益明朗。全世界的战争，已超过小说中所说"骂阵"的阶段，而入于短兵相接的阶段。在此阶段中，只有行动，用不着说话。他们炸我们的联大，我们去炸他们的东京帝大。这是战事中唯一的言语，如果我们的空军的力量，一时尚不能远征，我们只有"打了牙往肚里咽"，努力求空军的充实，只有行动，用不着说话。第三，一般的教训后方人民的话，可以说而不必说。例如，说：在现代战争中，前方后方，是不分的。战斗员与非战斗员，是不分的。敌机轰炸，玉石俱焚，这些话句句都是真的，但也是无人不知，无人不晓的。在这次联大被炸以前，也竟有许多民众，丧失了他们的生命财产。这次联大被炸并不是什么新的教训。

我们现在所要说者，是这次联大被炸，可以反映一件事实，可以使我们在联大的人得到一种鼓励与警策。

上文说，这次联大被炸，打破了我的一向的偏见。虽是如此，我仍相信我的看法，从事实的观感点看，是正确的。

观于日本空军从前不轰炸武汉大学，我们可知，日本军事当局亦以此种看法，是正确的。关于德国空军不轰炸牛津剑桥，我们可知，德国军事当局亦以此种看法是正确的。但是日本军事当局为什么改变了他们的看法呢？唯一的可能的解释是：他们对于军事进攻没有办法，在军事进攻有办法的时候，他们不需要轰炸后方，更不需要轰炸后方的与军事及制造无干的机关，试看德军进攻苏联以前一二星期，进攻顺利的时候，他们并不轰炸莫斯科，便可明白此点，此次日机轰炸联大，其中虽没有被击落者，但其消耗，大概已在百万以上。联大的损失虽不小，但未必能及此数。此可见日本军事当局，在军事方面，已无法进攻。所以只可以空军轰炸我们的后方了。

他轰炸我们的后方，竟以大学为目标，这对于我们的大学，实是一种荣誉。此次联大被炸，物质上虽受了很大的损失，但精神上我们觉有很大的胜利。因为敌国的军事当局，竟不惜以有限的资源，专派大队飞机，来轰炸联大，他们必是认为联大对于我们的抗战建国，有相当的贡献。毁坏了联大，对于我们的抗战建国，有相当的损失。他们如此重视我们的大学，实在使我们在大学中的人"受宠若惊"。这可见我们的工作，对于国家民族，是"功不唐捐"，这很可予我们以很大的鼓励。

敌人的鼓励之下，我们还要反省，我们是不是已经对于国家民族，作了可能的最大的贡献呢？

近来国际局势的发展，几乎完全与两三年前一般人所希望者相合。所差者只是老朽的国，几十天工夫，便土崩瓦解，打破了大国灭亡的速度的纪录。但大体说，国际局势，是日趋于我们有利的。国际局势，日趋有利，敌人进攻，又无办法，正是我们加紧努力以求最后胜利的时候。但就我们的内部看，一般人对于抗战的警觉，热烈似乎不及从前。往好处说，这是镇静，往坏处说，亦未尝不可说，这是疲玩。就联大说：有几件事可以反映这种情形。例如在上学年结束的时候，各方面都向联大延聘人才，毕业生选择职业，所取的标准大多数是看待遇的优劣，军事机关的待遇，往往不及银行等金融财政机关，因之到军事机关服务的人，似乎不见踊跃。

在上学年联大中读书的空气似乎比较以前淡薄。这在课堂中，还看不出。在上学年，警报亦算是频繁了。但上课的人，总是在放空袭警报以后才疏散，解除警报以后一个钟头内，恢复上课。没有早走迟到的。这种精神很可令人欣慰。但图书馆中读书的人，似乎比以前少了。从前在长沙、南岳、蒙自，以及在昆明农校的时候，图书馆中的人总是拥挤不堪。每在图书馆将开门的时候，门外总是有许多人等候进去占位子。这种情形，现在是没有了。这固然是由于"跑警报"费去了很多上图书馆的时间与精力，但同学们在外间兼事者较以前多，以致没有时间精力于上课外读书这似乎亦是一个原因。

在教授中间，大家于聚会时，谈话的题目，在以前总是抗战的消息，以及国际的局势，近来则似有不同。大家所常讨论者，多是米价的高低，油盐的贵贱。这固然是由于国际局势变化太快，所以有许多人不愿妄谈，但大家都为生活所迫所以较多注意于生活问题，似乎亦是一原因。

本来大家的生活，都是非常地困难。同学中的贫寒者，虽领有津贴贷金，但还是纵无饥色，亦有菜色，教授中还有亲率妻子抬水煮饭者。因此就职间取其待遇较优者，平居都注意于生活问题，亦是人情之常，但是"平生之志，不在温饱""时穷节乃见，一一垂丹青"这几句话，亦是我们所应当三复的。我们是否果因对于生活的注意，而减少对于国家民族的热诚，以及工作的效率，这是我们所应该反省的。这次敌机轰炸予我们以一种警策，使我

教。到了昆明以后，他发现流传的校歌曲谱有差错，便重加订正后铅印，铅印歌片上署"罗庸词，张清常曲"，并亲自给新生教唱。11 月 1 日是联大校庆，学校决定成立校歌队，搜罗全校优秀歌手在校庆时表演"校歌四部合唱"。张清常先生在回忆此事时写道："四部合唱的几次变奏，都用罗词。罗词是抒情的，便于乐曲扩展。"他又说："早在 1939 年 7 月 28 日，我在一首组曲里，曾把冯词也谱了。到了这时（指 1940 年）我考虑到冯友兰所写的校歌词，虽然哲理性多些，但作为教师对学生的劝勉语、白话，夹在校歌四部合唱的几次变奏中间，以男声独唱来谱，还是可用的。……也就是说，冯词并不是作为校歌来处理的。当时我年轻气盛，以为冯词当初也有几个老师谱了应征而落选，让我也谱谱试试，完全是'自己露一手'的意思，不足为训。……"

　　1945 年 8 月，日本无条件投降，抗战胜利。1946 年夏，三校奉命复员。为了纪念这一与抗战相始终的西南联合大学，在新校舍原址建国立西南联合大学纪念碑，由冯友兰先生撰碑文。5 月 4 日，学校在图书馆举行结业典礼。会上演唱了张清常先生谱写的《西南联合大学进行曲》。《进行曲》包括："引"，"八年辛苦备尝，喜日月重光、愿同心同德而歌唱（冯友兰作）"，"校歌词"（即《满江红》，罗庸作），"勉词"（冯友兰作"西山苍苍，滇水茫茫"那首现代诗），"凯歌词"："千秋耻，终已雪。见仇寇，如烟灭，大一统，无倾折。中兴业，继往烈。维三校，如胶结。同艰难，共欢悦。联合竟，使命彻，神京复，还燕碣。"（节录纪念碑文的"铭辞"，冯友兰作。）这首进行曲反映了西南联大生活的全过程，是校歌的延续和扩展，在这里记上一笔，也不是多余的。

　　关于西南联大校歌歌词（《满江红》）作者问题，前些年曾有一些不同的看法。从以上回叙的校歌制作过程来看，罗庸先生作词，应是无可怀疑的。

光与热

叶方恬

　　也许由于童年好游的习性，我总爱忙里偷闲，到郊外或湖滨。有时，在华灯初上的黄昏，我徘徊翠湖之畔，静待皓月东升。有时，在隆冬的中午，我安躺草坪，让阳光给我光与热。我爱光，因为它引我走向光明。我爱热，因为它温暖我的心灵。在生命的历程中，它们更给我无限的启示，宝贵的教训。我们要不断地吸光，也要不断地放光。这样，黑暗才会收藏，光辉的世界方能诞生。我们要不断地吸热，也要不断地散热。这样，在温暖的大气里，冷魔才不敢横行。

"他们把光储蓄起来，有时又各自把光放出去"

　　在联大，今天正有成千的人在吸收着"智慧之光"。这光源的所在不是太阳，也不是月亮，而是图书馆、实验室、教室和工场。每天教授先生们在教室里放光，同学们把光吸收到笔记里，吸收到脑海里。在图书馆，你可以看见许多人进进出出；进去的准备从书籍、杂志或报纸上吸收新的光，出来的则到旁的地方去吸光。在工场里，你可以看见铁锤高扬，齿轮飞旋，还可以看见许多人忙忙碌碌地在工作着。在实验室的桌上，你可以看见许多试管、烧瓶、仪器、显微镜等工具排列着，而且被一些人使用着。

他们把光储蓄起来，有时又各自把光放出去——交辉互映着。只要你到新校舍去观光，你便可以看见墙壁上放射着各色的光芒。这便是在木板上贴着的三十几种不同的壁报。那里有纯文艺的《文艺》《新诗》《冬青》等，有专门性的《法学》《社会》等，有综合性的《现实》《人民》《大路》等，有专门报道同学们动态的《联大半月刊》，真是琳琅满目，美不胜收。它们的内容有现实生活的反映，有学术问题的探讨，有玲珑隽永的小品文，有时代的颂歌，也有他们对时局的透视和主张。最近，学生自治会又出版了铅印的《联大通讯》。这是对内的刊物，对外不发售。除学校新闻的报道和该会工作的报告外，它还转载若干壁报上有价值的文章。

在联大还有不少的座谈会，教授们和同学们都热烈地参加着，而且各人都竭力放出自己的"智慧之光"。这些座谈会所讨论的对象非常广泛，有的属于专题研究，有的牵涉到人生的意义，有的对现实问题加以分析和透视。

联大的同学们除在校内吸光放光外，他们还把光投射到校外去。他们有的经常练习写作，而且把他们心血的结晶发表在报纸和杂志上。他们有的半工半读，在中学里任课，把"智慧之光"传给下一代的人们。

教授们除在教室里授课外，他们还主持若干讲演会。在这些讲演会中，有的是有系统的，如文史学会举办的系统讲演、宪政系统讲演、科学系统讲演、战后问题系统讲演等，有的却是零星的。讲演的场合不限于联大，更不限于昆明。譬如去年冯友兰先生和贺麟先生都先后到四川去讲过学。还有一部分教授们更不辞辛劳，远涉重洋到国外去讲学，借以宣扬中国的文化。金岳霖与费孝通二先生便是第一批赴美讲学的五教授之二，现在还在美国的有陈序经、杨振声、周培源、饶毓泰、罗常培诸先生。最近沈有鼎、邵循正、洪谦和孙毓棠四先生应牛津大学之聘，亦将赴英讲学；刘仙洲和芮沐二先生已应美国之聘，即将出国讲学。今年暑假，伍启元教授亦应英国皇家学院之聘赴印度讲学。

此外，教授们还经常把"智慧之光"投射到报纸和杂志上。他们有的写星期论文，有的经常为报纸撰社论，有的把心血的结晶寄到杂志上去发表。因为他们不断地写作和不断地发表，所以昆明的五家大报和《自由论坛》《民主周刊》等杂志上便随时有他们的文章披露。有时他们的作品还发表在外埠的报纸杂志上。虽然几年来在物价上涨的过程中，稿酬的增加，永远赶不上物价的上涨；但他们认为撰文是一种文化事业，对社会具有指导的作用，所以他们一刻也不放下他们的笔，不停地写下去。

辐射着"爱国之热"

联大的同学们不但随时投射出"智慧之光"，而且还辐射着"爱国之热"。自十四航空队来华协助作战后，翻译人才的需要因而逐渐增多。最初，昆明的战地服务团创办了一个训练班，专门训练翻译人才，当时便有一部分联大的同学志愿去参加。后来，由于需要日增，供给不够的缘故，所以在民国三十三年11月17日联大的教授会议便通过了征调四年级男同学做译员的议案。在这决议之下，300余男同学除有重病及曾服军役者外，都参加了军委会译员训练班的短期训练，现在他们分散在国内外各地担任着翻译的工作。最近，外事局选拔成绩优异的译员到美国去任翻译。在50名中，联大的同学便占了11名，现在他们已远涉重洋，为祖国的复兴和全世界光荣的胜利而工作。

自血库在昆明成立以后，联大的师生们便先后踊跃输血。他们前后共输血三次，第一、二两次便突破预定10万毫升的数目，第三次也输了不少的血。那时沈同教授还在校内作了一次公开的演讲，说明输血对于健康并无妨害，因为新的血液会不断地产生的。在输血前，输血的每一个人要经过严密的体格检查，不合标准的便不能输血。因此，有好些同学，因为不能输血而感到无限的怅惘。

去年政府发动了知识青年从军运动。在昆明，联大便热烈地响应着，结果从军的学生共有 128 人之多。在入营前，他们受到许多的殊荣：昆市各娱乐场所请他们看电影和话剧，留校的师长同学们送他们以赠品，学生自治会开了一个盛大的欢送会，并上演《草木皆兵》四幕剧。在抗战史上沉痛纪念日的今年 1 月 28 日他们入了营。那天，在第五军乐队的前导之下，他们从新校舍出发到营地，留校的师长们和同学们都亲临欢送，总务处和青年团并以数万元购备鞭炮，沿途燃放。欢送者与入营师生成八路纵队，携手并肩而行。语重心长，热情与兴奋交织于三千人的行列中。两月前，他们已被选拔赴印度受着驾驶训练。不久他们将参加铁的行列，在史迪威公路上驰骋着，担负运输的重任，同时他们的英姿也将出现在昆明的通衢上。

谁也知道，云南边胞的文化水准是够低的，他们大部分只会说他们的方言，即使受过"汉化"的，也不过略识之无而已。他们对于世界战局及国家大事，几无所悉，甚至对本省的情况有的也非常隔阂。针对这种情形，联大一部分热心边地教育的同学们便组织了边疆教育工作团，每年利用暑假的机会去教育边胞。他们主要的工作地是路南的尾则，该地甚为荒寒，因此，生活在那里的夷胞们非常穷苦。大部分人都不能讲汉话。但经过了这部分同学的努力的教导以后，到今天好些夷胞儿童都会讲汉话，而且还会唱汉歌了；有的更会跳方阵舞，有的还到昆明来深造。这对于边地文化水准的提高实具有不可磨灭的功绩。

抗战以来，一般文化工作者的生活由清苦一变而为贫苦。他们随时遭遇到寒冷、饥饿、疾病，甚至死亡的打击，但他们仍不屈不挠地坚守着岗位，努力工作。去年桂柳失守后，湘桂两省的文化工作者便辗转流离，来到了大后方。他们一贫如洗，生活是够苦的，因此后方各地的人士发动了救济贫病作家的募捐运动。这运动在各地展开着，推进着。在昆明，联大中文学会便首先响应这个运动，向校内外发动募捐，共募得一百余万元。这成绩实在够惊人的。

在祖国面临风雨飘摇危舟一叶的局面之下，几年来西南联大的师生们在简陋的物质环境中，不断地吸收着而且投射出"智慧之光"，同时辐射着"爱国之热"。无疑地，今后他们还要继续他们未竟的工作，不断地吸光放光，也不断地散热。愿崭新的自由中国在他们的光和热中成长，而且放射出灿烂的光芒吧！

第三辑

允文允武　携笔从戎

论大学学生应征服役

陈雪屏

国立西南联合大学教授会在本年（民国三十二年）11 月 17 日开会时，讨论到盟军来华助战，急需大批通译人员，因此建议于该校常务委员会，请征调本年度四年级全体学生，在第一学期课业结束后，即离校受训，充任此项工作。12 月 1 日，该校教务会议复开会商定实施办法，由常务委员梅贻琦先生在国民月会中，向全体学生报告，得到学生热烈的拥护。这是抗战期间教育界的一件大事。

在这次世界大战中，参战的国家，都厉行普遍的征兵制，而且将服役的年龄扩大，即是女子也要直接或间接参加和作战有关的工作，只有我国学生不服兵役，算是一个例外。当抗战初起，我国政府曾慎重考虑过这个问题。因为我国受教育的青年为数太少，为储备建国人才起见，终于决定学生免役的办法。本年 1 月施行新兵役法，其中虽有学生不得缓役免役的规定，但实际上抽征壮丁时学校区仍被豁免。

一部分青年激于爱国的热情，在抗战初期也曾纷纷请缨赴前线杀敌，但不久由于各种原因而致去者复回，甚且因为躲避抽征，原来没有入学的以及不想继续升学的青年也百方谋求挂名学籍。

战时中学大学学生人数均见增加，从这一方面说却并不是可喜的现象。

抗战与建国诚然是民族复兴所必经的两个阶段，但在时间上二者并非各成起讫而不相关联的。如果我们认为须待抗战结束之后建国工作才开始，则中间必有脱节，这脱节自将损及建国大业的完成。现在有大量的知识青年安居于后方，渐已懈怠成习，对于国家当前的急需不甚关心，对于自身学业的进修也缺乏真诚。和英、美诸国的青年相对照，我们不能不感觉惭愧。青年以肩荷建国的重任自相期许，因此目前的一切似乎反和他们不相牵涉。前线战事的胜负，国际局势的转移，以及社会中存在着的若干不良现象，有时竟引不起他们的注意与进一步的探讨。在他们看来，抗战的成败有几百万兵士在负责，他们无须过问；世界大局的演变是不可测的，过分的杞忧和浮薄的乐观同样没有意义。现实和理想距离太远，比较稳妥的方法还是自己屈服，或者尽以诅咒讥讽来发泄个人的情感。近年来政府因为军事与建设机关需人，曾屡次公开征求，如果工作较劳而报酬不丰，便很少有人去应征。但银行或海关的招考，每次总是十分拥挤的。兵工厂的待遇不能算太坏，但大学工学院毕业生怕一旦进厂，去留不得随意，大都不愿尝试。我们的行政基层机构最脆弱，由于地方行政人员，特别是乡镇长的渎职，政府的政令到了下面便大大变质，如粮政役政的弊端百出，对于抗战与建国同有妨碍。试问今日的知识青年有多少人情愿深入民间，从教育与地方自治着手，来巩固国本改进社会？一部分青年将抗战和建国划分得太清楚，太注重实际的利益，而又避免现实；太自私，同时又太自负，现在并未努力，徒然憧憬将来，只等于"聊以解嘲"而已。建国肇端于抗战，正如"将来"必须脱胎于"现在"，一个应该参加而未曾参加抗战工作的青年，希望他在建国事业中会大有成就，我们是不敢相信的。

我们久已主张，政府应及时征调知识青年服务国家，不仅为争取抗战的胜利（当然这是目前唯一的要着）而且也为着青年自身打算。空前的相杀相斫的局面正在开展，千百万青年各为自己国家的命运而搏斗，在疆场中度着最艰苦最恶劣的生活，或者伤残肢体，或者捐弃生命。说它惨酷，诚然是惨酷，说它壮烈，又何尝不壮烈。因为要保持国家的存在，个体的牺牲断不能免，后者的价值与意义完全被前者所决定，到了这样的关头，个人的欲望。要求与计划不必计算，也无法计算。试问英伦之战、斯大林格勒之战，双方断送了多少青年，而更坚强更团结的一面终于占得胜着。再就我们所熟知的情形而言，美国空军来华助战者数目日增，其中以二十至二十五岁的青年为多，大都是大学生。他们可以远离祖国，来到异邦为盟友运输物资，协助地面部队作战，或远程航行袭击敌人的基地。独自飞越喜马拉雅山最高峰，下临皑皑的积雪；夜中突然出现于敌岛上空，看敌人在烈焰中奔窜倒毙——其意义不仅是冒险与勇敢，而是热情、理想、责任三者的交融。假如我们的青年，仍旧推诿，认为知识分子的责任仅在建国（最近很多大学毕业生千方百计要出去留学，也是受这种心理的支配）。对于这些盟国的青年慷慨为我们牺牲者，将何以自解？难道盟国战后便不需要建设与改造？特别是美国，它的形势远不及我们的这样急迫危险。

现在胜利的曙光已经透露，但五更时的寒气也格外刺骨。每一人都应加倍努力，才能渡过这难关。大家都说这是非常的时代、伟大的时代。诚然，诚然。我们何幸生当此世，何幸又恰在参加斗争的最适合的年龄。舞台锣鼓喧天的全武行，唱做十分认真，我们如果仅在台下喊几声好（有的甚至在戏院外面），可也算得是大时代中的一员？在这样一个时代中牺牲，我们的生命至少迸出一点火花，和这样一个时代隔绝，我们的人格中将缺少一种动的统摄，我们的情感将趋于僵冷凝固，我们良心上一角的虚空将永远无法弥补。现在只顾及眼前，为个人谋划，也许觉察不出生命中究竟少了些什么，恐怕是由壮年而老年，回忆今日的情形，总免不掉惆怅懊恼吧！将来自己的子女提起这一段历史，如果追究我们在这时期的贡献，不知应该撒谎，或老实讲我们是幸免陷入"劫数"？最近听说有几个自费留学的青年，到达美国不久之后，便不幸而被抽征，派至印度等处服役，舍己之田耘人之田，是一出啼笑皆非的喜剧。

建国的事业，十分艰巨，确实需要大量的人才，但所谓人才应先有坚定的信仰，宏大的志趣，而且曾饱经患难，彻底认识现实者，才担当得起这样的重任。取巧、自私与退缩，原不是青年的特性——青年如此，在今日未能参加抗战，在战后自也不会坚忍、刻苦，走向边疆，回到民间，在长时期的努力中完成立国的基本工作。何况目前陆海空军、兵工、交通、农村、边疆，各方面都需人甚急，青年有什么理由可以推托？

过去少数知识青年虽曾断断续续自动应征服务，一则政府未规定分配计划，二则青年本身立志不坚，去留随意，所以没有产生显著的效果。这一次西南联合大学四年级生全体应征，服务时期长达二年，而且工作的性质极为确定，和从前的方式大不相同，特别值得重视。自从各地报纸登载这条消息，已引起社会上普遍的注意，最近各处大中学学生纷纷请服兵役，似乎也是受它的刺激。政府正宜利用青年的自觉，及早作大规模策划与征调，使知识分子渗透有关抗建工作的各部门。一般青年向来迟疑观望，现在总应醒悟了吧！开罗会议成功，使我们的国家在亚洲取得领导地位。但敌人的实力还保存不少，时时在作困兽之斗，如近日湘西战争便是一个例子，想要把它击溃，尚难免旷日持久。而最后陆上的总反攻，无论如何，总应由我们自己负责。目前青年们应该替国家做的工作实在很多很多。有些人以为大学生应征服役，如仅限于通译，似乎工作太轻松，而且抹杀了各人的专长。这一种看法是错误的。因为目前这一方面的需要特别迫切，也只有大学高年级学生来担任比较适当。一则，由于中美两国的文化与社会传统不同，所反映的生活方式，在初接触时，自然格格难合，会滋生许多的误解。通译人员能随时随地减除这些误解，而且进一步更加要我们国家建设的经过与宪政的逐步实施向盟国青年说明原委。二则，盟国青年大都是血气方刚，生气蓬勃，和他们相处日久，愈足以显出我们的"少年老成"，是不能适合于今日动荡的时代的。我们应该虚怀接受这一种好的影响。三则，通译的工作虽较简单，而我们在行动上却不宜有丝毫的轻率松懈。因为由通译而沟通声气，无形中增进了军事的合作。因此便促成胜利的迅速实现。以上三端统做到，然后青年们在时间与学业方面的牺牲才得着报酬，然后对于国家确实有极大的贡献。

以上借西南联大毕业班之全体应征一事，反复说明抗战与建国应打成一片，而有关抗战的各方面，都需要生力分子的参加，来廓清暮气，提高效率。因为一般青年对于这个问题还难免疑惑，所以不嫌费辞陈述。最重要的一点，征调服务必须有计划有组织，由联大创始，我们希望这一个运动普及于全国，希望知识青年能顾及国家的艰危，认识时代的意义，而不要处处为自己目前的利益计算。

从军行
——印缅战场记事

周明道

（民国）1943 年秋，常德会战之后，大批老美来华。空军有 14 航空队，陆军有 Y.Force，后来又有 Z.Force（X.Force 在印缅），此外似乎还调来了三二五（？）师的一部分。大概在 11 月中下旬之间，有一天，新校舍大门口贴出一张布告，教育部引用国家总动员法，征调我校四年级男生从军，凡从军的抵 30 个学分，不去的不发文凭。两天后，又贴出一张布告，梅校长召集大四学分已够毕业的学生讲话。那天，梅校长说："国家已进入紧急状况，需要你们马上从军，你们也不必再犹豫了。既然学分已够，马上就去，不必等大考了。"接着查良钊老师说："听了校长的话，很激动，真想跟你们一起去。你们就听校长的话，快些替国家出点力吧！"

就这样，我们第一批学生 40 人，未经学期考试，便放下书本，步入人生的另一个阶段。

一个月的军事训练结束后，我被分配到炮训所，简称 FATC。

这是第五军的炮三营，装备有 75 毫米的山炮，整营调来接受装备和训练。我参加了全套的工作，包括侦察阵地、测量、赋予射向、观测、射击指挥、试射、通信、驮载、武器保养等，一共工作了三个半月。

4月底，这一营调到滇西，担任反攻龙陵、腾冲之任务，曾经是当时炮兵的主力。他们调走后，调来三个师属炮兵连，我被派到九十三师的炮兵连。5月改调长程突击队，往印度接受训练。

出国以前，先在黑林铺接受体格检查。所有的人均脱得一丝不挂排成一行，由中美医官检查，和电影里面买牛的人看牛一样。检查完毕，有位穿白衣服的同胞叫大家伸出左手，在每人胳膊上打上一个紫色菱形图记，在菱形内有"验讫"（Qualified）字样。他关照大家千万别洗掉，没有这颗印便上不了飞机。我们搭的是C-46型运输机，飞机上没有座位，没有压力舱，没有空调，没有饮料或食品，更没有空中小姐，连一丝一毫的救生设备都没有。在高空，冷得牙齿打战，到了汀江之后，却又热不可当。到营区之后，按规定第一件事便是洗澡。穿的衣服统统脱在进口处，有专人收走烧掉。洗罢澡，又发给我们每人一包东西，由鞋到帽子全套都有。

民国三十三年（1944）7月25日离汀江飞密支那。26日接防，这是我初履战阵。7月是雨季，那天下着阵雨，地下积水没胫，四周到处是齐颈的长草，见不到一个可以辨别方位的标志，一脚高、一脚低地跟着前进。阵阵枪声忽左忽右，传入耳际，红色的曳光弹交织在黑暗的夜空。偶尔出现一颗白的、红的、绿的照明弹，照亮着天空。除了少数高级带兵官以外，其余都是初次上火线的。这一团的兵都是新征来的四川壮丁，个个心情紧张，途中谁也没有讲话，连大气也不敢喘。当走到一半路程的时候，忽然迷路了。在水中既不能坐，也不能把背包放下，待找来了带路的人才又前进。进入阵地，营长派我回去把老美找来，因此随同各单位回去的人，由副官率领回后面去。这一趟是向后走，因之心情轻松，一路上有说有笑。正在得意之时，右边草丛中忽然射来一阵机枪。我走在前面第二个，眼看着红色子弹在不到一米处飞过。欢笑声戛然而止，我也本能地钻进了左边的草丛。在那里蹲了半小时，让蚊子饱餐一顿才再向里面爬，找到一条小路。渐渐地，同伴们一个个地出现了，点点人数少了两个。也管不了那么多了，大家屏声息气地摸到后方去。

27日住在掩蔽部里。掩蔽部挖在地下，交通壕在旁边通过，我和书记官、医官三人共住。顶上一张橡胶布挡住了雨，但身上衣服、背包里的东西没有不湿的。沟里水深齐膝。晚间一阵闪电，可看到好多像是敌人的黑影。在此情形下谁又敢睡？只好不停地抽烟，来松弛紧张的神经。不久，枪声渐密，且越来越近，最后连掩蔽部上面的重机枪也在不断地吼叫。书记官经验比较丰富，便叫我们三人的传令兵，持枪站在掩蔽部两端入口处警戒。突然机枪连连长来问："谁有子弹？快、快，日本人冲过来了！子弹打光了，没有子弹，手榴弹也行。"我们留了三个手榴弹，其余的通通给了他。交通壕内任何声音都不能使我们分心，大家抓紧枪支，注意来人。渐渐地，枪声移到右边去了，悬在半空的心，得以渐渐放下。第二天才知道日本人由我们这里摸到第二营营部去了。

28日，随同侦察阵地，要通过一片开阔地。地里烂泥厚度逾尺，踩下去要好久才能拔出来，因此必须逐个通过。我尚未过去，日本人的枪响了起来，只见面前一棵长草猛然自行折断，想了许久，才明白过来，系子弹所击穿。

按计划，8月2日起对密支那发动总攻。7点多，有位老美上校带了无线电机来到营部设置观测所。8点，第一发炮弹落入敌阵，攻击开始，战斗一直延续到午后。为好奇心所驱使，我跑到连部去观战。2点多钟发起冲锋，大家都还未吃饭呢。只见各位老总提着枪，有的是背着枪，直往前跑。我也跟着跑，跑了一阵，把日军最后据点营房区占领，攻击停止。残敌被围在一块大草原内，我受命穿过草原与对面的老美联系，免得自己人打自己人。我带了一士、一兵前去，回来时天尚未完全黑。在草里穿来穿去，涉过一道道小河，到一个分岔路口。我考虑该如何走，周班长说他记得，便带头走去。这一迟疑却是我生命中的转捩点。走不几步，碰上埋伏在草中的日本人。一阵枪声，把领头的班长打倒。我和跟在后面的兵赶紧躲进草丛，好久好久才慢慢摸回自己的部队。经过两天的肃清，密支那之战告结束。

11月进攻南坎，在外围的南宇与日本人大战。我方兵力实际上只是两个连和一个营部，被两团的日本人包围在山顶，粮食断绝，弹药越来越少，附近亦无空投场地，补充困难。第一线受到日本人的冲刺，营部则不断受到日本的炮轰。日本人已冲到营部所在地前面一个山腰，如果他们再往上冲，控制了对山，居高临下，我们便成为瓮中之鳖。幸而前线抵抗猛烈，日本人死了不少，以致他们不敢贸然再冲，转而冲向右边，却正好碰上团的主力，难免大败。这是中印公路打通之前最后一次大规模的战斗。直接参与的日军有三个团，我们则是两团。

从军行

王宗周

在昆明

（民国）三十四年1月28日，是联大同学入营的日子，图书馆前乱哄哄地站满了送行的人，在噼噼啪啪的鞭炮声中，一条闹嚷嚷的行列出了校门。到了北校场，马上编了队，联大同学都作了二〇七师炮一营补给连的二等兵。

刚入营饭菜还不错，有时是满锅的萝卜片，有时是整锅的肥肉，加上在校同学不断地送小菜来，吃的方面算是很满足了。被子毡子都是新的，睡起来很舒服，一觉醒来，连忙穿上衣服，打好绑腿，理好内务，等着集合。刚入营的时候，大家都这么想：青年军当然要比老粗强！

2月2日的下午，为了领半月25块钱的饷，我们一营人在大风沙里站了两个多钟头。军需老爷架子真大，左等他也不来，右等他也不来。同学们那天第一次尝到了军队生活的滋味，那时，我们还是天不怕地不怕，既然抱了建立新军的目标而来，就先从他改造起，痛骂他一顿出了气。

中央劳动营的主任来演讲，一开口就说自己是大学教授，接着就形容领袖比神还伟大，然后就大讲谬论。同学们早就不耐烦了，他竟不知趣，越讲越上劲，同学就拍手叫好，咳嗽，跺脚，闹得一塌糊涂。

据说连里的训导员是我们的导师和保姆，在一次小组讨论上，亏他机警有口才，不然就丢了人。我们除教训他一顿外，更指出我们从军的目的，记得结论是这样的："青年远征军是国家的军队，绝对不应该属于任何人或任何党；并且唯有民主的政府，才能保证我们的血不白流！"

可是两三个月后，就使我们的理想破灭了。半年以后，我们就过着猪狗样的生活。

要飞印度了，4号忙了一整天，晚上又在巫家坝飞机场坐了一整夜，眼巴巴地等着飞机，而穿便衣的"黄鱼"，靠了官们的神通，反而先飞走了。

5号飞机到汀江，又整整的饿了一天。在雨里浑身上下淋得透湿的，又是累，又是困，又是饿，又是气，许多同学都气得哭了，这是我们从军后第一次受到不合理的待遇，时常气得什么似的。可是一年以后在车家壁，情形又怎么样呢？

在汀江

一到印度就很快地懂得了几个印度字，一个是"阿卡，阿卡"，这是不论印度的大人或小孩看见我们就要竖起大拇指叫的，和我们中国小孩子见了美国兵就叫"顶好"一样；另外两个字是"巴克色斯，巴布"，他们叫的时候伸出手来，意思是"给点东西吃吧，老爷"。团长命令我们不准把吃剩的东西给他们，因为怕引起"国际纠纷"。

又重新编了队，大部的联大同学都编在服务营第二连，简称"天声服二连"。

这几天吃的，米有好有坏，饭不生就熰。不过自己做的，怨不得别人。菜很好，有牛肉罐头和沙丁鱼。睡的地方很惨，夹在两个人中间动也不能动，真是活受罪。营房后面有一片森林，每天晚上都听到狼叫，小猴子还跑到帐篷附近来。

阴历大年初一的清早，我们在露天下脱个精光，原来的服装，烧得一干二净，新发的美国军服，穿起来蛮神气的。

2月14日早上，在营房的前面上了火车，在盘渡（Bandel），由于我们下车，上船，过渡，上车，动作迅速，秩序良好，博得美方联络官一个"空前良好"的评语，说是胜过在那里经过的任何部队，英美的军队也算在内。

四天四夜的愉快的车上生活结束了，我们到了目的地——蓝伽（Ramgarl）。

在蓝伽

说起蓝伽就不能不叫人想起那里美国人的热诚，英国人的可恶，中国官方的腐败和印度人民的穷苦。例子太多了，真是不胜枚举。

我们一到，吃住就安排好了，过一天就检查身体，第三天就开始受训，谁办的？美国人办的！在受训期间，不管是上课是驾驶是看教育影片，问一问哪一个人不是全神贯注？在哪一次集合的时候谁敢迟到半分钟？他们是那样热忱，苦口婆心地教导，是那样的认真，叫你一点不敢马虎，20几个小时的课堂，20几个小时的驾驶，就使我们学会开车，还会一点修理，想一想这是怎样的训练，而以后各个教练到排教练了8个月，敬礼、礼毕也学了几十遍，比一比这是什么教育！？诚心建立新军吗？有计划吗？有决心吗？

团长是个热情的人，很能吃苦耐劳，到处见他跑来跑去，什么事都管。在汀江，因为同学挨了饿，他哭了，他自动地饿了一天，率领长官做饭。

团长爱点虚名，有些喜欢吹牛，也有点模糊的理想。他组织天声社，所有的学术、康乐、消费合作等股，都由同学自己料理。他奖励壁报和体育活动，举办各种活动和演讲。在蓝伽，是他声望最高的时候，也是汽一团的黄金时代。那时同学敬佩他，他也爱护同学，把那些饭桶官长都气死了。

有一次，团里丢了一双皮鞋，他说："百分之九十九是官长偷的。"这一下闯祸不小，官长们把他包围了，说他侮辱了他们，坚决主张全团大清查，这一清，不打紧，果然是个排长偷的。

联大同学的国语、英语、讲演竞赛都是第一，可是有一次甘拜下风，那就是未举行的一个"辩论会"，题目是："军队里需要民主吗？"联大不幸，抽到"军队中不需民主"这一方面，大家决议"弃权"。

英国人把存在仓里几十年的臭米拿来了，把霉了的穗子运来了，不吃也得吃，伙夫老爷有本领，米里满是砂泥也不洗，牛肉煮得咬不动，并且发明了一种饭叫"煮面块"，一个面块拳头大，真叫你哭笑不得。大概有史以来，蓝伽的老鹰最高兴了，一开饭就成群结队飞到营屋上空来，俯冲，追逐，闪击，扑打着抢食物，作着各式各样的表演，同学们也乐得和它们玩。

受训八天之后，我们已经可以单独驾驶了，夏××同学说："别人转弯都说圆的好，我看不如方的好。"他每天都为这个主义而奋斗，左冲右撞走着折线，他的那副咬牙瞪眼的尊容，和两臂抱定方向盘的紧张态度，成为全连的谈笑资料，尤其是"夏先生上吊"那一幕，恐怕从军同学，谁都不会忘记。

3 月 26 日，天声服二连全体学员一齐毕业，这是汽车学校的创举，第一次由联大同学打破了他们的纪录。

在军队里，我们喜欢的是"干脆"，少说话，多做事，而长官们只知道贪污、揩油打官腔，没有事就卖他的三操、两讲、五集合，不让你有一点空闲时间，连他们自己都不知道为的什么来。

在蓝伽，我们连上办了四个壁报，美其名曰"啰唆"。

星期天变成了苦难的日子，一爬起来就整理内务，忙得要死，还要受气，后来索性用毡子包了木板，用瓦片支住棱角，敷衍了事，应付一时。

放假就到街上玩玩，吃吃印度菜或看看"巧克力"（印度话——女人）。不然就在家里洗衣服、洗澡，说起洗澡就想起蓝伽的炙热天气，在两三个月当中，只滴过几滴雨，一天到晚，红红的太阳，连云影都少见，每天必须洗三次澡才行。

写封信真难，这不准写那不准写，绞尽了脑汁写好一封信，又被检查先生绞成碎纸片。来往的信件都要检查，故意的吹毛求疵，在昆明的同学寄来一份"国是宣言"，杨宏道同学把它公布了，为了大家看着方便，谁知道两三天之后，半夜里他就被宪兵架走了，并且听说还要继续捉人，有人到宪兵连去探视，那些宪兵狠狠地讲："你要看共产党吗？"又说什么："在蓝伽的奸党活动得到了线索。"后来不知经过了多少次的求援、说情、保证，才放出来，不然，按他们说"要枪毙的"。

在加尔各答

我用不着写那繁华的市容，我用不着写那名胜景色，我更用不着写那闹嚷嚷的人群；要写的是那些印度人，他们一见面就那样的亲热。中印像是一家人，还有那些华侨，当你迷路的时候他亲自送你回来，当你要买什么东西，找不着地方的时候，他带你买，绝不像蓝伽的老乡们，坏得叫人可恨。

我们进入一所大学，大学的教授喜欢得跳起来："中国人，中国人！"课堂里正在考试，那些印度妞用手掩着试卷，说实在话那些歪歪曲曲的英文字，是不大高明。

在雷多

我直到现在还想不通，为什么那群军官特别恨学生，看见了我们像见了仇人一样，看见我们受苦就特别高兴，他们常说"大学生算个屁，看我一样地打"。说不定，他们打起教授来会更高兴。战车营的官长向他们的士兵说："看见民主团（那时汽一团在印度，外人称为民主团）的兵，拉住就打没有错！"我们和他们面都没有见过，不知道哪里来的血海深仇。

一到雷多，就给我们指定一个地方，那地方曾经闹过很厉害的霍乱病，从前住在那里的中国军队，不知道死了多少，后来一把火烧了营房，搬走了。剩下了断壁残垣，一片凄凉，那烧焦了的梁柱树木还在，增加了不少恐怖景象。我们被指定了，必须住在那里。驻印军副总指挥郑洞国说："汽一团比霍乱菌还可恶，必须隔离。"

经过半个月的拼命工作，在野人山下，建立起我们的营房。营房靠着清澈的江水，对面是高峻的山岭和原始的森林，听人说山上有虎豹出没，半夜里大蟒蛇曾吞食过卫兵，我们虽然什么也没见到，但猴子常开跳舞会是大家都晓得的。我们都会猴子叫，一高兴，就和它们唱起对台来。

吃过饭，我们就在那条河里洗澡，有不少同学在那条河里学会了游泳。

团长终于向恶势力投了降，乖乖地取消了天声社，并且把天声服二连和别的几个连一齐解散了，官长们认为这都是"捣乱"集团，是的，因为他们受训的成绩最好，对团体的活动最热心，他们带来了新的气象，他们对团里的黑暗最看不上眼，当然是"捣乱"啊！

为了他们无理的迫害，我们抗议了，为了纪念这个连，我们开过追悼会，读过祭文，念过经，并且沉痛地唱过下面的歌曲

（《树上小鸟啼》歌谱）：

> 天声服二连，
> 提起来真可怜。
> 一帮学生，有书他不念。
> 投笔从戎，来把新军建。
> 环境恶劣，不容变。
> 到——处，碰——壁，
> 新军的新前途真是太暗淡，
> 不顾一切，直向前，
> 这里是天声服二连。

> 天声服二连，
> 提起来真可怜。
> 初志未成，先被人改编。
> 诸位同志，多多吃饭。
> 一切闲事，莫用管。
> 倒——东，歪——西。
> 官长的命令，我们照着办，
> 明哲保身，不多言，
> 这里是汽车第一团。

　　这个歌流行了很久。直到现在，服二连的同学还会唱。

　　后来，我们又搬了个地方，环境也还是一样，阿萨密是有名的多雨的地方，是个又湿，又热，令人发霉的天气，到处都是霉烂的气息，有些同学病倒了，害的是恶性疟疾，并且有两个中学同学害"红虫热"死去了。

医院是美国人办的，设备不好，医生和护士架子又大，有时一天都不来一次，病人几天都没有药吃，有些同学要靠外边送药来医治，一所病房住上四五十人，一进去就一股臭味，地下潮湿得像能踏出水来，在床下或床头墙壁上都能长起小草。

在蓝伽受训完毕以后，同学就开始做饭了，因为实在不敢再欣赏他们自己的杰作，后来，伙夫们有的升了什么尉官，反过来管我们，有的到加尔各答做买卖去了，有的还是伙夫，不过除滥赌而外，别的什么都不做，我们做好饭，他们就来了。

我们到河边抬水，捡柴，做饭，成了我们分内的工作。

有一天来了五个衣服褴褛像叫花子的士兵，请求做我们的伙夫，蒙连长开恩，我们就成了伙伴。记得一个是中央大学水利系的，两个是铭贤学院的，另外两个忘记是哪个大学的了，他们连夜从密支那逃来，听了他们的遭遇，铁石心肠的也会伤心流泪。他们说："我们真幸运呀！留在那里的同学，不知道怎么样了！又要自杀吧……"

可是我们那里又有什么好呢？两个月当中，吃尽了苦，受尽了气，一天天，谁都盼望着回国来。

在史迪威公路上

7月，在这多雨的季节里，我们奔驰在史迪威公路上了，1059英里的路程，在我们的心里是永远不会抹灭的！你记得伊落瓦底江吗？当你想起那浩荡的江水，你的心神不是也和江水一样，缓缓地流向了远方吗？在缅北，那一望无垠的平原多像那绿色的海洋啊。我们不是再三地把车子停下来看那妩媚的摆渡人吗？那奔腾澎湃的怒江，水是红的；江上的惠通桥，你该还记得吧？那高峻的云岭和高黎贡山上面，不是还有我们同学的血渍吗？

在鬼门关上（Hell Gate）盘旋的时候，我们是多么的高兴，可是，在新平洋我们知道了一连翻了几部车，同学滚到深沟里，受了很重的伤。第二天在去密支那的平路上，我们都特别小心了。

在密支那的郊外，横躺着许多列车，车厢上满是枪眼，那里曾有过激烈的战斗，加油站一旁，竖立一个高大的指路牌，上面写着八莫、昆明，也写着东京，当时觉得很好笑，然而现在我们的路，不是引向东京了么？

在八莫，在芒友，你可以看见多少缅甸人，他们真像中国人，但是当他们用英语回答你问题的时候，真叫你大吃一惊呢！

在出发以前，同学组织的纠察队，老早检查了自己，谁都不准带私货。多带一条手绢或一把牙刷，也要当场烧了。所以汽一团经过检查站的时候，一摆手就过去了，别的部队有本领的把炮弹中的火药倒了，装上口红，把整桶的汽油倒了，装上花旗袍和高跟鞋。

到畹町，就进了"国门"，有个大检查站，那些宪兵，摸一摸我们的行李说："你们好穷啊，连个箱子也买不起！"

穷的倒是中国的乡下老百姓，一个个黑瘦瘦的，皮包着骨头，比印度人还惨，我们出国半年，物价又飞涨了六七倍了。

在车家壁

"男儿快意着先鞭，投笔从戎志最坚"，这首团歌已经好多天不唱了，团也改了名字，叫辎重兵汽车十四团，我们最痛恨的高副团长管理一切，团里的官长，有的盗卖了公物开了小差，有的请求调了职，认为这个团不够肥，有的住在家里，什么事也不管，有的还带了野鸡在团里过夜，有的是眼睁睁地等着发车子，希望能够好好捞一笔，同学们人大都复了学，也有的做了译员，最初从军的一百五十几位，打算坚持到底的，只有二三十个了。

昨天考 Pass，团长叫人代考，公开作弊。今天点名发饷，团里临时拉了一大批老百姓，换上了军装冒充，骡马队的士兵也请了来，这就是青年军！

政府规定的条文，每个字都像镀了金，可是"好话说尽，坏事做完"的当局，已经一再使我们失望，在车家壁五个月当中，哪一次不为给养发愁、着急，吃了上一餐，不知下一餐；吃过今天，望着明天，忍饥挨饿的事情已经司空见惯，一天一次稀饭，也不足为奇，可是，反过来看看团部，有的是雪白大米，有的是充足的蔬菜，为什么？在9月7日，爆发了"抢米风潮"，在闹粮荒的时候，大学生也小气呀！

从印度回来，每个人只有毯子两条，单衣数件，虽然是初冬，我们已经尝到寒冷的滋味。联大同学还可以回学校，找同学帮忙，那些西北的同学，夜晚紧裹着军毯，和衣而卧的样子，实在可怜。

10月底，三个人才发下两套棉衣。

人不能就这样活受罪，没办法要想办法，有一条活路被我们发现了："做苦力去！"我们偷偷地和修路的工头商量好，离开车家壁不远的地方，公路坏了一段，我们去搬石头修路，为了应付团里的集合，我们经常地抽出一批人，轮流地代替答到，大概因为工作太热心，路不久就修好了，我们也就失了业。

复学没有希望，就从学校拿点书来看，在大家互相劝勉鼓励下，我们把头埋在书堆里，官长，你骂好了；只要你不夺下书本。在领车的前一个月，我们把寝室变成了图书馆。

大家老是盼望着的车辆领来了，跟随着它们带来了我们的灾难，每天把它们洗了又洗，轮胎上的泥沙，官长们恨不得叫我们用针去挑。为了好看，我们把车子周身擦了机油，连轮胎都抹得乌黑发亮，谁都知道这是损坏车辆的最好办法，可是为了那表面的好看，总司令都称赞的，车子本来就不是为复员用的，不然，为什么用木桩架起来，一放就是半年。

车家壁就在湖边上，一高兴，我们就去划船，常常把船划到湖中心，任它漂移，只有在那时候，面对着雄伟的西山，广邈的滇池，那如画的美景啊，使我们忘记了愁苦。

有时，我们坐在田埂上，听插秧的青年男女对唱秧歌。

"好久不到这方去，这里妹妹好人才，早知妹妹人才好，十里当作五里来。"

"太阳出来热辣焦，郎晒颈子妹晒腰，郎晒颈子有高领，妹晒小腰有花围腰。"

我们从秧苗五六寸高的时候，听到收割完毕，大家都熟识了，有时她们也教我们唱。

倒霉的事情常常有，有一次，什么军政部的交通司的司长来检阅，我们在雨里等了一个多钟头，浑身衣服打湿完了，把敬礼演了多少次的队伍整了又整，到后来团长宣布，"队伍带回去，检阅官因为下雨不来了"。

团里的法令，并无明文规定，事后处罚，全凭心血来潮，禁闭开除随心所欲，一位同学踢了连长的狗，竟以"侮辱长官"的罪名关了禁闭，类似这样的事情真不计其数。有人是帽子没有戴正，有人是说话不小心，有人是见了长官没有敬礼，针尖大的事情，都关禁闭。

禁闭室设在碧鸡关，一间小小的黑房子比猪圈还要脏，一进去就是一股臭味，一边有个石磨，占去了房子一半的地方，一边铺了稻草，几个人坐在地上，脚都伸不直。

一个同学已经关了一个多月了，他害着很重的痢疾，病是一天重一天，而团里并没有放出他的意思，许多同学去为他说情，那个副团长杨胖子起初不允许，后来说："放了可以，不过要开除还要脱了衣服。"同学就说："脱了衣服怎样活。"杨胖子大怒，把桌子一拍，"我晓得他怎样活？"有个同学气急了，指着他说："你有没有人性！"杨胖子把手枪拉出来，对着那个同学说："你说什么，你想怎么样？"那个同学一把夺过手枪来，劈头劈脑给他几个耳光，后面的同学蜂拥而上，痛痛快快地把他揍了一顿，然后大家就溜之大吉了，后来虽然下过通缉令，庆幸没有被捉到。

10月3日，云南省政府改组，汽十四团有十辆吉普车参加内战，有几辆是联大同学驾驶的。

11月26日的早晨，团长报告一个惊人的消息："联大罢课了。"并且用很多恐吓的话警告我们："谁都不准进城，更不准回学校，不然的话就严厉处分！"可是，有谁理他，一回去，就再也不想当兵了，12月2日车家壁就出现了许多学联反内战争民主的传单。

"情形不稳呢，赶快走吧！"后勤部着急了。

在几天之内，汽十四团满载汽油和炮弹到湖南去了，团里仍然留着二十几位同学没有复学。

尾　声

在贵阳他们写信来："一天两顿稀饭，饿着肚子还得开车"，"一路发的油不够用，多烧了，上面要我们赔，我们哪来钱！"

2月间，他们写信来说："去年12月份的饷还没有发。"

在衡阳他们说："每次出发，都要出事，就看轮到谁的头上，五连还好，没有死人！油又多烧了，实在没有办法，只好带黄鱼！"

又有人来信说："他们的生活不够谨严呢！"

请问，这是谁的罪过？

我们从军的目的是为了消耗精力浪费时间吗？不然的话，代价又在哪里呢？尤其是被推入大狱的伙伴们，我们要问是谁坑害了他们？是谁，谁就该负责任。

丛林插曲

吴铭绩　梁家佑

1943 年暑假过后，就听说我们 1944 级应届毕业生的男生将全部征调到部队里当译员去。老师们就把这一年的主要课程让我们在半年中学完。到了年底，昆明译员训练班开班了，有些人已经穿上军服，常到学校来传播种种消息。我们有些不安心了，课余纷纷议论的都是这件事。有一天，电机系办公室外的墙上贴出一封具名云镇的来信。云镇是比我们早几级的联大校友，他正在孙立人部下工作。孙立人也是清华校友，是新编第三十八师师长，当时正在缅北，为打通滇缅公路这条国际通道跟日本军队作战。信中大意是他们部队需要有工程知识的人去做技术工作，待遇优厚，欢迎我们去。我们纷纷议论，认为反正要征调去当译员，不如到缅北去，那里是做技术工作的，技术工作似乎比当译员有劲，便纷纷报名要去。最后批准 15 人，我们电机系有蒋大宗、梁家佑、李桂华、李循棠、黄纪元和吴铭绩。机械系有宁奋兴、江今俊、曾善荣、方为表、陈柏松。土木系有王伯惠、孙致远、戴祖德、张世斌。我们没有经过译员训练班培训，就爬上一架美式 C-47 型运输机，降到印度北部的小镇雷多。从此开始了一年多的丛林生活。

在昆明待过的同学都知道美国兵瞧不起中国人，常常欺侮中国人。我们常跟美国兵打交道，也难免受气。在这一点上，我们几个在孙立人那边工作的译员，对孙立人是比较有好感的。因为他在第一次同我们谈话时，就叫我们不要受美国人的气，出了事他支持我们。因此不但美军指挥部派来的联络官对我们十分客气，就是出去与美军打交道，我们也总是挺起腰杆，不卑不亢。这里介绍几个插曲。

有一次，李桂华去交涉马匹过河。管摆渡的美国大兵不让过渡。小李派了 12 名冲锋枪手一字摆开，子弹上了膛，把 4 个"OK"吓傻了。他们不但给摆渡，到了中午，小李放他们去吃饭还不肯，一定要等渡完马匹才走。分别时，"OK""顶好"喊得还挺火热，真是不打不相识。

又有一次，我与梁开车赶回阵地。因为火线上不能开车灯，所以急于在天黑前赶到。不料，半途中一辆"OK"的大卡车，故意挡在路中不让我超车。我连连摁喇叭，也毫不管用，一直跟了十几分钟。我等到他在前面转弯时，朝他车子前方一点点打了三枪。果然枪比喇叭灵多了。他马上靠边站，我的车经过时他还举手祝福。

到了缅甸也有些值得回味的事。一次，李桂华把住处选在陡坡下。当晚恰恰碰到日本鬼子炮击，向他们阵地打了一个多小时炮。李桂华在帐篷里却安如泰山，还用炮弹筒里取出的 TNT 煮了咖啡，一边喝一边打牌，正是"醉卧沙场君莫笑"。

没有上过火线的学友，不知有没有听到过 TNT 可以用来煮咖啡。原来 TNT 在没有炸时是可以像火柴头一样吱吱燃烧的，只要用两三块石头架起锅，锅下面放一点燃着的纸片，把少量 TNT 分几次投在火上，火力强极了。我们煮饭、热咖啡牛奶全都用 TNT。也许你会说，老梁现在还在吹牛！哪来那么多 TNT？学兄有所不知，一发炮弹筒里放了好多包大小不等的 TNT，根据目标远近，弹道高低，炮筒有多大仰角，算定要用几包炸药。取出的炸药是没有用的，随便丢反而危险。所以用它来烧茶、煮饭并不犯法。TNT 烧水不但火力大，而且燃烧时完全无烟无臭，比老伴的蜂窝煤炉强多了。

另一次是在火线上，有一个英国工兵上尉不让我们过桥，说是还没有剪彩举行落成典礼。我跟他好说歹说都没有用，只好学小李的办法，下令车上人员都把枪上膛。这个军官比美国兵凶得多，破口大骂。我们朝他哈哈大笑，扬长而去。

不过我们都喜欢一位英国军官。他是工兵少校，桥梁专家，学识渊博，平易近人，可是其貌不扬，一脸大胡子，上身光着，用一根电线系住一件破袄。土木系的王伯惠同他很好，他能流畅地讲出世界著名的桥梁特点、缺点，设计师是谁，口若悬河，使人入迷。

初到缅甸我们就学打仗。正逢红十字会开来了救护车来组织献血，抽完血后，我们 15 人都有点疲倦了，挤在潘申庆同学的帐篷中休息。老潘已是个老资格翻译官，他怕我们到前方不会使用武器，就搞来一把左轮手枪，教我们上子弹。他上好子弹后交给我们传看。传到蒋大宗手上时，他朝地上打了一枪。没事，以为上好了保险，转过来又放心大胆地再扣枪机，只听惊天的一响，个个都吓呆了。当时"点五"（张世斌）正把腿架得高高地坐在我左边，只听他颤巍巍地说："坏了，恐怕是打着我了。"大家问他有何感觉？他说："疼是一点也不疼，只觉得腿肚子一热。"我们俯身一看，果然在绑腿上有一个烟头般大小的痕迹。这时老蒋早已吓坏了。我们连忙将"点五"抬到外面红十字会的救护车上送医院。一个月后见到"点五"，他告诉我两条消息：一是他自始至终一点不疼，二是开完刀后，毛子医生给他输的血比他献的血还多。"文化大革命"中，外调人员多次叫我认孙致远的照片，并要提供老孙在缅甸的事。他们大概以为老孙是冒充的，我就把这次手枪事件详细告诉外调人员，叫他们回去问问。我敢断定是真老孙一定不会忘记学生兵的趣事。从此以后，再没有人来外调老孙的情况。说不定当年"点五"挨的一枪真给老孙解了围呢。

关于"点五"还有个笑话。我们刚从昆明乘飞机去印度。对我们来说，坐飞机都是大姑娘上轿——头一遭。飞机上到处写的英文，每个字大家都凑上去看看。"点五"看见一个手柄上写着"PULL"，他立即像执行军令一样去拉。坏啦！原来那是一扇救生窗，一拉，人就被气流吸出去，我们三四个连忙将他拉住，七手八脚用尽平生之力把窗关上。如果不识英文，岂不是可以免遭此祸，如果不是第一次坐飞机，也不致闯祸。

我们被分配到翻译室、军械处、通信营等各个部门，实际上还是译员。有一件事值得一提。在一次发工资时，我们几个在后方的都被扣除了数量极微的一笔钱，说是奉命扣党费。这引起我们极大的反感，因为我们都不是国民党党员，为何要扣党费？黄纪元当即到军需处大吵一场，我（吴）则在一张表格的"你对我党有何认识"一栏内填上"我对国民党毫无认识，只是我非党员，却扣我党费，深为不满"。表送上去，文书给退了回来，要我改填这一栏，我拒不更改，后来倒也不听见有什么余波。

1945 年打通了滇缅公路，我们回到国内。开始"胜利大逃亡"，纷纷脱离部队。

随联大外文系远征印缅前线记

卢绍华

一、我飞到了印度

3月16日5点半钟起床，6点钟早餐，6点半钟着军服，到7点钟光景，美国运输的卡车三部把我们一同往印度的50人带到飞机场。我们就这样离开了译训班。

实际上我们只有46人去印度，临时在机场边一带，47人被分为三组乘机，我被分到第二组。第一组于早上七时半乘美方运输机飞印。我们一直在机场候令，风沙扑面，饥饿不堪，斯时张包陶彭四同学来看我们，我请张买了40元的包子，算是用了午膳。

2点钟，我把行李搬到一架美方运输机下等候。不久，美方通知因气候不佳，该机停航，樊教务主任来告，已与中航公司接洽，即搭乘前往，于是携行李去中航机场上机。两时半起飞，渐渐升高，越过滇池，转眼就越过丛山上空，我们就这样离开昆明，我就这样离开了留居在昆明的朋友和我亲爱的母亲。

我们到机场不久，美方军官教我们跳伞法。从此我们背着跳伞直到离开机场，相当的重却也得忍受。

6时在印属汀江降落。半点钟后，第三组的飞机也到了汀江降落了。我们两组同乘美方卡车，到中国远征军办事处，静候分派。我们到了印度，我们离开昆明更远了点。

也许我们到得晚的缘故，我们住在办事处，什么也不方便，但是他们指定我们住宿的帐篷发给我们牛肉、饼干罐头等，并替我们烹饭。在异国的土地上，我们是要感谢他们，的确，值得我们感谢。

我是第一次乘飞机，没有经验，我不知道人坐在上面要遭遇些什么？在起飞的时候，我只觉乘飞机与乘海船相同，到飞越滇池的时候，有一位同学脸色变了流汗，我倒没有什么感觉，有时我还往窗外看。4 点钟的时候，也许是翻越喜马拉雅山的时候，我躺着，难过欲呕，未久就呕了，一共呕了两次，我抬头向窗外见，远山近山都有雾，我们也有些寒冷，后来虽然不呕，心里总是难过，有时也往窗口远眺，但睡的时候占大半。

帐篷里两个大竹床（颇似贵州的凉床），分宿 12 人点洋烛，是办事处发的，因为未领到蚊帐被蚊子叮了几口。烹来的稀饭，我没有吃。吃了几块饼干、牛肉和带来的橘子。10 点光景才入睡。

饼干不甜不咸，硬得难吃，也许这就是我们日常的粮食，也只好适应。牛肉倒还好，而且，每天有吃牛肉的机会。

汀江距加尔各答，还有四天的火车路，距离前线约二百□[①]里。我们 47 人，分派到两个不同的机关，每个人究竟到什么地方？尚不知道。

这儿并不像说的那样热得难受，而现在还不是夏天。我们住的营帐在竹林里，还是乡村，距洞都马街尚有四□里，据说没有邮局和电报局，我不能在抵印之后即拍电报回去以免昆明朋友的遥念，同时把我的安讯带给关心我的许许多多的朋友们。

---

① □，原文不清，下同。

二、距前线二百里

17 日，7 点钟左右起床。

除了吃饼干和牛肉罐头之外，似乎无什么事可做。于是同王罗黄三君搭卡车到冬都马街，在高升餐室吃了一碗蛋炒饭，花了一卢比，算是解决肚子问题。

据云：外事局已把我们 47 人每个人应负的职务和机关都拟好了，而且，在两三天内发下治装费，然后分派各工作。我们现在可说是在静候命令的到来。

这儿是我们驻印军指导办事处分处，从昆明派来的译员都必须在这儿短住几天，然后再派往部队去。

这儿是平原，是乡村，风景佳丽，交通便利，铁路公路相互平行。铁路是单轨，公路是柏油的，来往车辆颇多，因而，在路上搭车机会比较多，对我们的确便宜。

这儿是边地的乡村，是刚开辟出来的地方。人烟较稀，而东西也贵（比昆明还贵），一把牙刷需一卢比，合国币六七十元。不仅东西昂贵而我们必需的东西，市上不见得有。可是有一项东西，的确便利，那就是香烟，一包白锡包，值三分之一卢比，合国币才 20 元，这与昆市售价 150 元相比，多便宜啊。

1 点钟后下雪弹子，大如蚕豆，继以下雨，深夜仍未停息。

18 日，午后 1 点钟光景发制服，制服 1 套，内衣 1 套，皮鞋胶鞋各 1 双，绑腿 1 对，水壶 1 个，干粮袋、漱口缸、洋瓷碗各 1 个，口袋 2 个，军毯 2 床，橡皮褥 1 床，帽 1 顶，如是，行李又多一样。

着好制服有六位同学被接走，事后得知被飞机接送至最前方。

3 时光景，我们剩余的 16 个人用卡车载往列度，每个人的职务和机关亦派好。我被派某师部。

在列度看见了丛林，看见溪流，看见远征的将士，非常快活，如同回到祖国的土地上一样。

这地方有英国人的住宅，有新修筑的营舍，有无数的公路和铁路。我们晚餐，用去了 4 个卢比，吃一盘茄子鸡饭一碗鸡汤。这是外事局发给我们的卢比。

今夜我们住指挥部，仍宿营帐内。但这里有电影看有音乐听，我们离前线仅有 200 里，可说是享受和后方一样。这些比方我们可看出美方为军人着想的周密，做事迅速有条，确也够我们注意或是学习。

夜宿某师部，19 日又到一个新地方，依然是彻夜未眠。

这地方是森林带，从未有人住过，如今由美军开辟公路不知加深了多少，如果无人把这原委告诉你，你一定以为是交通便利之区，也许还要感到云贵区边境公路之简陋。

指挥部招待吃稀饭。饭后由部派车把我们 17 人按地分送。到了 22 英里的地方，我们一行五人被留下，候令送到前方。

这儿是 ×× 部留守处。主官已到前线，留下的蒋主任对我们颇好，且告诉我们一些琐碎事情，接着又发我们未领齐的军用品。

20 日，为了等待外事局发 3 月份下半月的薪金和治装费，我们才停留在师的留守处。也为了要使这项经费从速发下，我和朱黄二君搭车到指挥部，待我们会见吴主任和黎秘书时，他们告诉我在两天之内即发此款。我们需要钱用，我们不能到列度，立即搭车返留守处。

我现在是军人。我们要保守秘密。我们不能在这里说出关于军事、政治等方面的事情。国内的朋友不知道，一定以为我们太忽略了，不能够详细地报告他们认为应知道的事情，也许还要责怪我们。

三、开往缅北前线

21 日，天比较热一点，却并不太热。

道旁常看见被遗弃的帽子、用具等，颇觉可惜！如是把它带到国内，散给没有这些东西的同胞，多么好啊！然而交通的不方便遂形成有的地方，用之如粪土，无的地方，视之如珍品。

这儿我们看见很多小的飞机除机师外可坐人一个，这的确方便，也许将来还要改进到更方便的地步。

22 日，正欲到指挥部，忽见钱君归来，谓余等治装费已带来，于是我们 5 人，平均分配各得 228 元。

午后某营需翻译官一人，郑君前往。

某营长特开车一辆，我们到里度买信封洗脸盆等。

几天前我们经过里度，我们只停留一刻，所以在里度街上买东西，这是第一次。这儿东西比较多，有的价钱则太高，我买了一个白洋瓷洗脸盆，花了 10 个卢比，折合昆市黑价需 900 元，不能说不贵。最有趣的是我买一把牙刷，用去卢比一个半，折合国币 135 元，还脱毛。我们过去以为印度东西便宜，虽不说是全错，至少不见得完全可靠。

我一天天的与前线接近，现在的位置可说是第四线，明天便要被送到第二线。从国内带来东西已经不少，加上发下的军用品，行李更多。早来的军官们告诉我们愈朝前方走，愈不能多带行李。最好的办法是丢掉自己的。

23 日，夜宿华缅道上。

也许雨太大了，醒来时始发现铺盖已淹了一小部分。

早饭后，整理行装，领给养预备出发。

到印一周，而在师留守处竟四天。

10 时半有卡车两部，装载荣誉军官士三十余人和我们一行四人往前方开，时而行万峰之顶，时而穿森林，越溪谷，正所谓深入无人之境。有的地带因雨之故，很难走；有的地带因窄狭之故，美方正在修理，所以沿途尚能见开山机、压路机，和运泥沙的汽车，不绝于路，颇不寂寞，然他们多来自他国或印度的另一部，和我们一样，同是他乡之客！穿越丛林，爬越岗峦的时候颇为寒冷，遇太阳时相当的热，真是一日之内气候不齐。

天黑了，雨来了，我们的车无篷衣快没电了，仍旧没有到达目的地，雨实在太大了大家都不愿意走，于是停了下来，有的人携行李到二十码远的帐篷住下，我们四个人的行李太多人也疲倦，只好把行李抬到另一有篷的车内，坐以待旦。驾驶室有一人睡，另外有三个兵也在车上睡，我把从昆明剩下的半截洋烛点起来，打开牛肉罐头，以面包充饥，可以躺则躺下，可以坐则坐，有两同学鼾声隆隆，我仍未成眠。这不是受苦，而是最好的训练。

24 日，清早开车，快 10 点才到孟关。到指挥部还是两点钟后的事。

现在，到了北缅甸，距第一线不远，不时还可听见炮声。

饭后同师部的翻译官谈天。他们来印已两年，有的还是去年随军撤退爬过野人山的。他们当时吃树皮草根，好容易到了印度，而今他们又到前线来，他们多辛苦啊？

我不是怕愈往前线，居住要求安适愈不可能，而是怕身体不行，不能担此重任。现在，我们前线士兵士气旺盛，天天打胜仗，想已无甚事体。可是雨季快到，听见旁人说雨季里最易生病，颇为忧虑。很想在前线居住一段时期，再请派到兰姆卡或加尔各答工作。虽然，我的身体不比兵强，我总极力锻炼，注意，以不生病为要事。

我看见飞机丢给养，用降落伞降落，丛林上空倍增白点，真一幅好画图。

我们在此住多少时候，刻尚未定。

四、到了炮兵阵地

25 日住在森林里，一会下雨，一会出太阳，一会又白云密布。阴呢？晴呢？其变化无穷。

同学朱黄两兄于饭后派出 × 团，我和薛则派去另一团。我们 50 个人，初到印分为两批，现在，一个一个的被送到小单位去。

午饭炮声较少，入晚几无，也许我们克服新的阵地了。

夜间有敌机在我们阵地和宿营地上空盘旋，立刻熄灯。

从前我真不明白将士们会从丛林中夺取敌人阵地。如果我这次不是亲眼看着的话，一定以为胜利之说是讲故事，而且，他们也是故事中的英雄。

到了小单位，自己要背负行李，旬前丢掉小皮箱、棉被、褥子、短裤、袜子。现在又要取消中英书籍数本，心虽可惜，但背不动，奈何！奈何！

26 日早饭后，到了团部，知我军已向前推进，看见 ×× 团长官，要我和薛暂时留在军需处。

3 点光景，我们的部队住宿下来。我们拣选了敌人炮兵阵地，用降落伞张开来休息。

晚餐，我们吃干粮，有饼干、葡萄干、大枣、牛奶粉、盐、纸烟和茶叶各一小包，都是来自美国的上好干粮。

这儿离前线二三里，枪声甚大，晚间有敌机整夜在我们的头上盘旋。

27 日饭后，我们向前推进约一里，路上看见有烧坏了的坦克车五六辆。车内四人均火化也有未烧完的，这些驾驶战车者多十八九岁的青年，这些死者的仇，只有我们去报。

有些同志们去敌尸体内搜出大批相片（多女人的）、护身符等以作纪念。

这做梦也想不到我会来到缅北森林区第 × 炮兵阵地营。

五、阵中闲话

29 日，天气较热。昨晚来了一场虚惊。先是前线传来枪声炮声，未久，离我们居住地不远地方，也有我方机枪声。我们赶紧起床。有的立即跑到旁的地方去，有的还未离开多远。于是，我跟随庞军需到另一地方坐在大树下躲避。半小时后回到原地，事后得知非敌人冲进我防线，乃我们弟兄们包围敌人。

白天里，我们的飞机出来助战，士气旺盛，据云：又推进 6 里，也许明天要向前方移动。

见报载本师长廖将军受奖，这倒是应该的。

30 日，今天向前推进 8 里，住一大山腰，是敌人修筑的草房，路上见我方炮弹和飞机投炸弹的准确，摧毁工事和要道障碍物不少，难怪敌人要仓皇逃遁。

据目睹者云：我方一搜索兵，被敌人钉于大树上，被刺刀锥死。该兵受伤不能前进，遂落入敌阵，而敌人竟如此残酷，与我方之优待敌俘相比，他们多无人道啊。

敌人大部队退去，而敌兵仍四出攻打，我方有一马夫上坡，被敌手榴弹炸死。自然，我方也派部队到山地去搜索。

这面山地极多，小道亦不少，在我严密警戒下，敌人不致来攻。

戴钢盔坐了 8 里的车，头颇觉昏，长久下去，也许人要变傻，战争期中，它是一防御武器，不能不用，虽苦犹乐。

31 日，奉令推进 2 里，驻的地方，是敌人卫生人员居留地。有酒精味，有火药味，有蚊子，还不算厉害。有蚂蟥，尚不是最繁盛的时候。

夜间炮声隆隆，我们两次到低地躲避，最晚一次是 11 点钟光景。

我们离开学校一月了，薛这样告诉我，我添上一句：我们出国也半月了。我们同来的同学们还未会过面哩！

白天里看看画，饭后谈谈天，有的谈到各地小故事，有的谈到敌人恐慌，有的谈到气候，这倒是野人山中消除寂寞的好办法。

4月1日，晴的时候少，落雨的时候多。这不是细雨，而是如注大雨。在平原，在别的地方，我们不会特别讨厌。但在这浓密的森林中，却感到厌倦。吃饭饱了，没有地方散步。坐在床上，头又抵住房顶。张开胶布，雨又从掩不住的地方漏下来。箱子盖湿了，床的两端也堆满了雨珠，一个钟头，还勉强耐得住，接连下了一天一夜，真是难受。深夜炮弹响得厉害时，还要爬到低地躲避。据说：这还不是雨季，雨季中，一下就是两三个礼拜，这是很平常的事。疾病之多，生命之危险，经历过雨季的人，希望天晴，我们新来的，也希望天晴。有了天晴，似乎生命也延长了几许岁月。

罗同学来谈，他在坦克营中生活的情形，吃西菜，看电影，听无线电，非常快乐。他第一次坐坦克，戴耳机，识记各种炮弹的位置，驶到第一线，听见敌炮的爆发声，坐着不能动，热气逼人，真是承畏，甚至魂飞天外。

军中生活单调，国内的人们能寄一些书、杂志或者有趣的小说戏剧来，倒是一件好事。

2日，昨晚雨太大了。1点钟光景，雨停了，房顶突然下降，我们五个人全被压住。中间的一个，因头部过高，左脸被擦。其余的我们，因为头部堆置行李过高，一点也未受压，特别是我，微觉空气振荡，撞击面部，半点钟后，床铺修好，一直睡到天明。

次日精神极不舒适。晚餐后沿公路散步许久始愈。

六、征人月夜话见闻

4月3日，平常我们听讲蚂蟥是生活在田里，但是，在这森林中，有无数的蚂蟥生在树叶上，听到有响声，即爬到树叶尖端，头抬得高高的等人们经过，即黏在人的衣服鞋靴上，直到血已餐饱，才从皮肤里爬出，这时，伤口才有些儿瘙痒微痛，但仍不见流血的痕迹，故很难知道已经被蚂蟥观光过。薛同学前天在他身上找到两个。我们随时都怕有蚂蟥的侵袭。我也时时检查身体，幸而，还未发现过它。

今天团里有一个尉官，为国成仁，大家都赞叹他的精神，愤恨敌人的残暴，同愿为之复仇。入晚，敌发炮较多，爆发声都距离得较远，我们除严密地警备外，还是安然地休息。

4日，森林里暗无天日，每次沿公路散步时，感到光线强烈刺人，相当时间后，才能复原，现在我们七天之内领一次校官给养，这是美国运到的干粮。一筒肉与蔬菜罐头。包含牛肉、猪肉、洋芋、水盐和香料，共重12两。一筒饼干罐头，重仅四又四分之一两，包含饼干糖果和咖啡。还有1盒干粮，内有4支纸烟，3包饼干，每包4小块。几块方糖，一小盒混合罐头，一包柠檬粉，一片口香糖和一把开罐头的钥匙。所有这些食物，甚为可口。据云："还赶不上去年发的。"他们都笑我们运气不好，我们都希望"赶快将敌人打出，同到加城去享受一番"。

5日，夜在丛林里更显得美丽与平静。尤其是月明之夜，月光从树叶的空隙慢慢地射入丛林，林中被照亮了，但月光是微弱的。这里听不见都市的喧嚣，也听不见山涧的流水，只听到同志们均匀的呼吸，他们因疲倦了，睡得很熟，也许已经在梦中回到祖国的土地上，像说教者一样讲述远征的故事：野人山上的猛禽巨兽，丛林中的雨季进攻，胡康河上的战胜强渡，××训练营的操训歌声，或是加城之夜景，或是开山机的响声，以及其他有趣的奇闻逸事，我躺在床上，格外觉得这月明之夜的平静、可爱，幻想着以丛林为背景，以爱情故事为主题，穿插入无数激烈的战争，织成一幅很美丽的画片，隐隐间由近而远的地方怒吼着枪声、炮声，可惜没有爱情的故事，不然，这儿会有活现的影片。

想起了丛林，也记起了丛林中的猿猴怪兽。这里日间还听得见猿鸣，怪兽可说是避难去了，剩下仅是隆隆的炮声，咯咯的枪声，三八式步枪却令人胆寒，我没有想到我是丛林之主去寻求女皇，我却需念到滇池湖畔的母亲，她在打发了她心爱的孩子到异国之后，照料着几个房间，白天写稿子，还要料理些琐事。白天抽暇，请邻舍顺眼看看家门，上街了还忘不了家门的锁钥未牢，晚上睡着了还担心小偷会从屋角小缝滑进，偶尔汽车驶过，还以为强盗进屋，就立刻醒来。忧虑，苦痛，没有一点失悔，没有一点畏缩，反以为不如是不足以使孩子长大成人，不如是不足以使堆置在孩子血泊里的种子开花，不如是不足以使年老的母亲得终余年，孩子到了异国，又增一些忧愁，孩子还年轻，孩子的身体不好，在火线上，在异地，孩子怎样度过白天和夜晚？孩子初次从学生生活转到军人阵营，如何过得惯？怎样去了解那杀人的利器呢？没有雨衣雨伞，如何躲雨？没有我的照料，又怎能长大呢？离开了母亲的孩子也是深深地想念到他的母亲。真的，我想到母亲，这样的夜里，母亲不曾很好地睡眠，我却可以在前线和士兵警戒下安全地睡过一夜，母亲很忙地了结一天和一夜，我却舒舒服服地挨过整个的一天，我不敢看见这月明之夜，这深密的丛林，我怕我想下去。我不诅咒月明之夜，我不诅咒命运的摆布，更不诅咒战争的残酷，只诅咒制造战争的人——我们的敌人。刚才看到一个受伤同志的呻吟景象，深刻地印上了我的记忆。

6日，副团长要我们去谈话，我们去了，他问到昆明近况，又详细地问到我们在校学习科目，日常生活，我们一一地回答。

约莫一小时光景，我们离开团部。

想到印度，就想到在印度林园驰骋的象队，高大勇猛，但我们初到印度，休息于汀江，我却只看见一只小象，一个印度人牵着，并不高大，也不凶勇。今天在前面看见随军的象，只有一个，依然是小的，象鼻子拖到地面，构造特别，举凡一切要送到口的东西，都是由鼻推屈而入，鼻子的外表是与皮肤颜色相同，面部却像一条蛇，还有一字格刻画清楚，内呈红色，耳朵俨如一面蒲扇，其形似牛，前脚长后脚短，比牛却粗壮，象牙较短。不知从何处来此无数象牙筷子与象牙用具，它跑路不快，形状不雄伟，然而，它的脚是用铁链缚住，颈用粗绳系牢，表明它的力量不小，我们用草及芭蕉喂它，每回都是将芭蕉外皮撕掉，将鲜嫩的内容送入嘴内。据云：敌人曾用象驮炮等，我们这只象，大概俘虏未久，还没有利用它吧！

今天荣誉归来的同志很多，也可见战争之猛烈！

7 日，整整 7 天没有移动，据说今天要向前推进，很早就用过饭，我们的方向是公路右边，没有宽敞的路向，四分之三以上的汽车不能通行，于是我们和庞军需，随行的输送兵传令兵十余人向目的地前进，这时候才 7 点 22 分。每个人都负着自己的行李，有的还要肩扛。我的行李比较多一点，我背一部分，头戴钢盔，左肩一个塞满的小包，右肩一个水壶，背上有一个较大的包。一点钟后到指定地点，人没有觉到什么，而头顶在刚解放的那一瞬间似乎成了一块平板，有些不惯，路不算太难走，一会森林，一会芦苇丛，一会旷野，我因穿了两件衣服，最外是羊毛衣，两颊上的汗向下直流。起初我自以为身体坏，但仔细瞧瞧，穿一件衣服挑东西的输送兵也在出汗，因此，我好像轻松了许多，是大家都感到热，都在流汗。究竟我还是担忧自己的身体，我暗地里这样想过，背这许多东西，爬过野人山样的高山，连行数十日，恐怕是很困难。择选好了住宿地，芦苇丛中，一株足够三人合围的大树下，割去杂草，削就床柱，正欲张伞搭床以憩，得主任通知："因故仍留原地，希兄等速返。"不得已候车返原地，原地究有不便之处，于是迁到不远的丛林住下，这次我们阔气些。两个帐篷，五人分住，两个降落伞重叠张开以高顶，每人一床，挂帐，长方形蚊帐，这和家里有何分别呢？

9 日，几天来都是晚上下雨，白天晴朗，早晚有些儿冷意，这颇像昆明的天气，就是中午太阳直射时，热得太难受而已。

遇着三个受伤的战士，他们刚才从第一线下来，他们因为向前搜索，被敌发觉，现而中弹，幸未伤致命处。他们一月前，自川出国，受训不到两个礼拜，即派来前方，前天补到战斗兵列，今天即负伤，真是战争的残酷！这种无情恶毒的火焰，我们应该赶快扑灭它。

七、野人山的怪声

4 月 10 日，晚上比较平静一点。白天飞机在头上嗡嗡地飞来飞去完成他们的任务，指挥车大卡车亦络绎不绝地在公路上驰骋，学校是着重学术研讨因而思想行动都要自由些，跟随学校的生活比较散漫，或者说比较个人化。比较严肃的生活要算军队生活了，我到军队中生活，这还是第一次。以往我听见人说此种生（活）是集体的，各分子间都有一种优越的感情和友谊异常快活，异常有趣，现在参加了的确也集体化了，甚觉有趣，然而我多少觉得不能和谐愉快犹如一个家庭。也许还是开始，我没有习惯吧！"各人自扫门前雪，休管他人瓦上霜"，这种论调是要不得的，但是多少人们也有些这种色彩。

4 月 12 日，一位同志正在陪他在讲加尔各答的生活情形，一声弹响大家立即散去各自跳入坑里，我因取钢盔，腿于床头擦伤。

等二响三响时，我们已镇静如常，我们学会区别敌我炮声，此后我们不时听见我们的炮发射。十分钟后，我们从洞里爬出来，他们也不再讲完先前的故事，然而，我还是准备着，非有相当的储蓄，不能去旅行加城，虽然，我们还在战争，我们被征到异国的土地上来，我们希望暇时能去一游异国的名胜。

山间小溪水清石出游鱼可数，于是有的兄弟们工作之余，下水捉鱼，我们每天都可以鱼为菜。有时无新鲜小菜，添上一碗鲜鱼汤，另是一种滋味。

这个时候，如果有一份祖国的报纸寄来，我们将多么高兴啊！

13日，今天我们看见坦克上前线，坦克像汽车那样大，在公路上驰骋，驾驶者都是不满二十岁的青年学生，多么令人敬佩和感叹呀！

输送兵得团鱼一个，有脸盆大，重20余斤。他是用步枪打死的。抬回营后，其他的勤务也助他剖洗清洁。一会主任从外面回来，亲自督促，加上一些洋葱……十余人共食，顷刻告尽，如果这条团鱼在国内被人发现，一定认为精怪，谁敢蒸食。我吃一点裙边，像猪肝一样柔软，味极鲜美。接着主任讲了些关于龟的故事，据说前天尚捉到七十几斤重的一条哩！

14日，好久没有搬家了，主任觉得与团部的联系远了些，昨夜特决定今晨向前推进4里，为了免除无谓的牺牲，我们预先指定做工事的人。饭后，我们十余人分批朝目的地前进。我是第二批，当汽车往河岸上前进时，火力不够，倒退了几次，算司机技术好，没有什么不幸的事发生。最后，还是我们下车，车才冲上去了。

新地方与前线更接近，预计为敌炮所及之区，我们住的地方搭成小棚子，两人共一个，我与薛共一个，未久，主任和军需们已做好了一个模型。主任要我们加入他们的阵营，真的，我们做得太坏。总之我们一离开床位，就觉得凉爽，回到棚内像在火炉中，热得非常难受。晚餐，我们尝到新菜，苞谷罐头。色黄，似豌豆由土里初成熟一般。我们是煮成汤吃的。我见到它，就想起它是阿母最珍食的菜。如果，将来我回去时，我定带几罐回去，让阿母不是在吃苞谷的季节里也尝到它。

6 点钟吧，忽降大雨和冰雹，十余分钟，床成沟渠，树木被摧倒，风沙满面，油布篷亦漏雨，我们已成落汤鸡。这是我出国来第一次暴风雨。我们依赖的大树安然无恙，我们那树枝，却折断了不知多少。

夜虽平静，不时仍可听着枪声炮声……

15 日，森林中许多怪声音，除了虫声猿声，还有一种像我们城里每晚更夫击柝之声，由近而远，由远而近，忽而连续不断，忽而微弱无声，夜静更深，听去真有一种不能言说的恐怖。

一个兵告诉我，他有一个同事受伤之前夕，也听到一些可怕的故事，我自来到野人山里，听着了不少的奇怪的声音及看过许多不平凡的事态。痛苦呢？快乐呢？我也无暇去想。

16 日，上个月的今天，5 点半就起床，为了赶 7 点钟的飞机。今天依然是 5 时半起床，月前的今天下午，背好降落伞，等候空中滇缅路的铁鸟带我们到异国的土地上杀敌，今天一样地在等候盟国的飞机来袭敌，猛力攻击，打退敌人，好早一些重回到祖国的怀抱。

八、英勇的故事

17 日，正欲去电马主任转告到印安讯，忽奉读母字第四一号手示，这是出国后第一次读到母亲的信，更是第一次看见我的日记在旬刊上发表，母亲的信这样写："你恐怕不会想得到你的日记也发表了。"回想读了十几年书，没有一点表现，深负母亲的培植和关心的朋友们的希望，拟在公余之暇，多多复习平时功课，而母亲在信末还重复地述说，编辑先生要我翻译一点英法文东西，我更感惶恐，好在编辑先生很热心，既给我这样的机会，我倒要学习学习。

刚到印度的时候，我以为是派在指挥部工作，这样一来，生活安定有份书报阅读，倒也是好事，所以我曾请母亲将家里的中英文报寄给我阅读。然而我被派来前线，自己要背自己的行李，丢了棉被，和一些书报、杂志，换取一些军用物品，在丛林中前进，在枪林弹雨中食宿。固然，我手中现尚有几册书，还恐有一天，我会将它们忍痛丢掉，也不想再收到书报，苦累自己。然而，我是一个读书人，一离了书本，就感到彷徨，接着更要呐喊。所以还是要书本来展开心胸，增长能力，我决定要带走我留下的几本书。

军队中的人想看故国刊物报纸，却也真如渴里求露，如果，有人发动捐集书报寄到军中，当然，有很多人会期待和感激。

大约还有一个月光景，雨季便到了，这儿雨季，据云非同国内，雨季时，大雨滂沱，一天到晚，二三周不止。届时，不惟不能工作，疟疾和其他疾病也会猖獗，军中为预防起见，按时服食奎宁。

18日，昨夜宿瓦广，今天向前推进2里。

我们帐篷张在河岸上，主任和军需们住一个，我依然和薛一块。河是小河，河面不宽，亦不深，光天化日之下，一点也不冷，我和薛每天都去沐浴一次，他会游泳，可不高明，这只是因为他很少练习的缘故。

这儿是平原，芦荻早已一火焚尽，听炮声，格外清楚，自然也格外觉得危险，我们预防敌人，在很坚固的工事躲避，安全极了。除非炮弹落中我们的工事，这儿距离前线两三里，我方飞机投弹扫射机枪声音也可听见，同时，晚上还看见火光熊熊，由近而远的在敌人方向。

夜间，大风来袭，可怕极了，如果，这地方只有一个人的话。

21日，自从我派到×师服务以来，在三个月当中，夺得的□□□□书报。一会儿，□会□来。据俘虏的口供，他们看见盟军每日轰炸他们□方交通线，和我们远征军炮火猛烈，射击准确，他们战志消沉，时时畏惧我们的突击，而且他们在缅北伤亡人数最大，敌与我形成三与一之比，这不是夸张的，下面的故事可以想见：

在军队中谁也瞧不起伙夫，谁也低看了他们，煮饭是他们的责任，上级官佐当然不会责成他杀敌，可是也有和你想象刚相反的，这个故事的主人公是炊事兵，是人们瞧不起的伙夫之一，那还是攻打瓦鲁般的战役，时间是早上，有我某炮营炊事兵蒋觉先送饭到三里远的第一线，途中看见了两敌人，每人挑了一担步枪，他自己没有武器，连手榴弹也没有一个，如果我们替他想，他尽可挑着担子向后转，或是在路旁找一个地方隐蔽，待敌过去后，再向前走，但他出乎我们意料地，放下饭担，大声疾呼："捉活的哪，捉活的哪！"敌人听见立刻抛弃枪担，拼命逃跑。我们这位炊事兵看敌人仓皇逃走，也丢了担子，把敌人步枪担子挑了回去，后来呈报上峰，他获得了步枪四支的印币奖金。

22日，我们住在河岸上，算是隐藏的地方，超过大树，就是通军人的公路，公路的右边是一块大草坪，芽草早已烧光了。从这里往前进，要经过两道，小河三里距离，还有一个小树林才到敌人的阵营，前两天比较平静，敌人的炮弹没有向我们这一个方向射击。不知怎的，今天竟连续地向我们这一方射击，有的炮弹爆炸，离我们不到一里，我们并不慌张，迅速地跑入掩蔽部内，这样，花了我们不少时间。

我们住在敌人的工事附近，在这些工事的附近，有许多的绿豆芽，我们利用了工事来躲避敌人的炮弹，我们也利用敌人撒下生长的绿豆芽来做我们的小菜，这绿豆芽并不像故国的绿豆芽是在木桶内长大的，根本就看不见嫩绿的小叶，有时这豆芽还带苦味，可是除从河中捉来的鱼外，它也竟成了我们新鲜的小菜。

现在要继续讲的是一个战斗兵的故事。那是在占领瓦广之前，有我 × 营六连一步兵，因朝瓦广方向搜索前进，于是在黄昏时候，该兵紧握着武器屏绝呼吸，轻轻地走进敌人的阵地，到了树林里，发现敌人的工事，散布在几十码以外的地方。我们这位搜索兵，仍然搜索前进。□□□□□□□□□□过来的手榴弹，一下就把这位搜索兵的腿炸断了，这位勇敢的士兵忍□□□，看准敌人的工事，忽地跳入了工事，一刺刀就杀穿了敌人的胸膛。旁的弟兄跟着冲上去，敌人立即退去，我们的□□兵也跟随上去抬回这荣誉的士兵，虽然，他失掉了一条腿，我们却□□□胜利，他的英勇是值得我们钦佩的。

23 日，昨夜在进入睡乡之前，薛讲了他读过的一些桃色故事，这时候敌机一架，飞过上空，开灯欲发现地上的目标，灯虽扫射到我们床铺前方，未久即去，当敌机在上空时，我很怕他投弹，虽然制空权操在盟军手里。

今天每人领得黄色奎宁丸十小粒，以为十日食用，我把我的偷藏起来，预备在感到身体不适时食用。因为我的身体不太好，恐服药愈多，伤愈重。

这地方很热，像故乡的暑天一样，不挥扇或找寻树林多的地方隐蔽，就会热到生病，坐在那里，就有许多小□蚊来光顾，真是讨厌，最讨厌的是天热时，不想工作，我恐怕我会变成本地人，如果在这儿多住一些时光的话。

九、征袍尘满天边月

4月12日，今天向前推进1英里多。

遇同学朱，这是到师部后第一次会面。他告诉我派到×××部后开××车前进杀敌的情形。

重庆译训班派来的通译员，在起程赴昆时即发国币4000元。他们到昆明机场时，又发给军用辞典一册，我们一无所得，不知何故。

成都校友会为我们应征来印的同学，募得捐款××元，学校当局曾云："在同学们赴印时发给。"结果也等于零。

28日，12时得团部通知迁移令随同汽车管理组派车数辆协同搬迁给养，往返六七次，三小时，我们到了指定地点——离前线五百码的深林。

新地方有敌人做的工事，也有我们炮兵做的工事，杨花飘荡，蝴蝶飞舞，使我回忆起祖国之春，不知快乐，还是感喟。

晚饭后，敌打炮不少，落在我们前面三四码的地方，有一弹却飞在我们后面不远，幸未爆发，当那弹从我们头上飞过时，呜呜的声响，谁也料不到我们还能活着。

整夜不眠，一因机枪声前面及右方不断射袭，另一因是准备敌炮猛时，好躲入洞中。

我以前听译训班主任说："凡第一次的翻译官都派到印缅××训练营工作。"所以我带了不少的书来，谁知到汀江后就丢掉一切荷枪实弹与士兵们一道步行前线杀敌，餐风饮露，忙个不了，哪有闲空来读书呢？爱谱"采桑子·二园"寄意：

（一）

当年那晓书中趣？学事萦牵，家事萦牵，还说书偏我绝缘，而今晓得书中趣，诗去难还，路途难还，到底何时我凯旋。

（二）

长征万里蛮荒地，山也深深，水也深深，忆弟思亲泪暗倾，征袍尘满天边月，意气纵横，杀气纵横，杀尽仇雠方罢兵。

30日午后1时，主任召集团里各连排特务长等开会，在一个帐篷内，或坐床上，或坐饼干箱上，或靠在子弹箱上，甚至坐在地上。我们静心听训，每人均在膝盖上笔记，就好像我们从前在联大时的情景。直至鸡鸣时分，始各就寝。

5月1日，我的阶级是少校翻译官，每月薪金140个卢比外有50余印度卢比的津贴，预备全数奉作母亲旨甘，因我没有嗜好，钱放在身反而累赘。

我只要不被打死，战后我预想再到外国留学，所以我心中很坦然，脑子也很冷静，每天除工作之外，下河洗澡，往洞里纳凉，饭后散步，唱歌，念念英法文，读读古诗词。

2日，一会儿晴，一会儿阴，晴雨不一，下雨的时候冷，晴的时候热，真是难捉摸的天气啊！

昨天托人买了一支钢笔（头号派克），折合印币八十盾，从前的商人带到昆明，可售两万元。利润之厚，不言而喻。

十、战地观战图

3日，几天来气候变化大，尤其是我们前面几个重要的地方，常是难见庐山真面目，因此准备在先两天反攻，因为飞机遇着天气恶劣，遂作罢论，今天却是例外，大约2点钟光景，我方侦察机2架，赴敌阵侦察，未几，战斗轰炸机30架分批到敌阵投弹，一时浓烟蔽天，投弹完了，也许敌人认为飞机走了，都出来瞧望，我方飞机由上而下，由左而右地俯冲扫射，黑烟灭，枪声起，可怜小鬼们没处逃。这还不厉害，等到飞机去了，我方中小型战车数十辆出动，在炮兵掩护下，战车见备步兵向敌冲锋，本来前线地形较占优势，面对小河，桥梁被拆，河面虽不宽，水亦不深，涉渡甚难，然我忠勇将士奋不顾身，一鼓而横渡，直趋敌阵，据指挥人云：敌被毁平射炮一门，其余伤亡未计，5点后，战车完全返防，而我方步兵却夺得几幅战图。

当飞机大炮、战车联合作战时，在空中或隐掩蔽我方观战，倒是一幅好图画，但这图画虽然有趣，却是以生命构成线条和色彩，飞机俯冲投弹而扫射，多么轻快！多么威武！战车辘辘，所向无敌，多么英雄！因为我们是为国家独立生存而战，为解放全世界被压迫的民族而战，为予侵略者以相同的打击而战，因之也就没有什么悲惨之可言了。

6日，3点半钟，天还未亮，敌炮发放极密，害得我们爬了起来，着好衣服就寝，明知炮弹落在前面，距我们还远。

《红楼梦》今天比昨天多看几回，只觉黛玉多情，文笔高，常与宝玉吵嘴，动辄眼泪汪汪。当黛玉自怜时，颇觉悲凄，惜我不似宝玉，不能陪以流泪，只令人秋波动乱而已。

7日，接团部令，另移营地休息，于是，在9点钟光景，我们搬到前面一个地方。在新地方，我们张开了降落伞，三个是我们长官六人住，每两人住一个，我依然和薛同住，另两个四人合住一个，输送兵唐用一块大油布，人字形架了起来，十七八个人挤在一个大铺上，还用一块大油布来遮着米、干粮和牛肉蔬菜、罐头，这是全团的粮食，这是军需处的职责。

在我们前面是一片大沙滩，水流早□挤在前面很广的地方，后面是森林，最靠近我们的地方，树木已斫光了，偶尔倒下一两棵，也是没用之材。在我们的左面，最多不到两丈远的地方，有迫击炮连住宿。有树叶茅草盖的房子，有若干块胶布缀成的篷子。

我私下想，这虽是缅北的小丛林，却是一个复杂的环境，茅草树叶的房子，不是原始社会的东西吗？而雨布降落伞，不就是近代的东西吗？原始与近代的东西，替现代人挡雨，也各有利弊。

昨日黄昏时分，细雨纷纷，道路淋漓，行路数步，偶不慎，跌了一跤，有时还会扭坏了腰，手也酸痛。一夜醒来，若无其事。

十一、莫道前线不欢愉

8日，刚才从河滩上散步归来，庞军需即拿出二纸条，上面写着要我们今日至指派营报到，我接过条子来见字迹，而我疑心是假的，因为庞军需常常开玩笑，昨天还写了一道命令着即派眼镜翻译官薛某到十四医院服务，我听他们说笑，把纸条放入袋内，也许薛信以为真，我始终是不敢相信。庞军需说："我们送客应该加菜。"主任立即叫传令兵添上二菜，果然，7点钟吃早饭，四菜一汤，三样菜是罐头装，另一样却是主任近日自后方买回来的卤肚子。饭毕，主任通知二三营副官派人前来接我们到部，这时候，主任称奉命迁往新地方，说了许多客气话，开始行动，我和薛则整顿行李，等候来接的人。

1点钟光景，第三营派人来了，我将行李交给他，并和薛向庞军需道别，径向营部走来，途中遇迫击炮□庄□长，闲谈几句就分开了。这时候，我才埋葬了我的疑惑。

营部距离团部仅六七百码之遥，羊肠小道，倒也回转悠长，都是往林中穿行，所以日头高照，一点也不觉得热，到了营部我才知道这地方是我和薛两礼拜前游泳常经之地，后来师部也在这里住过，附近也有工事，万一□炮弹飞来了，还可以躲避，这里树木虽不十分密，防日却还不错。

我到后不久，营长返部，当即将团部命令给他，他吩咐副官搭铺，我就和营副官书记官临住一屋，屋顶用帆布遮盖，床用麻布米袋，四角弄个小孔，套上树桩，成为一个行军床。睡起来，又是一种风味。

当天林副团长来向我和薛送了 1 桶牛奶，他说他是成都人。他告诉我住在南门外，可惜我离开成都时年纪很小，已记不清南门街的方位。

9 日，我们昨天到达营部，这里就是我们服务的地方。现在联络兵尚未归来，只能这几日无工作。

覃主任告诉我，派到医院协助团指导员在新平洋区医院管理伤兵，日内即要到该地，同薛出国服务，昨天方各人下营，今天又有消息，我和薛各分到新平洋和印度两个地方都在我们的后面，一般人认为的隔前线远。生活当然比较安定。

我和蒋军需驱车到沙土坡，车行在宽公路上，好像 1 只飞鸟，真是快极了，眼镜也险些给□了下去，沿途风景佳丽，茅屋竹舍，□帐□床，星列林中，增色不少，暗想离前线不到 5 里，康庄大道，就铺筑好了，伟大精神，不难想象，以此克敌，何敌不克?

10 日，今天来到新平洋，同行张干事告诉我，晨 8 时在军需室候车赴新。

《大观楼旬刊》以后希望能够继续收到。

11 日，11 点钟自团部出发，大概在高沙坎附近，车路狭窄，等了许久，才继续前进，这时候到孟关的大卡车太多，都在我们前面，一丈多远即是车辆，因而扬起尘土如在雾中，周身积土厚一寸，有时竟喘不过气来，幸而戴有一副风镜，还能免此灰尘，可是晒了一个钟头的太阳，真有些难受。

到孟关已快 4 点钟，找不着面食，喝了一杯咖啡，仍旧坐着小吉普车向新平洋前进。

在前方常听说：由孟关到新平洋，这一段路比较难走，并不是公路不宽，而是雨季降临，公路积水太深，这时候新平洋方白雾蒙蒙，似有下雨模样。一个钟头后跨过大奈河，车子被阻，美方宪兵告以此路去新，日间只开放一次，今天决定5时开放，我们到的时间早一点，不能等待，所等时间有限，不一分钟，我们又往前行，过一大桥，那是木架，长数十米，可容两车并行而过，当我们跨大奈河时，亦经一大桥，彼桥系用浮艇搭在水面，长不及这座，过桥后都在宽大马路上奔驰，有的地方，因沙路未铺好，依然由旧道丛林中穿来穿去，眼看顶多不过八九里即到新平洋，那部吉普车陷在水里，水已掩盖公路一尺六寸，此时大雨滂沱，顶篷漏雨，最后还是一个美籍黑人，用大车拉链，将我们车向后拉出陷地，然后沿公路边涉水而过，到目的地已快七点钟。

暂时在一五一医院住下，我去找同学庄，他刚好在营，正与其弟聊天，我踏进帐篷，他怕我饿，立即给我一盘面包等物，及凉开水数杯，一面劝我多进食，一面为我设法借行军床，张帐，铺被，忙个不了，我好像到了家里一样，十分舒服！接着又介绍同学伍和陈，还讲了一些离昆时的情形。

我住在庄这儿，同我来的张干事和八位同志，住另一帐篷，他们因白天辛劳之故又无人聊天，晚餐后都入睡乡，昼间因阳光厉害，手腕皮肤均被晒红。

十二、前方的后方

12日，这儿气候不很好！来了三天，仅有一极短的时间见着太阳，其余的时光，不是大雨，就是浓雾密布。

和×营交涉结果，我们得分住于两个破帐篷内。虽然漏雨，我的床位却还未遭到不幸，但我不敢说永久不漏湿，这是暂时的，我们仍然负责与此地的美方联络官交涉，希望能有一个比较安定的地方居住，俾便管理伤兵。

黄昏时分，我又同张干事到×团去听候美方联络官的答复，我们先见该团王翻译官，他已为我们问过联络官，说他日内将为我们选一个妥当地点，让我们去住，可是我们认为最重要的是要领得汽油，我们的吉普车才能开行，对于这个问题的答复却不满意。

晚上伍熊同学来此玩，我们一同到皮排长处谈了一些前线的琐事。

14日，会着巴奇诺少校，他告诉我们，在一五一医务营搬走后，替我们在那儿物色一大间房子，让已愈的伤兵出院后得休息于其间，候车回到前线，另外又弄几个篷帐来作为长官居住之用。这样管理伤兵容易，而任务亦好完成，受伤的荣誉战士亦可得到舒适的休养，但是还需时日。

17日，同学庄和伍要迁往孟关前十余里地方，我特于饭后抽空到他们那里去玩了一会，刚好坐下来，机场的汽笛长鸣，机声隆隆，只见铁鸟一只只向天空上升，未久，我方高射机后接续射放，知敌机已至上空，也许敌机目的不止在此，没有降下云层投弹，我和薛戴好钢盔，在林下选一个妥当地方，预备观看空战，结果很为失望。

会见巴奇诺少校，他在待美方卫生大队迁走后，即要我们迁入该队篷帐服务。

19日，路旁偶然看见三五成群的"山头人"。他们是居在此地丛林里的土人，衣食很简单，只看见穿一条裤子，赤足裸身。他们说缅甸话，在我听来，觉得卷舌音特多。有时他们拿着鸡子、鸡蛋，或其他的东西，想和我们来换米，自然不能如愿以偿，他们满载而来，依然原物而返，人说，山头人中有很漂亮的，我却未看见，他们喜欢吃水果，昨天我在 × 医务营玩，只见十余个山头人围着一大树，你一刀，我一刀，刹那间那棵大树倒落地上。众往争拆果实，剥皮而食。庄和其他几位盟友也各手执不少，因为好奇心的驱使，我也跑了过去，庄递给我一个，我接过来见其形似桑子，大者如小苦瓜，颜色黑红，剥去外皮，内容颇像荔枝，尝其味，唯酸而已，我吃一个，张干事也吃一个，他说很像荔枝，不过其味甜，山头人皮色黄，发黑，与我们无大区别，至少与我们中国人有相当密切的关系。

我遇到了新四军

——回忆译员生活片断

阎秉渊

一

1944 年 4 月，一个美军联络组飞赴湖北前线工作，我奉命随行担任翻译。这个联络组由一名美军少校率领，其目的是想通过那里的国民党军队搜集平汉铁路沿线日军的情报，以便配合地面部队由空中粉碎日寇打通平汉线的阴谋。不料事与愿违。我们在那里住了半年多，竟没有获得一件有价值的日军情报。为此，联络组在取得我解放区同意后，就在当年初冬进入新四军的一个师部所在地进行工作。这是因为当时美军了解到中国的八路军和新四军是真正的抗日力量，对敌情了解最多，情报及时、准确可靠。的确，这个联络组在新四军师部的大力支持和配合下，工作开展得很顺利，获得了许多有价值的敌情。这对阻止打通铁路线起了重要作用。

二

这年 7 月，出现了一件新奇而令人兴奋的事。在收来的一件密电上写着："将有两名美空军人员由解放区到达樊城。希向中国方面接洽，使他们能安全返回。"这电报是从美军十四航空队拍来的。果然，一天中午有两名陌生的美国人被迎进我们的驻所。

紧跟在他们后面的是一位戴斗笠、穿草鞋、提着一个粗布背包的"老乡"。询问之下，才知道他就是护送那两名美空军人员的新四军周同志。啊！新四军同志！这是多么使人感到新奇而兴奋呀！但是，我却遇到了难题。我们驻所的两名勤务兵一听到"新四军"这三个字，竟害怕得连洗脸水和开水都不敢给他拿。我便亲自拿来我的洗脸盆，给他打好洗脸水，并给他倒了一杯开水。谁料还没等他洗完脸，就先后闯进两个中校参谋来盘问他。有一个竟掏出手枪进行威胁，什么"你们的司令部在哪里呀？""有多少人呀？""为什么你们游而不击呀？"等。周同志很直爽地告诉他们说："我只知道新四军是打日本鬼子的，别的我都不晓得。"一会儿，当地驻军司令部打来电话要这位新四军同志住到另外一个"招待所"去，理由是"中国人和外国人住在一起不方便"。其实他们是想借此扣押他甚至杀害他。因为我了解，新四军的这个师部曾派人向这里的国民党驻军押送过敌军俘虏和战利品。但每次派来的押送人员都被扣留，下落不明。因此，我当时立刻意识到这电话内容的危险含义，便急忙跑去同美国人说明这一情况。这时那位美军少校和两名得救的美空军人员都异口同声地说："新四军把我们从九死一生中救出，我们不能不保护他的安全。你告诉司令部，来的人必须和我们同住同吃。"一面说着，一面劝说新四军周同志放心上楼去住。后来，又经我向驻军司令部反复交涉，才把周同志保护在我们的住所。直到联络组去敌后时，他才同美军人员安全回到他的师部。当天晚饭后，我开始和周同志个别交谈。首先，我向他说明我的身份和地位，并拿出我西南联大的学生证件给他看，这才消除了他心中的疑团，同我谈起话来。当时我的心情格外激动，简直完全忘记了在楼下还有人在注意我的行动。

这两名来自敌后的美国人是三个多月前在武汉上空执行任务时，飞机被日军击中，跳伞降落到武汉附近解放区，被新四军民兵拯救脱险的。他们在解放区得到了很好的医疗、护理和热忱的款待，并给了他们参观访问的机会。因此，当他们回到重庆后不久，由于一再称赞解放区，遭到重庆当局的不满，就被调离中国。

三

据我所知，抗日战争时解放区拯救并护送过不少中美空军人员。记得其中就有一名国民党空军少尉是被武汉附近新四军拯救后护送回大后方去的。1945 年 8 月 2 日，在日本宣布无条件投降前不久，一位名叫 Doar 的美国航空兵跳伞后，在汉口东北约 60 里的地方，又是被解放区民兵救了命。他伤愈离开时，新四军还赠给一些介绍抗日民主根据地的书报和几件战利品。

给西南联大的从军回校同学讲话

闻一多

　　我也是参加校务会议的一分子，但我所讲的只代表我个人。关于治标治本的问题，刚才查先生、冯先生说得很清楚，很详细。我也替大家感到很高兴。不过我想，大家是去从军，而不是去治标。这些治标的对象是我们造出来的，所谓"天下本无事，庸人自扰之"。自缚自解只是绕圈子而已。但是这种治标，不是我们从军的目的，从军的目的就是治本。假使不抱治本的目的去从军，则我们还配得上做一个知识分子么？谈到知识分子，我们总以知识分子自夸，觉得很骄傲、很光荣。这，与其说是光荣，不如说是耻辱。由于知识分子少，固然显得宝贵，显得身价高。因此我们的地位之尊贵是由和一般没知识的大众相形之下而成的。所以我们个人之光荣，是以国家之不光荣换得来的。我听到很多从军同学回来诉说在印所受的侮辱。如有一个盟军俱乐部，英国美国法国……连印度人也准进去，独不准中国人进去，因为他们认为我们是"China man"，不管你知识分子不知识分子。可见你们个人在国内，可以很神气，而在国外，人家就不管你什么东西了。所以国内不改善，在外人看来，你们只是一样的中国人！把这些经历，反省反省，认得清清楚楚，就不会白去了。

我们去从军，受那些连长、排长，那些老粗的虐待，或是过分的恭维，也还是如刀割般苦痛的。我们可以骂他们："正是你们丢了我们的脸，使我们受外国人的罪！"大家想想，为什么他们这样？想一想吧，这原是我们的责任！抗战以来，感到军队里知识分子太少，都希望赶快让知识青年去从军，借此机会改善军队。但是为什么到今日才晓得要找知识青年？根本我们的打仗就不想要知识青年来打的！本来，战争之发动就是用农民壮丁来干，农民去送死，我们去建国。这说来好听，根本当时的军队就没有组织，没有计划。送死，由他们去！以前卖命由他们去，现在就轮到他们管你们了！当初，苦事让人家干，现在因他们而丢脸，我们是不应该把他们当作敌人来仇恨他们或可怜他们，这是错的！这是整个社会制度表现出来的现象。当初他们入伍时候，是没有知识就拉过来的，等到入伍后，也从未教一点知识给他们。相反的倒是让他们身体没闲，或者宁愿他们睡死、病死，却千万不要让他们的脑筋清醒，不让他们有知识。

统治者只要奴才去打仗，不要知识分子去打仗！好像现在要打内战啦，你们肯干吗？所以他们当初一时异想天开，想找些知识分子去从军。他们一则糊涂，一则聪明。聪明的是这么一来，他们只把你们当一般壮丁一样训练。你们受得了就来，受不来就活不了。他们要把你们壮丁化，麻醉你们；麻醉得越多越好，奴化得越多越好。所以，人家是聪明的，我们就不能太笨了！现在我们可以反省一下，到底是怎样一回事？想对了，也还不愧为一个知识分子。上了当就要变乖。要知道绝不是几个知识分子抱着空中楼阁的理想，老是想从事改良改良，这么天真就办得到的。但是我们的思想就是我们的武器！只要我们是人，有人格，这人格的尊严就是我们的武器！千万不要自己欺骗自己。做知识分子就要做一个真的知识分子！不是普通的技术青年而要做个智慧的青年！千万不要因为人家多给你们几个钱的待遇就算了事，要从大处看！

今早，有一个从军同学拿一首诗我看。好诗，但写的我不同意。他说印度人怎的没希望了。是人就有希望，只要我们团结和醒觉！除非我们是苍蝇，是臭虫，……打了八年仗，八年前和八年后的苍蝇都是一样的，是人就变了，受了这么多的苦是会变的！尽管受尽压迫和痛苦，终有一天是印度人的世界，而不是英国人的世界。印度有希望，何况我们中国！

还有一点，以为只有知识分子，才有办法，别人一概不成。这种想法是错的。不要以为有了知识分子就有力量，真正的力量在人民。我们应该把自己的知识配合他们的力量。没有知识是不成的，但是知识不配合人民的力量，绝无用处！我们知识分子常常夸大，以为很了不起，却没想到人民一醒觉，一发动起来，真正的力量就在他们身上。一班人活不好，吃不好，联大再好，也没有用的。我们是知识分子，应有我们的天职。我们享受好，义务也多，我们要努力。但以为自己努力就成了，就根本错！刚才那位写诗的同学说：印度人像没有生命似的，这才厉害。只有我们知识分子才怕死，人家不知死，混混沌沌的，把生命分得不清楚，一旦把他们号召起来，还得了！武器在我们手里时，就觉得这是不好玩的，要人命的东西；在他们手里，干起来就拼！因为真正的力量在人民，所以越压迫，越吃苦，报复起来就越厉害！因此我希望诸位无论干哪种工作，不要以为自己是大学生。这不该看成普通的谦虚，一种做人的手段；因为我们确实不如他们。不但口里说，而且心里也硬是要想：我们是不如他们的。我们的知识是一种赃物，是牺牲了大多数人的幸福而得来的。可是知识救不了我们；他们那些人敢说敢做，假如真要和我们拼起来，我们只有怕，没有办法！所以，问题就在他们要拼不要拼的问题；

如果要，那我们就完了！

只有在一个合理的社会里，在一个没有人剥削人，人食人的社会里，知识才是一个武器，知识在一个合理的社会里才有大用；不然，是不中用的。所以，我希望各位能较抽象，较远大，较傻劲地看去。我所以说是傻，因为许多人都以他们的经验，说我们这样做是幼稚，是傻。其实我们的经验越多，只越教我们怯懦而已。现在，在军队里，可惜不是你们作主；但假如我们是和人民在一起，我们就有希望了。

第四辑

联大风骨　精神永存

联大精神

吴　晗

　　国立西南联合大学今天在庆祝抗战以来最后一次的校庆，在这有特殊意义——充分表现出团结、联合精神，值得当前一切政党、全体人民学习的精神——的日子，我们于此谨申贺意。联大校庆应该为中国人民纪念的意义，扼要地说有三点：

　　第一，八年以来的西南联合大学校史，在中国人民斗争的进步的光明的一面说，也就象征了同年龄的抗战史。联大是抗战的产物，八年来饱经挫折，受尽流离颠沛之苦，从北平天津而流亡到长沙，而昆明、蒙自中间，且曾在四川叙永一度设立分校。即就昆明而言，校址也经过若干次的转徙，一度在工校，一度在昆师，一度在农校，最后才形成当前以旧昆中为基础，横跨北城，半郊半市，带上拓东路工学院的稳定局面。同时，联大本身在抗战阵营中，始终坚守岗位，用最大的努力尽其任务。在长沙，在昆明，在敌人疯狂的轰炸下，在敌人入侵的威胁下，仍然弦歌不辍，作育人才，八年来没有停过一天课，挺起胸膛，咬紧牙根，在极端简陋的设备，极端困难的环境下，造就了以千计以万计的青年，以其所学，为祖国服务。就其动荡和艰苦的情形说，象征了每一个在斗争中，在不断进步中，坚贞卓绝，不屈不挠，再接再厉的中国人民的生活，也就是中国人民在受苦难的缩影。

联大的精神是战斗精神。

第二，如联合大学命名所昭示，西南联合大学的组成分子是北平的国立北京大学，国立清华大学，天津私立南开大学。这三个大学本身各有其悠长的历史，有其独特的校风，北大以自由，清华以谨严，南开以活泼著称。在战争爆发后，三校合并为一，虽然三校各自保留其单一的行政机构和研究所，但是就联大而论，却完全做到团体一致，完全做到联合一致的精神，三校的教员职员，同时是联大的教员职员，学生除开少数联合以前所招收，因战争而休学，隔了一些时候复学，仍算作三校原来的学生外，其他一律是联字号的，无分彼此和畛域。其次，学校行政方面，由教授会议决定治校原则，由教授会议所产生的校务会议负责计划，由三校首长所组成的常务委员会负责执行、处理日常校务。三校间当然也有时不免争执，闹一点小纠纷、小意气，但是这些小别扭并不会妨害团结，更不会破坏联合，大家的注意力都集中在大处，无论如何，要做到联合大学的合理的进步的发展，团结之中固然有斗争，斗争也推动整体前进，尤其重要的是在团结联合的坚强基础上，和外界的恶势力斗争。在这情形下，三校原有的机构，类似三个政党，联合大学是这三个政党以民主的方式所产生的联合政府。联大教授会议是西南联合大学的立法制宪机构，学生自治会是联合学生的自治机构，类似民主国家的两院，两院休会期间的执行机构是校务会议和学生理事会，谁都可以说话，谁都得服从决议。这制度保证了联合，巩固了联合。三校的校风，在长期的团结联合中，融合贯通，也造成了联大的新校风，自由、谨严、活泼兼而有之的联大校风。

联大的精神是团结精神。

第三，受了战争的洗礼，流亡和轰炸的锻炼，原来养尊处优惯的三校师生，在这八年中，过惯缩紧裤带，肘穿肩露的战时生活，从象牙塔走到十字街头，从十字街头跌进贫民窟，也就是说联大生活在人民中，联大的大多数成员都成为真正人民的一员了。物质的困苦铸成精神的坚强，阶层的转变也自然消除了过去和人民隔离的鸿沟，他们不但接近人民，而且道道地地生活在人民中，体验、明白了人民大众的痛苦、遭遇。于是对现实的不满，控诉，要求改革的言论和行动，成为一股有力的洪流，从联大冲出，造成有力的舆论，促使全国和世界人民的注意。他们敢说，敢写，敢哭，也敢笑，敢骂。正义的呼声和行动，继承了光荣的五四而更发扬光大。民主堡垒的声誉蒸蒸日上，真够得上说是"贫贱不能移，威武不能屈"的地步。

联大不但是进取性的民主堡垒，为民请命，实现自由和民主的生活。并且也是民主生活的实验园地。在学校范围以内，壁报墙上张贴满了民主的刊物，也有不少针锋相对立场相反的刊物。教师中有属于民主同盟的，有国民党员，也有无党无派的人物，各人就自己所见说话，谁也不会干涉谁，更说不上刀枪相见。往往在同一时间，大会堂的时事晚会在畅论新型的民主，另一会场则正在举行党团的集会。发表，演说，集会，这几种自由，在校内算是充分实现了。

联大的精神是民主精神。

西南联合大学的为社会所尊重，为学术界所尊重，奠基在它的精神——战斗的，团结的，民主的精神上。

今天是联大的最后一次校庆。今后，三校都要复员到平津，西南联合大学即将成为历史上的名词了。我们，除了由衷地庆贺以外，提出两点希望，作为贺礼：

第一，当前的国是，必须团结，必须从缔造联合政府下手，来解决当前的危机，建设自由、进步、民主的新中国，这是全国人民一致的要求，也是时代所赋予的任务。联大所表现的团结、联合的精神和成就，正是当前国是的借镜和先导，并且是成功的实例，值得现存各政党学习，值得全国人民学习。

　　第二、三校复员以后，除开继续在学术的岗位上作领导以外，我们虔诚地盼求，不要放弃，而且更要积极地发扬联大的战斗、团结、民主的精神，在人民的立场上，做人民的代言人，为民请命，实现自由、进步、民主的新中国！

团结抗战的西南联大

赵乃抟

　　昆明西南联合大学是在 1937 年由北京大学、清华大学和南开大学联合组成的，最初称国立长沙临时大学。在抗战八年中，西南联大在极其复杂的环境中和十分艰苦的条件下，为社会培养了大批人才，其中有些已经成为国内和世界著名的科学家、学者和专家。历史证明，西南联大的创办是成功的。西南联大之所以成功，我认为从大的方面讲，主要有三点：

　　第一，艰苦奋斗为了抗战。北大、清华和南开三校都具有悠久的历史，各有自己的传统和校风，是国内外知名的大学。1937年抗日战争爆发后，三个学校从华北向后方迁移，从长沙辗转到了昆明。各个学校的图书和教学设备损失很大，单独继续开学都有困难。为了办好学校，给国家培养急需人才，支持抗战，只有三个学校联合起来。艰苦奋斗为了抗日战争的胜利，是西南联大联合的基础，也是全体师生们行动的共同准则。

　　在抗战期间，西南联大师生们学习和生活的环境和条件是十分艰苦的。学生住的是草顶子宿舍，每个宿舍住几十人，上下铺。教室只有窗户，没有玻璃；教室的屋顶是铁皮的。没有课桌，只有带扶手的椅子。有时听课的人多了，椅子不够，听讲站在窗外。

学生们是真用功，学习非常刻苦。那时敌机经常空袭昆明，一遇警报，大家逃到郊外，警报一解除，立即回来上课。有时白天逃警报，晚上没电，点蜡烛上课。图书馆比较小，书籍资料也不多，没看书的地方，学生们在联大附近的茶馆里温习功课。老师们的情况就更艰苦了，因为比学生多个家庭负担。为了不受空袭警报的干扰，集中精力备课，老师们多住在乡下。我住在距昆明20多华里外的岗头村。去学校上课，天不亮就得动身，要走两个多小时。住在农村，晚上看书只有一盏油灯。除去备课还要料理生活，烧饭用泥炉，烧木炭。物价飞涨，工资收入难以维持，生活相当贫困。尽管这样，西南联大的师生们有着一副硬骨头，从不计较穷和苦，一面努力学习，一面坚持抗战。西南联大校内充满着抗战必胜的乐观景象和浓厚的学习气氛。西南联大的这种精神，向全世界显示了中华民族不可战胜的坚强意志。

第二，团结互让。西南联大设常务委员三人，由三个学校的校长担任，负责西南联大一切重大事务。北大校长蒋梦麟先生和南开校长张伯苓先生长期在重庆，西南联大的校务就落在清华大学校长梅贻琦先生的肩上。三个学校在领导权的问题上都是互让，从来不争，就是在院系人事安排上，也从没发生过争执。梅贻琦先生善于用人，三个学校团结得很好。不争权，团结互让，也是西南联大能够成功的一个很重要原因。

三个学校不仅在行政领导权方面不争，在教学方面也是发扬团结互让的精神。在大学里，课程的安排本来是一项比较困难的工作，三个学校合并到一起，问题就更复杂了。有些课程原来三个学校都开，联合以后只开一个班，由谁教呢？问题就来了。又如大学里的课程分必修与选修，必修课听讲的学生人数有保证，选修课不然，有时可能只有几个学生选，让谁教选修课呢？很难安排。但是，三个学校老师们在教学方面，也是从来不争的，听从安排。大家知道，旧社会的知识分子，一向在学术上是不让人的，而西南联大的老师们，顾全大局，在教学上能做到互让，确是难能可贵。

另外，西南联大没有派性，不讲"门户"，不分北大、清华、南开。三个学校八年在一起，能做到这一步，真是不容易。

由于团结互让在联大已经形成风气，师生相处亲密如一家。学生到老师家里，如同自己家里，自己动手做饭。老师讲课，有的学生自动为老师准备开水；女同学常替老师做些针线活；那时我的家眷不在昆明，她们看到我衣服不多，主动给我做了一件大褂。我曾为20多对学生结婚做过主婚人。我50岁生日时，很多学生来为我祝寿，他们自己做菜。有一次我病了，他们把我送到医院，轮流照顾我。这些虽然是生活小事，但体现了国难当头，同舟共济和师生间的深厚感情。

第三，教学得法。西南联大继承了三个学校的民主、自由的传统。对不同学术思想观点，倡导用科学的态度进行研究讨论。在民主思想影响下，教学方式以传授与启发并进，培养学生勤思考，加强自学能力，打好深造基础。西南联大的教师，很多是当时有名的专家，因而教学质量较高，课程研究有素，选材适度，讲起课来头头是道，生动活泼，可以激发学生的求知欲。教师与学生同艰苦，共患难，好学勤业，对学生起到言传身教的作用。

另一方面，抗战期间，当然西南联大也不会成为世外桃源。不同的政治观点存在着斗争，有时斗争还相当激烈。西南联大在政治上，总的说来还是进步的。老师们鼓励和支持学生们为社会服务，从事爱国活动。西南联大学生为争取民主和自由，曾进行过多次政治斗争，他们反对国民党用政治统治学校，主张大学里学术自由。我在西南联大曾开过一门课，叫"社会主义"。不少老师在课堂上宣传进步思想。当时西南联大不仅是著名学府，还被誉为中国的"民主堡垒"，赢得国内外进步人士的称赞与崇敬。总之，西南联大是成功的，有许多好的校风和成功的教学经验，应该发扬和借鉴。

1985 年 10 月 15 日

任凤台根据赵先生口述整理

国家之败 多由官邪

——回忆西南联大的"讨孔"运动

邹文靖

　　1941 年 1 月，昆明的西南联合大学曾发生一次声势浩大的"讨孔"（声讨孔祥熙）运动，我当时正在西南联大上学，参加了这一运动，现就个人记忆所及，略陈始末。

　　1941 年 12 月 7 日，日本帝国主义悍然发动太平洋战争，突然袭击珍珠港。之后，又把魔掌伸向香港和南洋各地。在香港沦入日寇之手的前夕，香港九龙很多人纷纷逃离。但由于交通工具紧张，欲逃不得者大有人在。香港沦陷之后不久，重庆《大公报》发表一篇社论，揭露在日寇占领香港前夕，经由香港转运的大量中国抗战物资未能抢运出来而沦入敌手；还有当时正在香港的国民党政府官员、社会名流，也因飞机拥挤而未能逃出，但当时的国民党行政院副院长兼财政部长孔祥熙的老婆宋霭龄却能用国民党政府的飞机把他们在香港的私人财物，甚至把她家豢养的几只洋狗运到重庆。这一消息不胫而走，大后方人们纷纷议论，传为丑闻。

　　当时西南联大的进步师生在中国共产党地下组织的影响下，在国民党统治区的西南后方，形成了一个左右舆论、坚持真理、众望所归的"民主堡垒"。国民党官吏鱼肉人民的罪恶行径，孔祥

258

熙贪污中饱、"窃国者侯"的丑恶名声，早为全国人民所痛恨，又这样肆无忌惮地用国家抢运官员和物资的飞机运他的私人财物，特别是竟敢以飞机运狗，消息传来，西南联大师生群情激奋，舆论哗然。大家认为孔祥熙如此胆大妄为，令人难以容忍。我正在西南联大上学，面对当时看到的在国民党统治下的"国难日深，胜利无望"的情况，已是忧心忡忡，特别是听到孔祥熙老婆以飞机运狗的惊人消息，更为愤慨。我那时虽然加入了三青团，但我和一部分三青团学生也感到国民党政府这样下去，如何能赶走日本侵略者，如何能收复失地？！我们认为：对这些以权谋私、以私害公的不法官吏必须惩戒，以儆效尤。我曾和两个三青团学生一同到三青团西南联大分团部主任陈雪屏的房间去谈论此事（陈雪屏是当时西南联大教授、师范学院教育系主任，兼三青团西南联大直属分团主任）。我们说：政府要员如此肆无忌惮、为所欲为，对于争取抗战胜利，收复失地，极为不利。我们三个人认为：西南联大师生激于义愤，可能即将有所行动，如箭在弦，一触即发。同时认为西南联大三青团组织对孔祥熙以飞机运狗之事也应表示抗议，提出谴责，使孔祥熙之流的贪官污吏有所戒惧。陈雪屏沉吟片刻，然后说："我们青年团是有组织的，我们可以上书团长（蒋介石那时兼三青团团长）。"我说："上书团长恐怕也没有用，只有掀起学生运动，才能给孔祥熙一些警告。"陈说："不能说上书团长没有用。"我对他此话，不以为然，其他两人也表示没有信心。谈话到此，不欢而散。这次谈话说明当时声讨孔祥熙的学生运动，已是剑拔弩张，即使是国民党御用的三青团内部也不能不受到影响和震动；陈雪屏的态度，也反映了三青团某些人的立场。

翌日清晨，西南联大新校舍大门旁的墙上果然出现一幅火药味很浓的壁报，没有名称，也没有作者的署名，只是在报头处写一斗大的"喊"字。其中几篇文章都是从孔祥熙以飞机运狗之事谈起，揭露他贪污中饱、祸国殃民的罪行，呼吁全校师生对孔祥熙的罪恶行径，同声诛讨。义正词严，正气凛然！

这幅壁报点燃了"讨孔"的烈火，随之而来的是雨后春笋般出现的很多启事和声明，都是以集体名义写的，如某某宿舍全体同学，某系某年级全体同学，但没有直署个人姓名的（可能是怕受迫害）。在当时这种形势下，我们20多个三青团学生在三青团组织不肯表态的情况下，自动集中到一个教室开会，会上一致认为凡属爱国青年，都应积极投入"讨孔"运动，并把这一运动推向高潮。我们决定以个人联名形式发表"讨孔"宣言，要求西南联大学生自治会立即行动起来，组织领导全校的"讨孔"运动，并将这一运动扩大到昆明市和中国的抗战大后方。会上反映了青年学生对孔祥熙之流的憎恨，表现了"孔贼不除，誓不罢休"的决心。大家公推我和汪受璧、钟正等三人起草"讨孔"宣言，由我执笔。我激于义愤，仓促之间挥笔而就，26名同学立即一致通过，由汪受璧用毛笔大字书写，26人签名后，立即张贴到大门口的围墙上。

《讨孔宣言》是这样写的：

> 国家之败，多由官邪。当前我国贪污之风，有增无已，奸吏之恶，日益加剧。值兹抗战方殷，建国伊始之际，内政不修，无以御侮；贪污不除，何以儆奸！

> 今日，我国贪污官吏有如恒河沙数，而其罪大恶极者莫如国贼孔祥熙。孔贼贪污中饱，骄奢恣睢，已为国人所共愤，为法理所难容，而此次风闻由香港以飞机运狗者，又系孔贼之妇！致使抗战物资、国家硕老，困于港九，沦于敌手而不得救。嗟夫！铜臭冲天，阿堵通神，用全一己之私，足贻举

国之害。此贼不除，贻害无穷；国事危急，岂容缄默！今见我校壁端贴出声讨孔氏之文，同人等情有同感，义有同归，愿效先驱，共襄斯举。呼吁我校学生自治会立即召开全校同学大会，群策群力，共商大计；并希通电全国，同声诛讨，通过学运，掀起高潮！期树讨贼之大纛，倡除奸之首义。剪彼凶顽，以维国本。是为国民之天职，尤为我辈之责。（最后是二十六人的签名）

当我们在教室开会讨论参加"讨孔"运动时，三青团派人到场阻挠；当我们起草和书写宣言时，三青团中的一些顽固分子更竭力企图破坏并阻止我们贴出这张"讨孔"宣言。有一个三青团干事会的干事竟然声泪俱下地说："总理（指孙中山）革命几十年的功业，就要毁于一旦！"

当天下午，我们的"讨孔"宣言终于张贴出去，围观者甚众，颇有赞美之词。但夜里就被人偷偷撕掉，想是三青团中极右分子所为。他们可以撕掉我们的宣言，但阻止不了广大师生的"讨孔"运动。第二天中午，西南联大一年级全体同学在进步组织的影响带动下，秩序井然地组成"讨孔"的示威队伍，浩浩荡荡地开进西南联大新校舍（校本部）广场。队伍以一面大型横幅为前导，横幅用床单制成，上面画着孔祥熙的头像，颈上套着一个巨大的铜钱作枷，十分形象地刻画了孔祥熙这个贪官污吏的丑恶嘴脸。

学生队伍刚一开进学校大门，全校广大师生热烈鼓掌欢迎。随即在广场举行"讨孔"大会。不少同学上台演讲，痛斥孔祥熙的罪恶，阐明"讨孔"运动的必要。但也有少数三青团分子上台鼓噪，企图阻挠"讨孔"运动的开展，结果都未得逞。我们一同发表"讨孔"宣言的三青团学生临时推举钟正（起草宣言的三人之一）登台讲话。他极力主张开展"讨孔"运动，从而惩戒贪官污吏。他尽情抨击，词语犀利，谈锋甚健，与反对"讨孔"的三青团分子大唱对台戏。

这次集会中，当场决定全校罢课，立即上街游行。全校师生数千人踊跃参加游行队伍，沿途还有云南大学、昆华师范、南菁中学等昆明10多所大中学校师生陆续参加会合。游行队伍沿途高呼打倒孔祥熙、打倒贪官污吏等口号，在昆明主要街道游行三四小时。据说，当队伍游行之际，西南联合大学校务委员会常委梅贻琦（清华校长）、蒋梦麟（北大校长）均乘车尾随队伍之后，以备万一学生与军警发生冲突时，可以及时出面调解。学校负责人没有采取压制手段，并准备了应变措施，还算比较明智。

"讨孔"运动游行示威以后，昆明市许多大、中学生纷纷停课"讨孔"，各学校学生都发宣言、通电，以期将这一运动开展起来，对国民党政府那些贪官污吏予以惩戒。

不料游行后的第三天，联大当局突然召开全校师生大会，会上常委会主席梅贻琦在讲话中说："这次'讨孔'运动已经够了，不要再继续下去了。这样下去对我们学校不利，对你们求学不利，希望你们立即复课，不要再闹了。我认为这样已经够了。"常委蒋梦麟更是声泪俱下，他说："你们再闹下去，学校就要关门了！"接着，由当时的昆明警备司令宋希濂讲话。宋在讲话中说，孔祥熙也确实有问题，但要通过合法手续揭发检举。这样停课搞学生运动对学校工作不利，对社会治安不利，对抗日战争不利，希望同学们冷静一下，不要再继续搞了。于是昆明各校的"讨孔"运动也只好草率收场。它虽未形成轩然大波，走向波澜壮阔，但对国民党统治集团的贪污腐化，倒行逆施，已给了迎头痛击。据说，当时在重庆别墅养尊处优的"孔财神"，听说昆明西南联大发生了"讨孔"运动，十分惊惧；特别是西南联大的三青团也参加了这一运动，更出乎他意料。其实，西南联大三青团员中只是我们26人以个人名义联名参加了"讨孔"运动，但重庆国民党官场中却传说西南联大三青团参加了"讨孔"运动（三青团头子康泽等人和CC系二陈之间为了争权夺利，在蒋介石面前争宠而有尖锐矛盾，可能是陈果夫、陈立夫为了攻击三青团而有意以讹传讹）。为此，蒋介石曾派三青团中央团部组织处长康泽（臭名远扬的别动队特务头子）飞赴昆明，彻查此事。康泽到昆明后，先和西南联大三青团主任陈雪屏等人会商了解情况，然后分别找我们参加"讨孔"运动的为首的几个三青团学生谈话。他找我谈话时，问我："为什么要参加？宣言是你写的吗？是不是因为北大有'五四'学生运动传统，为了这个传统而参加？"我说："宣言是我执笔写的，我参加'讨孔'是因为像孔祥熙这样的贪官污吏必须惩戒，否则抗战胜利就没有希望。我是为了国家民族的前途，为了抗战的前途而参加的，不是为了别的。"最后，康泽以组织纪律为词，对我们几个参加"讨孔"运动的同学进行了训斥。

康泽分别召集我们个别谈话之后，又由云南省及昆明市三青团召开了一个全市三青团员大会。此会由康泽亲自主持，会上首先让大家发言，主要是讲在这次昆明的"讨孔"运动中自己所持的态度，为什么要参加或为什么反对参加。很多青年慷慨陈词，痛斥孔祥熙为首的贪官污吏的罪恶，愤怒指出对这些贪官污吏如不予惩戒，发展下去将不堪设想，抗战难以胜利，民生日益凋敝。这次大会一开始就给了康泽当头一棒，因为通知开会的时间是下午7点，但康泽7点半才到会，大会为此推迟了半个小时。大会由康泽主持，他说明会的内容以后，就让大家发言。当时西南联大法律系同学汪受璧（曾在台湾任高等法院院长）立即站起来说：

"我先不谈今天会的内容。我建议今天大会的记录不要把开会时间写为 7 点,应写成 7 点半!"康泽一听此言,知道这是冲着他来的,立即解释说:"今天因为我来迟了,而使大会推迟半小时。我今天下午到某地去参加一个会,回来时汽车在途中抛锚发生故障而迟到了。我向提意见的同学道歉!"有意给康泽难堪的汪受璧立即又站起来气冲冲地说:"你不要向我道歉,你应向全体与会人员道歉!"此时康泽面红耳赤,几乎按捺不住凶相,但他强忍怒气,说:"好,我向全体同学道歉!"大会就是这样开始的,从一开始就给这个来昆明镇压学生运动的特务头子康泽一个脸色,让他看看坚持正义、血气方刚的青年学生是无所畏惧的。一个学生、三青团员面对康泽当时那样炙手可热的、杀人不眨眼的特务头子,无所畏惧,敢于仗义执言,迎头痛击!我们积极参加"讨孔"的三青团员在发言中痛切陈词,认为贪官污吏必须惩办,否则法律何存?公理何在?抗战胜利没有希望。那些反对"讨孔"的三青团中的极右分子则以丑表功的姿态说明当时他们对"讨孔"运动如何阻止,如何反对,希望借此博得康泽的欢心与青睐。

康泽在最后讲话中,用"抗战高于一切",必须精诚团结,共赴国难之类的词句来压制。

这次"讨孔"运动,虽未达到预期的目的,但对孔祥熙之流的贪官污吏,已是一次沉重打击。据说,孔祥熙不只在当时对此十分惊惧,就是在运动结束之后,当国民党政府把陈雪屏的名字列入国民参政员的名单时,孔祥熙看到,仍惊魂未定地说:"国民参政会里有一个马寅初,已经够难以应付的了(抗日战争期间重庆大学校长马寅初教授曾公开揭露蒋、宋、孔、陈四大家族剥削全国人民聚敛大量不义之财);现在如果再来一个陈雪屏,他们一起攻击我,我将如何去出席参政会!"孔祥熙误以为陈雪屏是西南联大"讨孔"运动三青团方面的带头人。实际并非如此。

事实表明,反动的、非正义的,总是色厉内荏,貌似强大,实际虚弱,所以"讨孔"运动当时虽已结束,但孔祥熙之流的贪官污吏,仍如惊弓之鸟,忐忑不安,余悸犹存。

"一二·一"运动始末记

闻一多

自从民国三十三年"双十节",昆明各界举行纪念大会,发表国是宣言,提出积极的政治主张。这里的学生,配合着文化界、妇女界、职业界的青年,便开始团结起来,展开热烈的民主运动,不断地喊出全国人民最迫切的要求,各大中学师生关于民主政治无数次的讲演、讨论和各种文艺活动的集会,各界人士许多次对国是的宣言,以及三十三年护国、三十四年"五四"纪念的两次大游行。这些活动,和其他后方各大城市的沉默恰形成一个鲜明的对照,但在这沉默中,谁知道他们对昆明,尤其昆明的学生,怀抱着多少欣羡,寄托着多少希望!

三十四年8月,日本投降,全国欢欣鼓舞,以为八年来重重的苦难,从此结束。但是不出两月,在10月3日,云南省政府突然的改组,驻军发生冲突,使无辜的市民饱受惊扰,而且遭遇到并不比一次敌机的空袭更少的死亡。昆明市民的喘息未定,接着全国各地便展开了大规模的内战,人人怀着一颗沉重的心,瞪视着这民族自杀的现象。昆明,被人家欣羡和期望的昆明,怎么办呢? 是的,暴风雨是要来的,昆明再不能等了,于是11月25日晚,国立西南联合大学、国立云南大学、私立中法大学和云南省立英语专科学校等四校学生自治会在西南联大新校舍草坪上，召开了反对内战，呼吁和平的座谈会，到会者五千余人。似乎反动者也不肯迟疑，在教授们的讲演声中，全场四周企图威胁到会群众和扰乱会场秩序的机关枪、冲锋枪、小钢炮一齐响了，散会之后，交通又被断绝，数千人在深夜的寒风中踯躅着，抖擞着。昆明愤怒了。

翌日，全市各校学生，在市民普遍的同情与支持之下，相率罢课，表示抗议。并要求查办包围学校开枪的军队。当局对学生们这些要求的答复是什么呢？除种种造谣和企图破坏学校团结的所谓"反罢课委员会"的卑劣阴谋外，便是11月30日特务们的棍子、石头、手枪、刺刀，对全市学生罢课联合委员会宣传队的沿街追打。然而这只是他们进攻的序幕。12月1日，从上午9时到下午4时，大批特务和身着制服，佩戴符号的军人，携带武器，分批闯入云南大学、中法大学、联大工学院、师范学院、联大附中等五处，捣毁校具，劫掠财物，殴打师生。同时在联大新校舍门前，暴徒们于攻打校门之际，投掷手榴弹一枚，结果南菁中学教员于再先生中弹重伤，当晚10时20分在云大医院逝世。同时在联大师范学院，正当铁棍、石头飞舞之中，大批学生已经负伤倒地，又飞来三颗手榴弹，中弹重伤联大学生李鲁连君，仅只奄奄一息了，又在送往医院的途中，被暴徒拦住惨遭毒打，遂至登时气绝。奋勇救护受伤同学的潘琰小姐已经胸部被手榴弹炸伤，手指被弹片削掉，倒地后胸部又被猛戳三刀，便于当日下午5时半在云大医院的病榻上，喊着"同学们团结呀！"与世长辞了。昆华工校学生张华昌君，闻变赶来救援联大同学，头部被弹片炸破，左耳满盛着血浆，殷红的鲜血上浮着白色的脑浆，这个仅17岁的生命，绵延到当日下午5时在甘美医院也结束了。此外联大学生缪祥烈君，左腿骨炸断，后来医治无效，只好割去，变成残废。总计各校学生重伤者 11 人，轻伤者 14 人，联大教授也有多人痛遭殴辱。各处暴徒从肇事逞凶时起，到"任务"完成后，高呼口号，扬长过市时止，始终未受到任何军警的干涉。

这就是昆明学生的民主运动，和它的最高潮"一二·一"惨案的概略。

"一二·一"是中华民国建国以来最黑暗的一天，也就在这一天，死难四烈士的血给中华民族打开了一条生路。从这一天起，在整整一个月中，作为四烈士灵堂的联大图书馆，几乎每日都挤满了成千成万、扶老携幼的致敬的市民，有的甚至从近郊几十里外赶来朝拜烈士的遗骸。从这天起，全国各地，乃至海外，通过物质的或精神的种种不同的形式，不断地寄来了人间最深厚的同情和最崇高的敬礼。在这些日子里，昆明成了全国民主运动的心脏，从这里吸收着也输送着愤怒的热血和狂潮。从此全国的反内战、争民主的运动，更加热烈地展开，终于在南北各地一连串的血案当中，促成了停止内战、协商团结的新局面。

愿四烈士的血是给新中国历史写下了最新的一页，愿它已经给民主的中国奠定了永久的基石！如果愿望不能立即实现的话，那么，就让未死的战士们踏着四烈士的血迹，再继续前进，并且不惜汇成更巨大的血流，直至在他面前，每一个糊涂的人都清醒起来，每一个怯懦的人都勇敢起来，每一个疲乏的人都振作起来，而每一个反动者战栗地倒下去！

四烈士的血不会是白流的。

忆李公朴先生

叶　鑫

1946 年 7 月 12 日夜晚，在西山太华寺由昆明青年会举办的夏令营，正在寺旁空地上开营火晚会。一位先生从城里赶来，告诉大家李公朴先生于昨日被反动派杀害的噩耗。正在进行的文娱节目，自动停了下来，一片寂静。有人提议全体起立致哀，并向李夫人发去唁函。李先生原定是要来参加这次夏令营的。出发前他乘了一辆人力车赶到篆塘乘船处，说因故不能参加了。于是沿着河岸，一路跟着我们所乘的船，送着我们走了一段距离，才挥手离去。谁知一去竟成永别，我们失去一位敬爱的尊长，再也听不到他那洪亮的声音，爽朗的笑声。但他屹立在河岸，晨风吹动他那大胡子，挥手离去的身影，永远永远留在我的脑海中，和先生相识，先生的教诲怎会忘却。

李先生平易近人，喜欢广交朋友，善于做人的工作。家父与李先生、闻一多先生都有较深的友情，闻先生曾为他刻了一枚象牙图章。家父叶崇基当时是青年会智育部负责人，兼学校校长。因常请一些知名人士和几所大学的教授作学术报告，为此反动当局曾多次找他的麻烦。一次因主持宪政研讨会，惹怒了反动当局，被警方传讯和警告。后来他也参加了民盟。李先生一段时期住在青年会，他与该会军人服务部辛志超（辛是当时民盟中央委员之一，新中国成立后任全国人大副秘书长）和学生部的一位干事，常以该会作他们秘密会议及活动的场所。可见他们工作重点是知识分子，学生青年，军人。一天我在父亲工作处见到他，父亲把我介绍给他，说叫李伯伯，于是他摸着我的头问这问那。以后多次相见都是那样和蔼可亲。后来父亲告诉我：李先生因组织抗日救亡运动，曾被国民政府关押，是著名的"七君子"之一。

1945年暑假，李先生被邀参加青年会少年部举办的夏令营。这活动的主题是"德、智、体、群"，和先生吃住在一起度过了七个难忘的日日夜夜。营员多数是十多岁的中学生，也有几个大学生，加上工作人员约60余人。出发那天一早在篆塘乘船，船上插有编号的小旗。我乘的这船负责人是辛志超先生，李先生也在这船上。除我以外十多个互不相识的孩子，见到这个面目和善，微笑着向每一个人热情打招呼的大胡子的长者，似乎很拘束。他拉着旁边两人的手，问了各人的姓名、年龄、学校和家长职业等。船驶出了大观河，他提议每人表演一个节目；他带头说了一个笑话，使大家笑个不止。于是有唱歌的，朗诵诗的，学狗叫猫叫的，做鬼脸的，其中一个表演了朱大嫂送鸡蛋（慰问抗日战士的小唱）忸忸怩怩出了门演得惟妙惟肖，更是使大家捧腹大笑，气氛一下活跃起来。他说"我能生活在你们中间，仿佛年轻了许多"。其他船上的伙伴们听到了歌声，笑声也活跃起来。他指挥着我们拉其他船来个节目，于是歌声此起彼落，直到快上岸时才停下来。上岸后李先生背了一个简单行李背包，拄着一根手杖走在前面，不时回头招唤落在后面的少年朋友加油。

那次夏令营的内容极为丰富；有各种竞赛，球类、棋类、爬山；参观西山脚下的纱厂，参观气象台，请陈一得先生讲天文气象知识，并看了他作的步天规；请有名之士做报告，其中有李先生的"抗战形势"报告，曾昭抡教授作"升高与飞弹"。另一个外国人讲了一个美国青年，放弃舒适生活，远离家乡到非洲荒漠地区服务的故事。晚上还有营火晚会。

报告会上，李先生先谈到欧洲战场的结束，他说：随着意大利法西斯政府的垮台，墨索里尼被人民打死，倒吊在树上，说明民众对他的憎恨。苏联红军攻下了柏林，希特勒自杀，盟军在易比河会师，德国也无条件投降了，三个轴心国只剩了一个。日本帝国主义灭亡已成了定局，但它还在作垂死的挣扎，最近连连受挫。它的手伸得太长了，在太平洋从菲律宾到整个南洋群岛，直到安南，暹罗（当时称泰国）缅甸都陷入他手。在中国从东北、华北、华东、中南的一些地区都在它的铁蹄下。最后把战火引到西南，我们云南也成了前线，它从缅甸攻占我省怒江以西的一些地方。但全国各地它占据的只是沿交通干线的一些大中城市，广大农村仍在我抗日军民手中，它腹背挨打，补给困难。目前战机发生根本的变化，中国远征军和盟军在缅北取得重大胜利。如今滇西沦陷的腾冲、龙陵等地已收复，年初滇西的日寇全部被赶出我国土。贵州独山、广西前线大捷。八路军在敌后节节胜利，战果辉煌。美军光复了菲律宾，攻占了冲绳，正向日本本土逼近。苏联于4月初宣布废除苏日中立条约，预算不久将对日宣战，所以胜利的日子不会太远了。抗战胜利后中国向何处去？多年战乱，民不聊生，众所期待是和平，休养生息，医治战争的创伤，走团结民主宪政的道路，但很多事会按大众的愿望去做吗？他平时乐观的面孔，忽变得阴沉沉的。

李先生喜欢和青少年交朋友，特别为少年出版一种刊物叫"好孩子"。在那次活动中，他多次谈过，"你们是国家的未来"，并常三三两两的和大家谈心。一次爬大倒山的途中，他和我们几个和他一道走的人谈到：他到过西北某地，发现当地生机勃勃，官兵一致，军民一致，勤政廉洁，是中国的希望。

在营火晚会上他朗诵了高尔基的海燕，又唱了一首激昂高亢的歌——我爱我有一个喇叭，及一副歌喉嘹亮；在这伟大进军的时候，我要面向光明地方。我要奔向喜马拉雅的高峰，吹起这雄壮的喇叭，高唱自由斗争——战士的心头燃起一把火，被压迫的人们如同火山爆炸——这歌声多年来直响在我的耳边。

在临别时他说："和少年朋友一起生活了几天，你们活泼纯真，充满朝气，使我难忘。希望你们都能成为'德、智、体、群'全面发展的国家栋材，要关心国家民族的前途和命运。我们明年再相聚。"然后又在纪念册上赠言。李先生给我的题词是"一个圆圈是由无数个点组成的，缺了一个点就不能算一个整圆。不可小看一个人在社会的作用"。谁知第二年的夏令营他未能再和大家在一起，却牺牲在国民党的罪恶枪口下。

李先生倒下去了，面对凶恶的敌人，他英勇无畏，毫不退缩，为了民主自由把个人生死置之度外。家兄参加过一次在昆女中的集会回来说："当天特务捣乱，放爆竹，秩序一时混乱，李先生大声斥责特务、维持秩序，使会照常进行。在重庆校场口，他没退缩，被特务打成重伤，相反他更坚强了"。闻一多先生在最后一次演讲中说"你们杀死一个李公朴，会有千百万个李公朴站起来，你们将失去千百万的人民……"四天之后闻一多先生也被反动派在光天化日下杀害。两位英烈倒下去，却唤起了千百万人的觉醒。使反动派的面目在世人面前暴露无遗，从而加快了他们的失败。

民主斗士闻一多

李曦沐

    1999 年 11 月 24 日是我们最尊敬和热爱的老师闻一多先生的百岁诞辰。51 年前，毛泽东曾在《别了，司徒雷登》一文中，盛赞他"横眉怒对国民党的手枪，宁肯倒下去，不愿屈服"，"表现了我们民族的英雄气概"，说"我们应当写闻一多颂"；后来又在读史批注中，把他和岳飞、文天祥、瞿秋白、方志敏等并列，写道："岳飞、文天祥、曾静、戴名世、瞿秋白、方志敏、邓演达、杨虎城、闻一多诸辈，以身殉志，不亦伟乎！"这是对他的最高评价。他已经牺牲半个多世纪了，为纪念这个不应被忘怀的人，本文想着重介绍一下他的思想是怎样转变的，他是怎样同国民党的反动统治作斗争的，牺牲前他的思想达到了什么样的高度。

走出书斋

    闻先生早年是新月派诗人，后来是精研中国古典文学和古代文化的著名学者。西南联大刚在昆明建校时，因校舍不足，文法学院暂设蒙自。他同陈寅恪、郑天挺、陈序经、陈岱孙等十多位教授一同住在一个楼上。他专心治学，除上课外轻易不下楼，饭后散步也总是不去。郑天挺先生劝他："何妨一下楼呢？"大家笑了起来，戏称他为"何妨一下楼主人"。闻先生是一个爱国心极强的人。他有一句名言："诗人主要的天赋是爱，爱他的祖国，爱他的人民。"去年为迎接澳门回归而广泛传唱的他的《七子之歌》就可以使人强烈地感受到他的爱国深情。但是他曾认为，国家大事有人去管，不用自己操心。并且对蒋介石存有幻想，认为"抗战得有此人领导，前途光明，胜利有望"。因此，他长期埋头书斋，不参加政治活动。那么，后来他为什么转变了呢？用他自己的话来概括，"从客观环境说，是时代的逼迫；从主观认识说，是思想的觉悟"。

抗战以前，闻先生住在清华园，过着优裕的生活，同人民接触很少。抗战开始以后，他先是在长沙临时大学西迁云南成立西南联合大学之时，参加徒步去滇的师生队伍，沿途接触到穷乡僻壤的人民生活，了解到一些民间疾苦。到昆明后，开始住在乡下，与人民有了更多的接触。随着物价高涨，教授生活一落千丈，闻先生一家八口，糊口维艰，不得不去中学兼课和挂牌治印，以补家用，这使他更易于体会到人民的疾苦。特别使他心灵受到震撼的是农民被抓去当"壮丁"的惨剧。在给学生上唐诗课讲杜甫的《石壕吏》时，他曾流着泪控诉他看到的悲惨情景。在和联大新诗社同学谈话时，他也说，每当看到马路边饿死的"壮丁"，他都跟"受刑"一样。恰在这时，蒋介石的《中国之命运》一书出版，他说："这在我个人是一个很重要的关键……'五四'给我的影响太深，《中国之命运》公开地向'五四'宣战。我是无论如何受不了的。"特别是看到在国民党蒋介石独裁专制的统治下，贪污腐败，特务横行，物价飞涨，民不聊生，丧师失地，节节败退，更使他焦灼不安，并且完全打掉了对蒋介石的幻想。

正在先生苦闷焦虑上下求索之时，共产党人向他走来。首先是周恩来指示南方局派到昆明作龙云工作的华岗，要争取团结闻一多这样的知识分子。随即由楚图南、尚钺先同闻先生接触，然后介绍华岗去看望闻先生，与先生作了多次开诚布公的促膝长谈，使他看到了光明和希望。从此，他满腔热情如饥似渴地阅读了《新民主主义论》《在延安文艺座谈会上的讲话》《共产党宣言》《联共党史》《列宁生平事业简史》等大量革命书籍和《新华日报》《群众》等报刊。思想越来越亮堂，决心走出书斋。先后参加了共产党人和进步人士组织的西南文化研究会和民主同盟，全身心地投身爱国民主运动，和反动势力进行了坚决的、英勇的斗争。

为抗战胜利和民主而斗争

闻先生第一次参加的群众性活动，是1944年5月3日晚西南联大历史学会为纪念"五四"25周年举办的时事晚会。当时抗战形势十分险恶，日本侵略军发动打通大陆交通线的攻势，从河南长驱南下，国民党军一溃千里，不数月间失地数省，整个大后方为之震动，西南联大爱国师生更是忧心如焚。当时，我正担任联大历史学会主席，在地下党支部书记马识途同志的部署下，我们在联大最大的教室南区10号举办了这次晚会，请张奚若、闻一多、周炳琳、吴晗，还有我们的系主任雷海宗等教授参加，同学非常踊跃，连室外也站满了人，中途下大雨也不肯离去。会议由我主持，闻一多作了激动人心的讲演。他先是讲述了自己在"五四"当年曾用工楷书写岳飞的《满江红》张贴在清华的饭厅里，以抒发自己的义愤，激起同学的爱国热情。后来当听到一位教授说学生的天职是读书，过问国家大事不免幼稚，感情冲动，是国家的不幸时，他又站起来讲了一大篇话。他说，学生是国家的主人，有权过问国家大事。认为学生过问政治是国家的不幸，那么我要问为什么会发生这种不幸，还不是因为没有民主！说青年人幼稚，容易冲动，要不"幼稚""冲动"，当年也不会有五四运动了。何况今天青年人的思想也许要比中年人、老年人清楚得多，理智得多。过去我总认为国家大事有人去管，无须自己过问，长期脱离了现实。但是一二十年来和古董打交道，今天也总算得到结论了。孔家店就是要人们好好当奴才，好好服从老爷们的反动统治。现在不是又有人在嚷嚷"尊孔读经"吗？不是又有人在搞"献九鼎""应帝王"吗？我要重喊打倒孔家店，和大家里应外合来打倒孔家店，摧毁那些毒害我们民族的思想。

在这次会上，张奚若、周炳琳、吴晗等先生都作了很好的讲话。同学们也慷慨激昂，纷纷发言，表达了对时局的焦虑和对现状的不满。会场气氛之热烈，情绪之激动，热情之高涨，为几年来所未见，一扫皖南事变后弥漫于校园中的沉闷空气。这个晚会是西南联大爱国民主运动从低潮重新进入高潮的起点，也是闻一多先生第一次在广大群众面前亮出自己鲜明的战斗旗帜。从此，他便一直与同学一起战斗，可以说是"无役不与"。由于闻先生在学生中的声望极高，演讲极富战斗力和感染力，他又总是和吴晗先生一道参加每一次示威游行，真是和学生并肩战斗，所以他的参与受到同学们的热烈欢迎，产生了强大的政治影响。

紧接着，闻先生就参加了 5 月 8 日由联大国文学会举办的纪念"五四"文艺晚会，作了题为《新文艺与文学遗产》的讲演。他说：现在有些人是借文学遗产的幌子来复古，来反对新文艺。他还隐喻地抨击了蒋介石的《中国之命运》，说新主子一出来就要打击五四运动，并且提倡义和团精神。他说，新文学运动是新文化运动、新政治运动。我们要把文学和政治打成一片，要走出象牙之塔，要打倒孔家店。

7 月 7 日，昆明四大学——西南联大、云南大学、中法大学、英语专科学校的同学联合在云大举行抗战 7 周年时事座谈会，请10 多位教授分别从政治、军事、经济、文教等各方面检讨 7 年来的情况。罗隆基先生讲了民主政治问题以后，有的学者起来发言说：这次会是学术性的，是寓纪念于学术的讨论。中国的积弱是由于学术不昌明，要救中国的积弱就要昌明学术，我辈做教师、学生的就应当守住学术的岗位，孜孜以求之，而不应驰心于学术以外的事物，如政治商业之类。听到这些话，闻先生站了起来，作了针锋相对的发言。他说，今天在座的先生，谁不是埋头做过10 年、20 年研究的？谁不希望安心作自己的研究？但是，可能吗？现在不用说什么研究条件了，连起码的人的生活都没有保障。请问，怎么能再作那种自命清高、脱离实际的研究？有人怕学生"闹事"，我倒以为闹闹何妨！"五四"是我们学生"闹"起来的，"一二·九"也是学生"闹"起来的。请问有什么害处？现在还是要闹。有人自己不敢闹，还反对别人闹；自己怕说，别人说了，又怕影响自己的地位和自己的前程，真是可耻的自私！

闻先生不仅为了支持学生的爱国民主运动，不惜当众批评老同事、老朋友，而且在国民党嫡系部队将领的席上，也敢于说出别人不敢说的话。1944 年 8 月 18 日，国民党军第五军军长邱清泉邀请联大 10 位教授座谈。闻先生出人意外地在会上说了这样的话："以前我们看到各方面没办法，还以为军事上有办法。刚才听了各位长官的话，方才知道军事上也毫无办法……现在只有一条路——革命！"使举座皆惊。

这年的"双十节"，日军的攻势正在加紧进行，西南大后方受到严重威胁。战局的恶化充分暴露了国民党独裁统治的腐败无能，使人们进一步认识到单纯依靠它绝不能挽救危局。此时中共代表林伯渠在国民党参政会上提出废除国民党一党专政、成立民主联合政府的主张，在广大人民和民主党派中引起强烈反响。在此形势下，民盟云南省支部和昆明各大学及文化界联合举行了保卫大西南群众大会。闻一多先生是主席团成员。他在讲话中抨击了国民党反动派消极抗日、积极反共的倒行逆施行径。他说：抗战 7 年多，眼看着盟友都在反攻，而我们还在溃退。不是有几十万吃得顶饱、斗志顶旺的大军，被另外几十万喂得也顶好、装备得顶精的大军监视着吗？这监视和被监视的力量，为什么让他们冻结在那里，不拿来保卫国土，抵抗敌人？讲到保卫大西南，他说：郑州、洛阳、长沙、衡阳的往事太叫我们痛心了，保卫国土最后的力量恐怕还在我们人民自己身上。我们应该用奋发的心情迎接敌人的进攻，并且立志把他打退，万一不能，也要逼他付出相当代价，然后到敌后，展开游击战争。会议最后由闻先生宣读了《昆明各界双十节纪念大会宣言》，提出立即召集国是会议，组成全民政府的主张。

这里还应该特别说到 10 月 19 日由联大 5 个文艺壁报社和云大学生会在云大举行的鲁迅逝世 8 周年纪念会。在这次会上可以进一步看到闻先生的思想转变和严于解剖自己的自我批评精神。他在讲话中盛赞了鲁迅的伟大贡献和人格以后说，从前我们住在北平，一些自称"京派"的学者先生看不起鲁迅，说他是"海派"。现在我向鲁迅忏悔，鲁迅对，我们错了。说着他就转身向鲁迅像深深地鞠了一躬，使全场的人大为感动。接着他又说：当鲁迅受苦受难的时候，我们都正在享福，当时如果我们都有鲁迅那样的骨头，哪怕只有一点，中国也不至于这样了。骂过鲁迅或看不起鲁迅的人，应该好好想想，我们自命清高，实际上是作了帮闲帮凶！如今把国家弄到这步田地，实在感到痛心！现在不是又有人说闻某人在搞政治了，在和搞政治的来往了。可是时代不同了，我们有了鲁迅这样的好榜样，还怕什么？

1944 年 12 月 25 日，是云南护国起义 29 周年，昆明各界在云大广场举行隆重的纪念大会。闻先生在讲话中一上来就把矛头暗暗地对准了蒋介石。他说：30 年了，居然国家还像 30 年前一样，难道袁世凯没有死吗？群众会意地在台下喊道：没有死！然后闻先生说：护国起义的经验告诉我们，要民主就必须打倒独裁。30年后，我们所要的依然是民主，依然是打倒独裁。这次大会同样通过了要求召集人民代表会议，组织联合政府的宣言，并在会后举行了示威游行。

到1945年的"五四"，昆明的爱国民主运动更活跃了，声势也更大了。和上年一样，仍由联大历史学会在5月3日晚举办纪念"五四"晚会，不过这次规模要大得多，参加者除联大同学外，还有其他大中学校学生、职员、工人和新闻记者等，共3000多人。晚会仍由我主持，请闻一多、吴晗、曾昭抡教授讲演。特别值得提出的是，闻先生在这次讲演中讲了青年运动中党的领导问题。他说，当初的五四运动没有组织，由于一个党派有组织的政治力量的接受和领导，运动有了结果。当时我们感激国民党，感激孙中山先生的领导。今天的情形，一定还会有人徘徊犹豫，怕受党派利用，因为某某党也在喊民主。再过26年，当你读到今天的历史时，你一定会庆幸，今天有某某党派，就像庆幸"五四"当时有国民党一样。

5月4日下午，昆明各大中学校学生6000多人在云大广场举行纪念"五四"大会。大会一开始就下起雨来，有些同学为避雨从会场走开，一时秩序有些紊乱。这时，闻先生在讲台上，以他那特别有感染力的洪亮嗓音高声讲道：武王伐纣誓师时也下了大雨，武王说是"天洗兵"，就是上天给洗兵器。今天，也是天洗兵！他抖着长髯连声高呼："有'五四'传统的青年，回来！有'五四'血种的青年，回来！"在他的号召力和热情的感召之下，走开的同学都冒雨走了回来。大家振奋精神把大会开下去，通过了《昆明各大中学校"五四"纪念大会通电》，要求废除一党专政，召开国是会议，成立联合政府。会后举行了示威游行。

在这个"五四"纪念周里，闻先生还参加了 5 月 2 日的诗歌朗诵晚会，亲自朗诵了艾青的诗歌《大堰河——我的保姆》；参加了 5 月 5 日的文艺晚会，在讲演中盛赞艾青和田间两位解放区的诗人。同时发表了《人民的世纪——今天只有"人民至上"才是正确的口号》《五四与中国新文艺》《五四运动的历史法则》等重要文章。特别是后两篇文章完全是以历史唯物主义的阶级分析的观点来分析中国的文艺和历史社会问题，反映出先生思想的根本转变和巨大进步。

闻先生积极投身爱国民主运动，不只是参加一些群众性的集会，发表演讲。他是民主同盟云南省支部的重要成员，后来他被选为民盟中央执行委员，并担任云南民盟组织的宣传部长，《民主周刊》社社长。他和云南地下党的外围组织——民主青年同盟的关系也很密切，经常共同商量工作问题。他还是联大新诗社、剧艺社、冬青文艺社、阳光美术社等好几个进步社团的导师。除此以外，他参加的大型集会的宣言和他参与签名的文电，不是他起草，也是由他润色，甚至连刻蜡版、跑腿通知、找人签名等，事无巨细，他都不辞辛苦地去做，忙得不可开交，自己说是"以意行事，不顾利钝"，"义所当为，毅然为之"。这也是闻先生十分感人之处。

为反对内战争取和平民主而斗争

1945 年 8 月 15 日，日本侵略者宣布无条件投降，闻先生兴高采烈地剃掉了为抗战胜利而蓄的美髯，以为从此可以和平建国了。哪里知道，抗战胜利，内战危机却日益严重。于是他又投入反对内战争取和平民主的斗争。

8 月 15 日，联大、云大、中法三大学学生自治会联合举办"从胜利到和平时事晚会"。闻先生在讲话中直接点出"美国反动派在制造我们的内战"。他说:"谁在帮助中国反动分子打内战,我们就要反对谁! 不管他们有什么原子弹,我们还是要反对!"当会上有人问到"我们青年人应该怎样反对内战"时,他回答说:"只有联合政府才能根绝内战!"当有人问到"中国共产党的民主是不是真民主"时,他引用一个去过延安的青年党人的话:"延安是白,重庆是黑。"

10 月 1 日,闻先生同张奚若、周炳琳、朱自清、陈序经、陈岱孙、汤用彤等联大十教授联名致电蒋介石、毛泽东,要求"立即同意召集包括各党各派及无党派人士之政治会议,共商如何成立容纳全国各方开明意见之联合政府"。10 月 3 日,蒋介石利用调云南地方部队去越南受降之机,密令其嫡系部队包围云南省政府和龙云公馆,强迫龙云去重庆,派其亲信李宗黄为云南省代主席,关麟征为云南警备总司令。昆明政治形势大变,失去了原来比较宽松的政治环境。但闻先生仍然无畏地与群众一起继续进行斗争。

11 月 25 日,昆明四大学在联大召开反对内战的时事晚会,遭到国民党中央军第五军鸣枪鸣炮威吓。全市学生奋起罢课抗议。12 月 1 日,云南军政当局派遣武装军人和特务暴徒进攻联大,当场用手榴弹炸死和用刺刀刺死联大学生潘琰、李鲁连,中学教师于再,中专学生张华昌 4 人,重伤 25 人,轻伤 30 多人,教授袁复礼、马大猷出来制止暴行亦遭殴打。此即震惊中外的"一二·一"惨案。学生为此而进行的斗争称"一二·一"运动。在"一二·一"运动中,闻一多先生倾注全部心血与学生并肩战斗。他和张奚若、吴晗、钱端升等进步教授仗义执言,力促联大教授会通过决议:停课 7 天声援学生;向当局提出严重抗议,要求惩凶及取消非法禁止集会之命令;组织法律委员会提出控告。《新华日报》在社论中指出,这"是过去任何一次学生运动中所未曾有过的"。后反动当局以解散联大相威胁，迫使教授会通过决议劝导学生复课，否则教授将集体辞职；闻先生则提出反建议，要求将惨案元凶李宗黄立即撤职，否则教授亦集体辞职，给了学生以有力的支持。惨案发生时，主持联大校务的常委、清华大学校长梅贻琦不在校内，当其由北平、重庆返校后，闻先生以清华的旧谊和他作了长时间的恳谈，使他了解了当局的残暴、学生行动的正义性和顾全大局的态度，采取了同情学生的立场，为运动的胜利结束创造了有利的条件。在整个运动中，闻先生起了别人无法代替的作用。

"一二·一"运动结束后不久，西南联大即于 1946 年 5 月 4 日宣告结束，师生分批北上平津，北大、清华、南开三校复校，当时昆明街头已经出现反动派以"民主自由大同盟"名义张贴的壁报、标语，对闻先生等进行恶毒攻击和诬蔑，称闻先生为"闻一多夫"，称吴晗先生为"吴晗诺夫"，称罗隆基先生为"罗隆斯基"，给他们戴红帽子；还造谣说"李公朴奉中共之命携巨款来昆密谋暴动"，"云南民盟支部组织暗杀公司，董事长为闻一多夫"，并扬言悬赏 40 万元收购闻一多的头颅。显然，反动派已经磨刀霍霍，但闻先生毫不畏惧。此前不久，他还在昆明联大校友会为欢送母校师长北返平津复校举行的话别会上指名骂了蒋介石。他在讲话中说道："前几天有个刊物隐约地骂了蒋介石，于是他的党徒们嚷起来了，说侮辱了什么似的，还有好心肠的知识分子也跟着说这太过分了。难道说，他这些年造了那么多的孽，害了那么多的人民，骂一下都不行吗？咱们应该讲真理，明是非。我有名有姓，我叫闻一多，我就要骂！"不仅如此，他完全有可能躲避危险，也不加考虑。当时美国加州大学邀请他去美讲学，并可携带家属，他虽曾想过到美国去还可以做些宣传工作，但仍以国内民主运动为重，谢绝了邀请。联大北上同学向他辞行时，多劝他早日离昆，他都说昆明还有些事情没有做完。我去辞行时，问他为何还滞留在昆明不走，他说一是家口多，路费还需要筹措；二是你们都走了，昆明很空虚，反动派很嚣张，我们留在这里还可压一压反动派的气焰，给昆明青年壮一壮胆。哪里知道，在我们最后一批联大同学离昆的 7 月 11 日，穷凶极恶的反动派以为联大学生已经走光，又正值暑假，学生闹不起来，当晚就杀害了李公朴先生，4 天之后又杀害了闻先生。

在昆明时，因民青工作关系，地下党决定让我和许师谦参加民盟，介绍人就是闻先生和周新民先生。北上路过南京时，我要去梅园新村中共代表团转关系去东北解放区，住在民盟总部。周新民夫人李文宜问我：李公朴已经牺牲，你们为何不劝阻闻一多，还让他出来讲话？我说，那时我已离开昆明，估计一定会有人劝他，但据我对他的了解，怕劝也劝不住。事后得知，果然如此。

李公朴先生被刺，闻先生悲愤至极，当即要去医院探望，因发高烧家人极力劝阻未去，但彻夜未眠，第二天一早就去医院看望，抚尸痛哭。接着连续几天忙于抗议及善后工作。7 月 15 日在云大至公堂举行李公朴死难经过报告会，鉴于当时形势，大家都不让闻先生参加，但他坚持要去，只答应不讲话的条件。但在会上当李公朴夫人在报告中悲痛欲绝讲不下去时，特务乘机起哄，闻先生就再也按捺不住了，他拍案而起，作了著名的最后的讲演。他愤怒地责问："今天这里有没有特务！你站出来，你出来讲，凭什么要杀死李先生？杀死了人，又不敢承认，还要污蔑人，说什么'桃色事件'，说什么'共产党杀共产党'，无耻啊！这是某集团的无耻，恰是李先生的光荣！"他警告说："特务们，你们想想，你们还有几天，你们完了，快完了！……你们杀死了一个李公朴，会有千百万个李公朴站起来！你们将失去千百万的人民！"他大义凛然地宣告："我们不怕死，我们有牺牲精神，我们随时像李先生一样，前脚跨出大门，后脚就不准备跨进大门！"万恶的反动派果然下了毒手。他在下午参加为李公朴被刺举行的记者招待会后回家途中，在离家门口不远的地方即被特务枪杀，陪同他的长子闻立鹤也受了重伤。这位杰出的诗人、学者，英勇的民主斗士，终于像他上午所讲的那样，后脚没有跨进大门，以未满 47 岁的盛年，在黎明前的黑暗里，以身殉志，倒在昆明街头的血泊之中！

巨大的思想跨越

今天，在一些人的心目中，可能还以为闻先生不过是一个正直的、爱国的民主个人主义者或自由主义者，并不知道，经过几年的学习和斗争，他已经完成了巨大的思想跨越，从民主主义前进到共产主义，至少可以说已经走向共产主义。这可以从以下几个方面得到说明和印证：

牢固树立了一切为了人民的思想，并且有了阶级觉悟。这不仅在文艺思想方面表现得很充分，如多次赞美艾青和田间这两位人民的诗人，热情赞赏云南路南圭山彝族的舞蹈等，在其他方面也多有表现。如 1945 年"五四"，针对蒋介石高唱"国家至上"，他专门著文论述"今天只有人民至上才是正确的口号"。7 月 29 日他在联大欢迎从军同学返校大会上讲话中说："不要以为知识分子就有力量，真正的力量在人民……我们知识分子常常夸大，以为很了不起，却没有想到人民一觉醒，一发动起来，真正的力量就在他们身上。"更能说明这一点的是：有人问他什么是"为人民""爱人民"，他说："那就是要站在人民之中而不是站在人民之上……我们实际上属剥削人的阶级，不是人民，我们什么时候懂得了恨自己，反对自己的阶级而替人民的利益服务，就真为人民了。这是一件痛苦的事，因为我们的出身大都是剥削人的，但一定要改造自己的思想。"从闻先生的行动上看，他也确实在实践着自己的这个认识，一切以人民的利益为依归，真诚地改造自己的思想，直至为人民献出自己的生命。

已经在用阶级观点来观察和解释各种问题。如他在 1945 年昆明四大学编的《五四特刊》上发表的《"五四"与中国新文艺》一文中说："辛亥革命是士大夫阶级领导的，他们的群众是士大夫，因此，表现文艺的形式还是士大夫所用滥了的古文。""五四"时期"领导阶级的眼光不得不放到群众里去。因此，他们必须运用一种新的宣传方式以表达他们的思想，进而唤起群众的斗争情绪。这个方式就是白话文，以及用白话文表现的旧的写实主义文学。""中国的新文艺运动应该随着中国社会发展而发展……我们要让文艺回到群众那里去，去为他们服务……在我看来，目前最恰当的形式是朗诵诗和歌剧。此外我们还需要与其他部门的配合才能收到更大的效果，我所说的其他部门大抵指电影、漫画等。"特别是他在文章和讲话中几次讲到青年运动中党的领导的重要性，更可以从中看出先生当时思想已经达到的深度和高度。

对英美有了新的看法。如 1945 年 10 月 17 日联大中文系召开欢迎新同学会，朱自清先生在日记中说闻先生在会上作"激昂演词，竭力排斥英美文化"。1946 年 4 月 14 日，在前面提到的联大昆明校友会欢送母校师长的话别会上，他在肯定了北大、清华、南开三校培养人才的成绩之后说："我并不满意三校的教育作风。""这三个大学都和美国的关系很密切，我们都是在美国式的教育里培养出来的，固然也可以学得一些知识和技术，但这经过这八年的检验，可以说，过去受的美国教育实在太坏了。他教我们只顾自己、脱离人民、不顾国家民族，这就是所谓个人主义，几乎害了我一辈子！""我希望三校今后应该继承和发扬这几年联大的精神：爱祖国，爱人民，开创一幅新面貌。"这对几十年来深受美国教育影响的闻先生来说，不能不说是难能可贵的转变。

相信共产党，向往解放区，要求入党。他的两个侄儿闻立智（黎智，原武汉市市长）、闻立训都在早年去了延安，参加了共产党。他在1946年3月写给其兄闻家录（先生原名家骅）的信中说："两侄所走路线，完全正确。"他相信共产党，对别人也直言不讳。有一次冯友兰先生问他："有人说你们民主同盟是共产党的尾巴，为什么要当尾巴？"闻先生回答得很干脆："我们就是共产党的尾巴，共产党做得对。有头就有尾，当尾巴有什么不好？"在行动中他也确实如此。在民盟与他共事的音乐家赵就说："闻一多先生是民盟盟员中，特别是大学教授中最能尊重党的意见，按照党的指示办事的。"

他相信共产党，心甘情愿跟着共产党走，绝没有丝毫的盲目性和个人打算，而完全是因为他看清了"国民党腐败、独裁，靠国民党国家没有前途，抗战要靠共产党，抗战胜利后，治国也要靠共产党"。他说："过去，我只晓得抽象地爱国，不知爱什么国，甚至过去我曾错误地认为国家主义就是爱国主义。现在我知道国家主义是反动的，爱国只能爱新民主主义的国，现在为新民主主义而奋斗，将来为社会主义共产主义而奋斗。"

他相信共产党，自然会向往共产党领导下的解放区。他曾不止一次地表示要去解放区看看。他给在中共南方局工作的侄儿黎智的信中说，"我身在南方，心在北方"，想去解放区看看，未能如愿。他同张光年也表示过这个愿望，说哪怕是化名前往，悄然往返都好。就在他殉难前两天还同赵说，回北平后他有一年休假，想借此机会去解放区看看。他还同家里人说：回到北平后就要把孩子送到张家口去，接受解放区的教育。

正因为有这些思想基础，所以闻先生参加爱国民主运动之后就有参加共产党的愿望。他对张光年陪同去看望他的地下党员刘浩讲过，还在参加民主同盟时对吴晗讲过。应该说，以闻先生当时已有的思想觉悟，以他严于解剖自己、知错即改、自觉进行思想改造的真诚态度，以他英勇斗争、不惜以身殉志、视死如归的革命献身精神，以他光明磊落、纯真正直的高尚品格来说，他已完全具备了一个共产党员的条件。而且我要说，我们许多共产党员，包括我自己在内，都还没有完全达到他的境界。因此，我认为，说闻先生已从民主主义者前进为共产主义者，他是当之无愧的。闻一多先生永垂不朽！

我在联大从事党的地下工作的回忆

熊德基

一、初到昆明

1939 年夏末，我从江西吉安辗转来到昆明，路上走了一个多月。初到昆明时，先后在一位小同乡程应镠和北平的老友邓衍林（1956 年冬从美国回来在北京大学任教，已逝世）的住处下榻。以后办妥了转学西南联大师院史地系的手续，就搬到学校去住。

开始住在文林街原昆华中学的宿舍，我记得住在楼上，六个人一间，但只住了两个月。日机空袭昆明，我住的宿舍正好中弹，仅有的一点衣物，也被炸得一干二净，于是只好搬到大西门外凤翥街昆华工校，联大师院借用的工校校舍。十几个人挤在一间教室里，睡的都是双层木床。

师院同学都享受公费待遇。伙食由同学组成的膳食委员会自办，轮流由负责监厨的同学和厨工一同去采购。那时物价还不太贵，因此吃得还可以。

在师院，每天早晨全体学生集合举行升旗典礼，听取院长黄钰生或主任导师查良钊（1939 年 9 月后改任训导长）的训话。这是与别的学院不同的。训导长就住在我们宿舍的楼下，也是为了加强对师院学生的管理。另外，国民党直属区党部与三青团区分部也都设在师院。当时的师院是联大一个特殊的地区。只是师院有许多课程都同文理法学院的同学一起上的，这又和同时成立的其他几所师范学院不一样，也可算是得天独厚了。

二、我对联大的认识

转入联大时，我的组织关系还未由交通员转到，但我从老同学的谈话中，从校内琳琅满目的壁报上，以及从形式多样的丰富生动的课外活动中，对联大的政治环境有了一定的了解，结合三年来的亲身体验，我觉得，联大师生不论政治见解如何，都是满怀爱国主义的赤诚，不畏艰苦，跋涉来到昆明的。他们继承了"五四""一二·九"的光荣传统，富于革命精神，同时又处于云南的特定环境，因此被誉为"民主堡垒"，这是当之无愧的。至于有人把联大说成是革命的摇篮，那就不合适了，只有延安的抗大，称得起是革命的摇篮。另一方面，联大也绝不是如小说《未央歌》所反映的那种安乐窝或世外桃源。虽然小说中描绘的昆明风土人情，有其符合真实之处，但书中的人物在联大师生中只能代表极少数，并不具有典型意义。这部小说曾在台湾和海外青年学生中风靡一时，实际上没有写出那个时代的真实情况。

三、各派政治力量在联大

联大的校领导和教授中，确有不少国民党员，但他们更主要的是学者、教育家，而且属于二陈派（CC）的很少。大多数教授是无党派的爱国民主人士，有些教授还拒绝加入国民党。学生中也有不少是国民党员和三青团员，对他们也要实事求是地进行客观分析。抗日战争促成了第二次国共合作。1938年，三民主义青年团成立，为了巩固抗日民族统一战线，团结御敌，中共对此是赞成的，许多爱国青年参加了这一组织。可是不久以后，三青团中央为一批蓝衣社分子所把持，三青团的性质起了变化。那时候，有些中学还强制学生集体加入三青团。这些学生大多数政治上并不成熟，只是被迫填一张表，就算参加了。他们对三青团的活动并不那么积极，这同当时还处在秘密的地下状态的共产党吸收党员需要经过严格的考察是截然不同的。至于企图寻找"饭碗"，甚至借此飞黄腾达而参加国民党、三青团的毕竟是极少数。

我到联大时，校内已有中共地下党的组织。其中有早在"一二·九"运动时期就投身革命的平津三大学的老同志，也有新考入联大的其他地区的党员，和一些在昆明发展入党的新同志，当时已经由支部扩大为总支，接受中共云南省工委的直接领导。现在知道，还有一些党员是通过其他渠道的单线领导，组织关系未转到，因而未参加联大地下党总支的。

联大同学中，中华民族解放先锋队（民先）队员人数也不少。虽然在 1938 年秋，国民党武汉卫戍区司令部公开宣布取缔民先等抗日群众组织，但从平津来的民先队员到昆明后并没有停止活动，而且和云南地方的抗日先锋队（抗先）联合起来，成立了民先云南地方队部，积极展开抗日救亡活动，直到 1939 年秋，民先才停止活动。

四、关于群社

当时联大有一个在中共地下党领导下最活跃的学生社团，这就是群社。它是公开的群众组织，但其骨干绝大部分是共产党员和民先队员。参加群社的同学很多，参加群社举办的各种活动的同学更多，其他大中学生和职业青年也常来参加。

群社办了许多壁报，主要的几种如：《群声》是以政论为主，经常对时事问题、校园生活发表评论；《腊月》以杂文为主；《热风》则专门发表杂文和讽刺漫画，是图文并茂的壁报；还有文艺性的《冬青》和专门以进城的农民为读者对象的通俗街头壁报《大家看》（贴在大西门城门口）等。这些壁报都是宣传抗战、宣传民主的，也经常针对国民党官方刊物和三青团办的壁报的某些论点进行批评或展开针锋相对的论战。文笔犀利，很有水平，不仅吸引了联大的同学和教师，别校的同学和职业青年也都爱看，有些中学生还来抄呢！

群社还有歌咏、演剧的组织，举办过月光会、郊游，也办伙食团，展开为新同学服务等活动。还经常组织多种内容的报告会、辩论会、学术讲座，吸引了许多同学，影响很大。

群社的一些骨干都是品学兼优又能够真心实意地为同学办事的，有很高的威望。联大的地下党的工作，大部分是通过群社的活动来体现的。在同学心目中，群社自然成为三青团的对立面，群社的各种活动使三青团的类似活动相形见绌。因此，在学生自治会的选举中，以群社为代表的民主进步力量越来越占优势，从而取得了学生运动的领导权。

五、联大的客观环境

联大之所以能成为"民主堡垒"，固然由于三校学生继承了"五四""一二·九"的光辉传统，许多知名教授对陈立夫控制下的教育部的"训令"并不怎么买账，另一方面也不能不提到云南省政府主席龙云对联大的积极支持态度。

龙云是主张抗日的，他不是蒋介石的嫡系。抗战开始，他就派出了数万精锐部队开赴抗日前线，建立了卓著的战功；但是龙云也担心蒋介石会像对付四川、贵州的地方势力一样把他"吃"掉。为了保持自己在云南的统治地位，他一方面加紧了地方武装的训练和装备，同时拒绝国民党中央军和宪兵部队进入昆明市郊以及滇越铁路沿线的一些县城，也限制了国民党特务机关在云南的活动，从而集地方的党、政、军权于一身。

我党的朱德、叶剑英等同志早年都曾在云南讲武堂工作过，抗战开始时，龙云与他们也有过接触，因此在中共的抗日民族统一战线的政策下，愿意和我党保持一定的联系，对蒋介石的政令也有所抵制。1941 年"皖南事变"后，中共南方局派华岗同志到昆明以云南大学教授的身份专门同龙云联系。蒋介石对龙云虽然不满，但鉴于云南地处西南边陲，又是当时大后方唯一的对外交通孔道，云南地方部队实力也很强，因此对龙也不无顾忌，遇事只能马虎迁就一些，不敢逼之太甚。这就构成了云南的特殊的政治环境。

西南联大迁来昆明，龙云是十分欢迎和支持的，因为有利于提高云南的文化水平。联大师范学院成立后，又应云南人民的要求，开设了师范学院专修科和中学教师进修班，为云南培养大批中学师资。龙云除在联大设置了"龙氏奖学金"以外，他同联大的许多名教授都有友好的交往，对联大校内的活动，他一直采取不干预乃至保护的态度。抗战后期，中国民主同盟在昆明的活动，也都得到他的支持。他同民盟保持着密切的联系。这种在一般国民党统治区不具备的特殊条件，也是联大和云南的民主进步运动得以蓬勃开展，最终使联大享有"民主堡垒"的美誉的一个很重要的因素。

六、联大的地下党总支

我的组织关系是 1939 年底才由交通员转到昆明，同云南省工委青委接上了关系。我同联大党总支书记李振穆（李晨）在青云街云南大学附近的小茶馆里见了面，当即指定我担任师院分支书记，并介绍了陈宝静（陈浩）任组织委员；以后我又接上了总务处的黄楠（后调滇越铁路工作）的关系，由他任宣传委员。在师院分支里，由陈宝静联系三个女同学，我联系四个男同学。我们分支开会时，李振穆也常来参加。他是一位十分热情的好同志。记得 1940 年初春，我们在城墙上开支部会。他见我穿得比较单薄（我的衣物在昆中宿舍时炸光了），冷得发颤，当即脱下一件毛线衣给我穿。这件毛线衣我一直穿了 10 多年，以后又改织成儿子的毛线裤。我告诉我的儿子，这是爸爸的同志送的，你要好好珍惜。

当时，我们党的活动是秘密的，支部会和小组活动按时举行，大都讨论国内外形势和校内的活动。鉴于党员的理论修养差，党内文件极少（多是口头传达），马列主义著作和毛主席著作也很少。我们曾共同阅读《共产党宣言》，并轮流阅读总支仅有的一本《列宁文选》（第二卷）中的《做什么》等文章。

群社的活动很受同学们欢迎，党员同志也热心为群众服务，可是我总觉得似乎太暴露一些，特别是校本部的活动，倾向性更明显。我曾经在国民党江西省党部做过地下工作，深知国民党搞反共秘密活动十分积极，我向李振穆提出自己不参加群社的活动，专心做党的工作。总支研究后，同意了我的意见。1940 年以后，省工委青委又决定在联大党总支之外，另外成立一个绝对秘密的支部，由青委书记杨天华直接领导，只有更少的几个党员参加。

在联大党的建设中，我认为力易周同志起了很大作用。他在中学时期就参加了中华民族解放先锋队，于 1936 年在北平入党。抗战爆发后去了延安。1938 年春，他从延安派到云南，首先发展了袁永熙入党，以后考入联大师院教育系。但因受康生 1937 年冬从莫斯科回到延安后，制造的一起莫须有的冤案株连，通过重庆南方局，力易周被停止党籍，由当时党派到昆明的第二届省工委转告联大地下党组织。1939 年初，联大成立党支部时，由袁永熙担任支部书记，鉴于力易周工作积极，能力强，联大中有些党的骨干又是他发展和联系的，因此决定把他留在师院党小组内进行"考察"，但没有选举权和被选举权。力易周自然愉快地接受这个决定，仍积极从事学生会的工作。我曾把他的表现写成报告层层转到西南局，但直到 1941 年"皖南事变"后，他疏散离校，上级组织仍未批准恢复他的党籍。他仍然愉快地接受任务，我心里对他是很钦敬的。

七、学生自治会的改选

在联大，地下党同三青团之间的斗争，主要在争夺学生自治会的领导权。1940 年，学生自治会开始改选，各学院各系级都推出了理事候选人的名单，揭开了序幕。

国民党、三青团认为，他们在师院的人很多，而上一届自治会和膳委会都在他们把持之下，改选起来必操胜券，所以决定师院自治会的改选先走一步。他们的如意算盘却打错了。因为从抗战形势来看，国民党军队在前线节节败退，八路军则捷报频传，在敌后的游击战争异常活跃，根据地不断扩大。这些消息通过重庆的《新华日报》早已传到联大。另外国民党统治区吏治腐败，物价腾涨，人民生活日益困难，是大家切身体验到的，不能不引起深思。加之群社的活动扩大了政治影响，于是在师院学生自治会改选大会上，展开了激烈的争辩。针对三青团分子企图继续把持自治会的领导权所作的自我吹嘘，我这个一向被看作是"书呆子"的人物也沉不住气，站起来发言了。我说："你们这些自治会和膳委会的委员因故离职或在假期中离校，可以不通过补选而任意聘请委员。这样私相授受，永保江山，哪有什么民主，什么自治？又何必进行这种愚弄群众的改选？"由于这些话揭到了他们的痛处，许多同学也纷纷起来指责他们包而不办、把持学生自治会的行径，三青团分子虽也勉强作了一些无力的辩解，可是投票的结果，他们遭到了全军覆没的下场。事后，训导长查良钊找了些积极分子商谈，打算"重选"。大家认为那样做更不民主。为了照顾统一战线，经过参加投票的代表们协商，让几个未列入候选人名单而当选为理事的人（我也在内）主动退出，补上几名三青团员，才告结束。

紧接着工学院的学生自治会也开始改选了。当时工学院只有刘棕（刘楷）等两名党员，但受到师院改选的影响，三青团在那里也失败了。消息传到校本部，三青团慌了手脚，决定推迟改选。他们做了许多"工作"，改选时，所有三青团员都通知参加，群众出席的也特别踊跃。在改选大会上，舌战十分激烈。由于党通过群社社员团结了中间同学，选举的结果进步力量占了绝对优势。一位留美的教授听了同学介绍的选举情况，笑着说："你们的选举比美国还要民主，美国人选举时还常常大打出手呢，你们只辩论，没有打架，比美国人来得文明！"

听老同学介绍，上一届学生自治会选举时，虽然事先双方推派代表进行协商，进步同学按照协商结果投了票，三青团分子却玩了花样，不按协商好的名单投票，才攫取了主要的领导权。他们把持住学生自治会，没有为同学们办什么事，改选失败，是自取其咎。此后，群社的活动更蓬勃开展，影响更加扩大，三青团逐渐消沉下去，壁报上的论战也有气无力，反而成为"地下"党了。

八、"皖南事变"以后

自抗战以来，我党一直坚持国共合作抗战的爱国统一战线。但是国民党当局却不断制造摩擦，在各地秘密逮捕、迫害共产党员和进步青年。1941年春，他们一手制造了皖南新四军事件，接着掀起新的反共高潮，在各地大肆逮捕共产党员。大特务头子康泽亲自来到昆明，并在联大召集学生"训话"。只是由于龙云的抵制，他们才没能在昆明公开捕人。中共云南省工委按照党中央的"长期埋伏、荫蔽精干、积蓄力量、以待时机"的方针，把联大几十个比较暴露的共产党员和群社骨干暂时撤出，有的转移到其他省份，有的疏散到云南边远州县荫蔽工作。由于我没有参加什么公开的活动，便留下来接替联大党总支书记的工作。这时我接了由四川转来的王铁臣（王凝）的组织关系。我只负责联系原来联系的几个党员，其他的党员以及新转关系来的党员，则由王铁臣负责联系。

这时，留在联大的有组织联系的党员只有 10 人左右（原有五六十人），群社也停止了活动，三青团分子又趾高气扬了，但是却成不了气候。十分活跃的校园，陷于一片沉寂。

不久，就要开始期考了。过去考试之前，我常常住到校外友人处准备功课。现在为了避免被人怀疑，只好硬着头皮留在校内埋头读书。我知道有人在暗中监视我，却装得若无其事。这次考试我的成绩特别好，门门功课都在 80 分以上。过了一个月，一个素无来往的蒙古族同学突然对我说："你还没有走啊，原来你不是共产党员！那次选举时你被利用了！"他对我特别亲热，自我介绍说是从蒙藏学校转学来的，还动员我将来跟他同去内蒙古工作。到这时我才确信没有人再怀疑我了。

九、我的任务

这年夏秋之间，新任省工委书记郑伯克约我在翠湖谈过几次话。开始我还不知道他的身份。由于他也在南昌新四军办事处工作过，知道我的底细，我们谈得十分投机。他向我传达了党的精神，要我继续努力学习，多交朋友。不久，他要我担任昆明环湖十县教职员部门委员会书记，还有一位联大的党员董凌云任委员。这时我正在昆华师范兼课。一个星期天，我到呈贡县桃园中学召开一次会议。到会的七八人，大都是云南大学和一度曾迁在云南澄江的中山大学的党员，他们都是各县中小学的教务主任、校务主任（相当于副校长），甚至是训导主任。在白色恐怖相当严重的时候，有这么多的共产党员在昆明附近的学校里默默地从事育人的工作，是我料想不到的。这个委员会原由省立体育师范训导主任劳家顺（劳辛）负责，我接任后，只负责单线联系昆明拓东路某初中的一个教务主任，和远郊区粤秀小学的两个教师。但不久这个组织就奉命解散了。

暑假中，有一些疏散下乡的党员先后潜回昆明，都曾约我去谈话。他们中有袁永熙、曹学源（曹维坚）和朱瑞青夫妇、古锡麟（古念良）和沈语（沈吾华）夫妇。他们都准备转移到省外，我把他们的通信处转报了省工委。当时我还不知道上级党组织有"转地不转党"的决定，他们后来如何重新接上组织关系，我就不清楚了。

这年夏天，我还和联大的几位江西同乡借用豫章小学办了一个天祥补习班，取名"天祥"是纪念文天祥的意思。由于联大在昆明威望很高，有些学生家长支持我们办中学，因此秋季开学就创立了私立天祥中学，由刚在联大毕业的邓衍林任校长，张德望任总务主任，我任教务主任。教师以江西同乡为主体以联大为大本营。于是我就在联大和天祥两面跑。这个学校办得很有生气。后来，又有一大批共产党员和民青成员去天祥中学任教，"一二·一"运动期间，天祥中学的许多同学成为运动中的骨干。那时，我早已离开昆明了。

十、《春秋》壁报的风波

1941年下半年，我同鞠孝铭在师院办了一份《春秋》壁报。虽然只出三期，影响还是不小的。这事同联大三青团有关，还得从三青团说起。

联大的三青团直属分团部干事长原由国民党联大区分部书记姚从吾兼任。康泽来昆明时，有人向他告状说姚能力低，办不成事。于是 1941 年后三青团干事长改由师院教育系主任陈雪屏担任。陈雪屏本是个"名士派"，擅长书法，精于桥牌和围棋，他接任后表面上一如既往，实际上办法颇不少，针对 1941 年下半年联大校园死气沉沉的现状，他发起一个大谈"青年的志虑和思想"的运动，组织了一些教授在报纸上、在广播里大谈青年问题，有的说什么青年没有志气，只会闹事，有的说青年不关心国家大事，有的还以"悲天悯人"的"导师"面目出现，向青年宣扬"效忠党国"的思想。我考虑到我的党员身份没有暴露，一些教授对我的印象较好，便找了比我低一级的做过小学教师的鞠孝铭办壁报来参加讨论。鞠孝铭不是共产党员，但对国民党的腐败也很不满，所以谈得很投机。我说，我们都是无党派的，干脆都用真名实姓来发表自己的看法。他表示赞同。于是我们便创办了《春秋》壁报。

第一期上没有发刊词，只引用了"孔子作《春秋》而乱臣贼子惧"一句话来代替。同时还引了《中华民国约法》中"人民有言论、集会等自由"的条款，并写上"请勿撕毁"字样。出版后果然始终没有被撕。第一篇文章是我署名的《我为青年们说话》，指出抗战以来，有许多青年上前线浴血杀敌，有许多青年在各自工作岗位上埋头建设，还有许多有志之士"为国相忍"，认真读书，准备将来为国家建设贡献才智。只有那些围绕在某些教授身边力图钻营到一官半职，以求温饱的，才真是没有志气。另外，我又用"闲人"的笔名写了几首竹枝词，其中有："学府阳秋史不载，《国风》而后更无诗。闲大别有伤心处，听我临风唱竹枝。""力求温饱太无聊，无怪人嗤志气消。奉劝诸君齐发奋，先从刘（邦）

项（羽）学吹牛。"还有首是讽刺大谈"青年的志虑与思想"的某教授的。鞠孝铭也用真名写出了辛辣的文章。第二期上我又用《对话篇佚文》为题，假托黑格尔遇见苏格拉底，尊之为"希腊大哲人"。苏格拉底回答说："我是个卑贱的士兵，尊贵的教授，您是普鲁士国王的座上贵客，怎么配和您谈话呢？"联大同学都明白，这是影射被蒋介石请去重庆"讲学"的某教授的。

师院的壁报本来就很少，校本部原先琳琅满目的壁报此时早已烟消云散了。《春秋》壁报贴在师院宿舍大门旁边的墙上，着实吸引了很多同学，校本部的同学也络绎来看。我亲见师院的院长也很仔细地读着，后来还有《云南日报》的一位记者来抄。壁报的读者虽多，但并不都认识我。等到"青年的志虑与思想"的讨论过去，训导长查良钊找我谈话，劝我不要再出这种壁报了。为此，在第三期上我以编者名义发表声明："本壁报奉查训导长面谕，下期停刊。"结束了这段插曲。

但是想不到鞠孝铭在三期壁报上发表几篇不指名的讽刺文章，竟给他带来很大的灾难。有一次他在城外参加勤工俭学活动时，偶然同云大的一位教授发生口角。学校却借口"有辱校誉"，把他开除了。那位云大教授听到了，曾亲自到师院解释，为鞠说情，也未生效。鞠孝铭原是无家可归的"难民"，他的妻子带着孩子在海口兵工厂做护士。他被师院开除等于断绝了生路，这是多么大的打击啊！劲草毕竟是压不死的。他经历过许多苦难，解放后在南京师大教地理，现在已是教授了。

很明显，对鞠的处分也是给我的警告。学期结束时，我的成绩名列师院第二，可是"檀香山奖学金"获得者的名单上竟然没有我的名字。我只能忍着，老老实实地在天祥中学教书。

十一、"讨孔"运动

1941 年底，日军偷袭珍珠港。不久香港沦陷，包括联大著名教授陈寅恪在内的许多文化人被困香港，但孔祥熙的家属却连洋狗都带上飞机，由港直飞重庆。当时陈寅恪先生有一位任兵工署署长的亲戚曾托孔把陈先生带回重庆，却被拒绝登机。后来，陈先生几经困难才逃离香港，给友人写信说："恪不如狗。"重庆《大公报》在一篇社论里透露出飞机运洋狗的事实，昆明《朝报》摘要转发。消息传出，激起了联大同学极大的愤慨，当即有同学（不是共产党员）贴出"打倒孔祥熙"的大字报。一时很多同学纷纷响应。第二天，又有一些三青团员联名贴出表示支持的"公告"，许多同学在宿舍间互相串联。这是空前未有的事。

1942 年 1 月 6 日，同学们自动集合起来，高呼"游行去"，就上了街。云南大学和其他中学的同学也参加了游行队伍，1000 多人浩浩荡荡高呼口号走在街上。据说，联大梅贻琦、蒋梦麟两位常委曾同省主席龙云打过招呼，云南省的军警对游行队伍并未干预，因而没有出事。

游行回来，同学们又讨论成立组织继续搞下去。但跳上跳下最卖劲的是几个三青团员，一些进步同学看到这情况，便纷纷退出，这个"讨孔"运动也就偃旗息鼓了。事后我才知道，校本部的学生自治会中原群社社员（这届学生会尚未改选）曾找过一位党员同志说过此事，结论是按照党中央十六字方针的精神，应避免暴露，因此他没有公开出头。这样做是完全正确的。

不久，康泽又赶来昆明，他把一些三青团员找去训了一通。孔祥熙也到昆明作过演讲，想为自己辩解，但没人听他那一套。

1942 年初的"倒孔"，虽然是群众自发的抗议活动，却是联大同学第一次大规模的上街游行，在社会上震动很大。这是人心向背的一次检阅。

　　但这时我却受到一个意外的打击。有一个从云南大学转学到联大的党员（联大师院成立时，原云大教育系合并到师院）突然叫他的老婆和弟弟来找我要求退党，因为他的一位云南同学在滇南国民党防区被捕，他也吓得躲起来了。我当然不能向党外人士暴露我的面目，只推说我不知道党的情况。不料那家伙竟然去自首了，并且说出了袁永熙和我的名字。当时我并不知道已被出卖，直到1960年有位同志到昆明去调查另一位同志的情况时，抄来那家伙在解放后的口供，我才知道的。

十二、毕业以后

　　1942年暑假，我在师院毕业了。由于我的学习成绩好，洪思齐教授曾向系主任雷海宗推荐我留校担任助教。雷海宗也同意了，并向师院领导提出，却未被批准。这是当时历史系助教丁则良偷偷地告诉我的，他还埋怨我不该出什么《春秋》壁报。我估计这可能与上述事件有关系。

　　洪思齐教授又向云南大学社会系林跃华教授推荐我去云大任教，我因已向省工委汇报我必须离开云南，因此婉辞了。张印堂教授后来又介绍我到昆明的东方语文专科学校担任讲师，聘书送到天祥中学时，我已走了。我去了湖南蓝田（今涟源）国立师范学院任讲师，那里没有人认识我。临行前曾向我的毕业论文导师向达先生辞行，他对我未能留在联大表示惋惜，但也无可如何。

　　我离开昆明后，联大秘密支部的工作交给王铁臣接替。以后联大民主运动重新蓬勃开展的情况，别的同志比我了解得更多，我就不多说了。

　　联大的共产党员开始时也只有60人左右，"皖南事变"以后，大批疏散离校，留下的更少，但是大家都在各自的岗位上坚定地勤勤恳恳地工作，团结了大批进步骨干，也通过办学等途径培养教育了很多云南的青年学生。这些青年在后来的"一二·一"运动和云南的武装斗争中，很多成为骨干分子。这是正确执行党的方针，特别是积极地积蓄革命力量取得的重要成果，值得认真借鉴的。

关于朱自清不领美国"救济粮"

吴　晗

"朱自清一身重病，宁可饿死，不领美国的'救济粮'。"（《毛泽东选集》第4卷，第1499页）

我对这件事特别感到亲切、悲愤。事隔十几年了，现在读到这几句话，当时情景还历历在目。

所谓"救济粮"是这么一回事：1948年6月间，当时国民党政府的法币像大江东下一样，时时刻刻在贬值，买一包纸烟要几万块钱。教授的薪水月月在涨，但法币贬值更快，物价涨得更快，原来生活比较优越的教授们，此时也和广大人民一样难以生活下去。特别是家口众多的人，生活更为困难。

国民党政府也知道人民的怨恨，特别是高等学校知识分子，他们更是对这种情况忍受不下去。于是便耍了一个手法，发了一种配购证，可以用较低的价格买到"美援的面粉"。

也正当这个时候，美国政府积极扶助日本，美国驻华大使司徒雷登对中国人民发出诬蔑和侮辱的叫嚣。

一面是廉价收买，一面是扶植日本，侮辱中国人民。我们一些人商量了一下，要揭穿国民党政府的阴谋，抗议美国政府的侮辱，发表一个公开声明。声明是这样的：

为反对美国政府的扶日政策，为抗议上海美国总领事卡
宝德和美国驻华大使司徒雷登对中国人民的诬蔑和侮辱，为
表示中国人民的尊严和气节，我们断然拒绝美国具有收买灵
魂性质的一切施舍物资，无论是购买的或给予的。下列同人
同意拒绝购买美援平价面粉，一致退还购物证，特此声明。

三十七年六月十七日

声明写好了，要征集签名，也和往常一样，决定每人负责联
系若干人，年纪大一点的教授多半是归我跑腿的。我拿着稿子去
找朱自清先生。

当时，他的胃病已很重了，只能吃很少的东西，多吃一点就
要吐，且面庞瘦削，说话声音低沉。他有许多孩子，日子过得比
谁都困难。但他一看完稿子，便立刻毫不迟疑地签了名。他向来
写字是规规矩矩的。这次，他还是用颤动的手，一丝不苟地签上
了他的名字。

于此，也应该交代一笔，1946 年从昆明回到清华园以后，他
的态度有了显著的改变，不再沉默了。他反对内战，讨厌国民党。
对共产党的看法也开始改变了，他曾在公开集会上朗诵解放区的
诗歌，有时候还和学生们一起化装扭秧歌，弄得满头是汗。在反
对美国反对国民党的一些宣言、通电、声明等的斗争中，我总是
找他。他一看见我，也就明白来意，"是签名的吧？"看了稿子，
就写上自己的名字。就我记忆所及，大概十次中有八九次他是签
名的。也有不签的时候，原因是文字的火气大了一些。

这次，我也曾找了另外一些教授，都是平时比较熟的，或是
住在附近的，大多数签了名，但也碰过钉子。有个教授只有三个
孩子，但他的答复很干脆："不！我还要活！"

朱自清的胃病是饿出来的，家里人口多，要他养活。在昆明

的后期，有人算过账，我们这类人的薪水折合战前的银元仅约十几元钱。

朱自清对政治是关心的，但不大发表意见，可说是温文尔雅，没有火气。抗战时期，消息被国民党封锁了，对于国民党对日本帝国主义消极抗战，对共产党却积极摩擦，掀起几次反共高潮的真实情况，大后方的人们是不清楚的。他认为只要抵抗，生活过得苦一些也应该，很少发牢骚。昆明的许多政治活动，他虽然同情，但很少参加。到了国民党反动派暗杀了闻一多，他感到极大愤慨。复员回到北平以后，又看到美帝国主义帮助国民党发动内战，大打特打，他的态度变了，在美帝国主义者及其走狗国民党反动派面前站起来了，除了很少几次的例外，他参加到我们的行列里来了。

有几件事值得提出，一件是他对编纂《闻一多全集》的努力，我在全集的跋文中曾指出：

> 佩弦先生是一多十几年来的老友和同事，为了这部书，他花费了一年的时间，搜集遗文，编缀校正。拟定了目录……一句话，没有佩弦先生的努力，这集子是不可能编辑的。

在当时，编印一多全集这一举动，就是对国民党反动派的抗议和谴责。相反，和有些人相比，这些人曾经是一多的同班或者旧时同学，有二三十年的交谊，但在一多死后，却从来没有关心过这件事，也没有写一篇纪念的文字。

另一件是他对青年学生的爱护。举一个例子，有一回他系里的两个学生打架，一个是民主青年同盟的，一个是国民党三青团的。打架的原因当然是政治性的，两人都到老师面前告状。自清先生怕民青这位同学吃亏，背地里劝他让一点。我在知道这件事情以后，便写一封信提出意见，请他要考虑政治上谁对谁不对，大概措辞的口气尖锐了一些。第二天他就到我家里来了，非常认真严肃地说明他的用意，春秋责备贤者，他说了进步的学生几句，目的是为了保护他，免遭三青团的报复。同时，他也同意我的意见是正确的。事后我把这情况告诉了民青的同学，这个同学也很感动。

他对国民党特务统治的反对，虽然没有大声疾呼，却也可以从我亲身接触的一件事看出来。这时候，国民党反动派为了挽救濒于死亡的命运，加强了对高等学校的特务控制。为了抗议，我写了一篇学术论文《明初的学校》，说的是明初，骂的是国民党反动派，送给学校刊物《清华学报》发表。学报的编辑有些是国民党员，他们当然不肯发表，认为这不算学术性文章。我和自清先生谈起，他也是学报的编辑委员，写信给主编，极力主张发表，终于发表了这篇文章。从这件事，可以看出他的思想感情的变化。由于他被胃病长期折磨，身体过度衰弱，但他也明白天快亮了，乌云就要过去了，好日子要来到了。他感到欣慰，在自己的书桌上玻璃板下，写了两句诗："但得夕阳无限好，何须惆怅近黄昏。"是从唐人李商隐诗"夕阳无限好，只是近黄昏"套来翻案的。这两句诗十分贴切地表达了他当时的心情。

7月23日，在清华大学工字厅举行"知识分子今天的任务"的座谈会，这是他最后一次参加的政治活动。我亲自到他家请他，和他一起漫步从北院走到工字厅。他走一会儿，停一会儿，断断续续地对我说："你们是对的，道路走对了。不过，像我这样的人，还不大习惯，要教育我们，得慢慢地来。这样就跟上你们了。"开会时他也发了言，主要一段话也还是这个意思，他说："知识分子的道路有两条：一条是帮凶帮闲，向上爬的，封建社会和资本主义社会都有这种人。一条是向下的。知识分子是可上可下的，所以是一个阶层而不是一个阶级。要许多知识分子都丢开既得利益，是不容易的事。现在我们过群众生活还过不来。这也不是理性上不愿意接受，理性是知道应该接受的，是习惯上变不过来。"

自清先生在理性上知道要丢开既得利益，要过群众生活，他又进了一步了，这是大踏步前进的一步。

他拒绝购买美援面粉，在签了名以后，这天的日记记了这件事：

> 6月18日，此事每月须损失600万法币，影响家中甚大，但余仍决定签名。因余等既反美扶日，自应直接由己身做起。

由此可以看出他的决心。不止如此，在逝世前一天，他还告诉他的夫人："有一件事得记住，我是在拒绝美援面粉的文件上签过名的！"

自清先生是旧时代知识分子中的典型人物，他曾经是自由主义者，他不大喜欢参加政治活动，特别是比较激烈、斗争性较强的政治活动。但是，他具有正义感，随着国民党和美帝国主义对中国人民奴役、压迫的加强，和向中国人民的武装挑衅、屠杀、镇压，他毕竟忍受不住了。他说话了，行动了，通过文化生活、朗诵诗歌和扭秧歌，表明了他的态度。另一方面，他坚决不走中间路线，第三条道路，当时有人要他参加国民党办的中间路线刊物《新路》，他坚决地拒绝了。但是他却带病参加了我们的座谈会。

他明辨是非，爱憎分明，在衰病的晚年，终于有了明确的立场，抬起头来，挺起脊梁，宁肯饿死，坚决拒绝敌人的"救济"，这种品德，这种气节，是值得我们今天学习的。

　　"我们中国人是有骨气的。许多曾经是自由主义者或民主个人主义者的人们，在美国帝国主义者及其走狗国民党反动派面前站起来了。"（《毛泽东选集》第 4 卷，第 1499 页）毛泽东同志赞扬了闻一多、朱自清的骨气，说"应当写闻一多颂，写朱自清颂"，这是我们未死者，特别是一多先生和自清先生生前战友的责任。这种表现我们民族的英雄气概的颂歌，还有待于未来。这一篇文字，只能算是重读《别了，司徒雷登》一文所引起的一些回忆罢了。